ISBN 978-1-5282-5813-5
PIBN 10936088

English
Français
Deutsche
Italiano
Español
Português

www.forgottenbooks.com

Mythology Photography **Fiction**
Fishing Christianity **Art** Cooking
Essays Buddhism Freemasonry
Medicine **Biology** Music **Ancient**
Egypt Evolution Carpentry Physics
Dance Geology **Mathematics** Fitness
Shakespeare **Folklore** Yoga Marketing
Confidence Immortality Biographies
Poetry **Psychology** Witchcraft
Electronics Chemistry History **Law**
Accounting **Philosophy** Anthropology
Alchemy Drama Quantum Mechanics
Atheism Sexual Health **Ancient History**
Entrepreneurship Languages Sport
Paleontology Needlework Islam
Metaphysics Investment Archaeology
Parenting Statistics Criminology
Motivational

PAUL BERT

—

l'ordre du jour

—

Deuxième Édition

PARIS

PAUL OLLENDORFF, ÉDITEUR

28 bis, RUE DE RICHELIEU, 28 bis

—

1885

SCHOOL OF EDUCATION
LIBRARY

'BERT

'ljo

A L'ORDRE DU J...

UR

DU MÊME AUTEUR

—

Le Choléra. Un vol. pet. in-8. Prix 2 fr.

———

SAINT-QUENTIN. — IMPRIMERIE J. MOUREAU ET FILS.

PAUL BERT

—

l'ordre du jour

———

Deuxième Édition

PARIS

PAUL OLLENDORFF, ÉDITEUR

28 *bis*, RUE DE RICHELIEU, 28 *bis*

—

1885

GAMBETTA

SUR LA TOMBE

O mon ami, dans la tombe où l'on vient de te descendre, reçois de ceux qui t'ont tant aimé et qui seuls restent autour de ton cercueil, le dernier, le suprême adieu. On a célébré ta gloire tout à l'heure, on a exalté ton patriotisme, ton éloquence sans rivale, ton âme ardente et ton infatigable pensée, l'existence de la République et l'honneur de la Patrie sauvés par ton génie ; on a dit tes rêves d'avenir, tes espérances invincibles, et la plaie saignante de la France ouverte dans ton propre cœur ; et pendant ce temps, devant ton cercueil triomphal couvert du drapeau tricolore, les citoyens défilaient par centaines de mille, Paris faisait silence, et la France entière pleurait.

Mais tout cela ne peut nous suffire, à nous qui ne te pleurons pas seulement comme républicains et comme Français. Il faut que nous disions à nôtre tour ce que tu étais pour les amis de chaque jour, et ta bonté charmante qui n'eut point de pareille, et ton indulgence, et ta grâce séductrice, et ton inal-

térable belle humeur, et l'ardeur entraînante de tes
expansions amicales et joyeuses, et cette exubérance
de vie dont la mort s'est si cruellement vengée. Où
sont maintenant ton bon sourire, ta main affectueuse, ton regard si doux, ton rire si franc ? Comme
tu nous tenais tous, et comme nous étions heureux
d'être à toi ! Pour moi, depuis douze ans, pas une
pensée, pas une action, pas une œuvre, que je ne
t'aie d'abord soumise, pour laquelle je n'aie eu recours à toi ! Être approuvé de toi, c'était ma meilleure récompense ! Et que de sûreté dans la critique !
quelle bienveillance dans le conseil ! de quelle main
délicate et redoutant de blesser, à la fois tu touchais
le mal et présentais le remède ! Si, comme on l'a
tant répété, ceux-là mêmes qui ne t'ont approché
qu'une fois ont été séduits et captivés, que devions-
nous sentir, nous, dont la pensée ne te quittait
point ! Quel désastre de voir ainsi se creuser, au milieu de notre vie, cette immense lacune ! Car nul
d'entre nous, peut-être, n'avait mesuré la place que
tu tenais dans notre existence. De quel côté nous
tourner désormais, où nous ne rencontrions le vide ?
Pour moi, je me sens comme un enfant isolé.

Sans doute le sentiment du devoir nous rendra le
courage ; mais la part de notre force qui venait de
toi, qui nous la fera retrouver ? Quand est mort
mon autre maître, Claude Bernard, tu as dit : « La
lumière qui vient de s'éteindre ne sera pas rem-
placée ». Que dire de toi, de la lumière de ton esprit, de la chaleur de ton cœur ? Car c'est ce cœur
que nous aimions surtout. C'est par lui que tu nous

dominais. Pour nous, il était grand ouvert, et nous y puisions sans mesure. Il était ouvert même pour tes ennemis, car tu n'as jamais su haïr ; il était ouvert même pour ceux dont la trahison l'a brisé !

Et ce cœur est maintenant inactif pour toujours. Hélas ! nous parlons et nous pleurons sur ta tombe, et tant de nous étaient fiers de penser que, quand ils auraient accompli leurs destins, ta voix éloquente leur dirait l'adieu suprême ! Un jour, avec un sourire et une larme, tu me l'avais promis. Amère dérision ! Tu pars le premier, et ce qu'il y avait de meilleur en moi, de meilleur en nous, est scellé dans ta tombe. Que chacun sache, du moins, combien tu as été aimé et combien tu aimais. Il ne sera pas inutile pour ta gloire de dire que tu n'as pas seulement été grand.

(6 *janvier* 1883.)

LE SOUVENIR DE GAMBETTA

Ceux-là se trompent qui disent la démocratie oublieuse et ingrate. Cette décourageante formule est heureusement fausse. Je viens d'en recueillir, pendant une récente excursion dans le sud-est de la France, les preuves les plus certaines et les plus émouvantes.

Je puis affirmer, en effet, que dans toutes les contrées que j'ai visitées, le souvenir de Gambetta est aussi vivant qu'au lendemain de ses voyages triomphaux de 1872 et 1878. Partout on me racontait ce qui s'était fait, ce qu'il avait dit à son passage. On me montrait les gares où il avait dû descendre pour répondre, par quelques paroles affectueuses, aux populations enthousiastes. Des inconnus venaient me serrer la main et me disaient : « J'ai eu l'honneur de saluer le grand patriote. » A Grenoble, j'ai entendu crier, sous la porte Randon : « Vive Gambetta ! » A Saint-Étienne, le président du Cercle démocratique m'a présenté avec émotion la bannière qu'il avait portée aux funérailles de Gambetta. Nulle part on n'a cru — et combien on avait raison ! — me faire plus d'honneur et m'aller plus directement au cœur, qu'en m'appelant l'ami, le compagnon, le collaborateur du grand citoyen. Son nom, prononcé dans les salles de théâtre, d'école ou de banquet, soulevait des tonnerres d'applaudissements.

J'affirme qu'il n'aurait pas été prudent de rééditer devant les assemblées auxquelles j'ai assisté, les calomnies sous lesquelles on a essayé de l'accabler. Et je ne parle pas seulement de celles qui sont une honte pour qui les profère, mais de cette grotesque et coupable accusation de dictature qui, à certain moment, tant était grande l'audace des accusateurs, a troublé de très honnêtes esprits.

Les grossières inventions des pêcheurs en eau trouble pour qui toute la politique était de « tomber Gambetta, » n'ont pris aucun crédit chez ces sages et énergiques populations. Elles voient toujours Gambetta tel qu'elles l'acclamaient dans cette féerique descente du Rhône en 1872, avec les bateaux pavoisés, les populations échelonnées sur les rives,

les fanfares, les drapeaux, et l'éloquente voix de
Madier-Montjau saluant celui dont on résumait la
vie dans cette formule magnifique : « Il a sauvé
l'honneur de la Patrie et l'existence de la République ! »

Un tel spectacle console, réconforte et encourage.
Il porte en outre avec lui plus d'un enseignement.

Si la démocratie militante — ces nouvelles couches
sociales dont, à Grenoble, en 1872, il annonçait l'arrivée aux affaires publiques — a gardé de Gambetta
cet ardent souvenir, c'est à coup sûr à cause des
immenses services que lui avait permis de rendre
son incomparable talent. Mais, c'est encore, c'est
surtout peut-être — j'ai eu sur ceci les plus curieuses
confidences et les plus touchantes démonstrations, —
à cause du grand cœur qui battait à l'unisson du
sien, dont les chaudes expansions répondaient à ses
justes désirs, et traduisaient ses généreuses passions.

Elle lui savait gré, en outre, de n'avoir jamais
acheté par quelque faiblesse, par quelque flatterie,
cette popularité unique. Elle aimait à lui entendre
parler des devoirs civiques plus encore que des
droits. Elle lui était reconnaissante de ce qu'il n'hé-
sitait pas, en maintes questions où la passion est
mauvaise conseillère, à lui dire, quelquefois durement, où était la vérité. Cette grande honnêteté
d'un des démocrates qui ont le plus méprisé les dé-
magogues, était profondément appréciée de la démocratie, à qui répugnent également les maîtres et les
valets.

Je dis qu'il y a là un grand enseignement et un grand encouragement. S'il a fallu l'ardent génie de Gambetta pour accomplir son œuvre immense, il suffit de la sincérité pour aller au cœur de la Nation. Et ceci est à la portée de tout le monde.

(24 *octobre* 1883.)

BANQUET DE BELLEVILLE

Et moi aussi, citoyens, en me levant pour répondre à votre bienveillant accueil, je me sens sous le coup d'une émotion profonde. Je n'ai pas, comme vous, mon ami Spuller, entendu dans cette salle la voix du grand citoyen donner dans son dernier discours les suprêmes conseils de sa sagesse à la Patrie ; mais une étrange coïncidence de dates me rappelle qu'il y a aujourd'hui un an qu'un accident misérable a permis à la mort, à la mort imbécile, de saisir cette intelligence puissante et de faire taire ce cœur généreux. (*Vive émotion.*)

Aussi, vous aviez raison de le dire, nous ne sommes pas ici à une fête, dans un banquet ordinaire, mais en quelque sorte à une solennité commémorative. Et cette solennité n'est pas seulement bellevilloise, parisienne, mais une solennité nationale. (*Applaudissements.*)

Si bien que demain, lorsque la France républicaine apprendra ce qui s'est passé ici ce soir, quand elle apprendra comment s'est manifestée ici, à Belleville, la survie, l'activité efficace de la politique sage et ferme de Gambetta, elle sentira une émotion véritable, et cela, jusque dans ces régions où le sentiment politique un instant dévié vient de ressaisir et de retrouver la voie de .la vérité. (*Bravos.*)

Vous avez admirablement dit, mon cher ami Spuller, pourquoi et comment Gambetta était resté et devait rester le député de Belleville ; et vous avez parlé de cet échange incessant d'affection, d'estime et de confiance en tels termes, que j'ai vu dans bien des yeux des larmes généreuses qui témoignaient de la vérité de vos paroles. Vous avez dit comment et pourquoi du haut de ce mont Aventin il restait en communion avec la France, lui portant les conseils et l'exemple de cette démocratie si énergique et si prudente.

Permettez-moi d'essayer, à mon tour, d'expliquer pourquoi cette confiance qui existait entre Belleville et Gambetta existait entre Gambetta et la France. Et ici j'invoque le souvenir de voyages récents où j'ai entendu partout acclamer le nom de notre illustre ami, où, quand je parlais de lui, je voyais, comme ici, les larmes couler. (*Bravos.*) En tous lieux ces hommages lui étaient rendus, et s'il y avait une différence à faire, je dirais que c'est dans les bourgades, dans les humbles villages, qu'ils se manifestaient avec le plus d'ardeur. Et ceci s'explique aisément, car c'est Gambetta qui a attiré, séduit, fixé le paysan français dans les idées répu-

ceux qui l'approchaient, son esprit de résistance
indomptable, sa ténacité, si utile à la guerre, qui
espérait contre toute espérance. Et dans chaque
bourg, et dans chaque hameau, on a appris à aimer
et à respecter le nom de celui qui avait tant fait
pour essayer de sauver la Patrie. (*Bravos.*)

Et comme Gambetta parlait sans cesse au nom de
la République, comme il rapportait à la République ·
l'honneur de ses efforts, il s'est passé dans l'esprit
du paysan un phénomène bien facile à comprendre
pour qui tient compte de sa longue éducation mo-
narchique et catholique, qui l'a habitué aux person-
nifications, aux incarnations: c'est que le nom de
Gambetta a été associé, identifié, à celui de la République, et que tous deux ont signifié le sol défendu
et l'honneur sauvé. (*Applaudissements.*)

Mais ce n'est pas à dire que sur le terrain politique tout fût fini, que toutes les défiances fussent
éteintes. Beaucoup avaient peur encore de la République et des républicains. En pouvait-il être
autrement ? On avait pendant vingt ans fait du mot
République le synonyme de désordre, d'anarchie.
C'était le temps des légendes odieuses et ridicules,
où les républicains étaient représentés comme ennemis de la famille, de la propriété, de la société ; légendes à la puissance desquelles nos enfants ne pourront plus croire, et que colportaient, auxquelles
donnaient créance les châtelains, les nobles, les
bourgeois et les prêtres. (*Bravos.*) Et pendant ce
temps, les populations urbaines se laissaient entraîner par le rapide et superbe courant de la démocra-

tie. Et cet antagonisme entre les villes et les campagnes, qui jadis avait fait le triomphe de la réaction, recommençait à se manifester, à constituer un danger redoutable.

Gambetta le sentit. C'est pourquoi on le vit, commis-voyageur de la République et de Belleville, comme il le disait en riant, s'en aller, portant partout la bonne nouvelle, prononçant dans de petites villes, dans des villages, ses plus beaux discours, se mettant au contact de la démocratie rurale, s'imprégnant de ses sentiments, combattant ses préjugés, calmant ses défiances, quelquefois ses colères, avec la puissance irrésistible de son inaltérable belle humeur, de son incomparable éloquence et son invincible foi dans l'avenir. (*Applaudissements.*)

Et, petit à petit, le paysan perdait ses doutes, ses méfiances. Il voyait Gambetta, l'élu de ce redoutable Belleville, flétrir les crimes, combattre les excès, repousser les utopies, et en même temps développer un programme vaste mais sage, et qu'il pouvait comprendre. Car, chose étrange, par une sorte de divination qui n'est que la sagacité du génie, il est advenu que ce citadin, que cet avocat parisien, a compris les sentiments, les passions de nos populations rurales, comme personne ne l'avait fait avant lui. Il a merveilleusement compris qu'elles étaient avant tout démocratiques, alors même qu'elles n'étaient pas encore républicaines. (*Bravos.*) Et réciproquement, cette démocratie rurale s'est reconnue en lui. Elle a vu qu'il avait comme elle la passion de l'égalité, le culte de la Révolution bienfaitrice, l'horreur de l'ancien régime dont on agitait alors le fantôme, et la ferme volonté de faire rentrer dans son église le prêtre devenu l'agent de toutes les réactions. (*Applaudissements.*)

Elle a applaudi sa politique ferme et avisée, et elle a bien vu qu'il faut se garder d'agiter, de soule‐ ver toutes les questions à la fois, au risque de n'en résoudre aucune. En un mot, elle admira en lui ce qui est sa qualité maîtresse à elle-même : l'admi‐ rable bon sens français. (*Applaudissements.*)

Puis, après la raison, la passion. Elle a senti que Gambetta l'aimait et la voulait. Elle a senti que dans la pensée de Gambetta, à ses yeux, la République ne serait fondée que lorsque la démocratie rurale, la France des vignerons, des laboureurs, des bûche‐ rons, qui, jusque-là, dans les bois, dans les champs, parmi les durs labeurs du sillon, n'avait vu le mot République qu'à travers les éclairs de Février, comme dit le poète, précurseurs des orages de Juin (*Applaudissements*), aurait accepté cette Républi‐ que et se serait mise en communion de pensées, d'espérances avec sa sœur, la démocratie ur‐ baine. Elle a senti battre sur son cœur un grand cœur digne d'elle, et elle s'est donnée! (*Bravos.*) Et l'on a pu dire sans exagération de langage que, pen‐ dant la période des luttes pour l'établissement de la République, comme pendant le combat pour le salut de la Patrie, l'âme même de la France avait vérita‐ blement palpité en lui. (*Applaudissements.*)

Citoyens, la France n'est pas ingrate ; elle n'a rien oublié. Mais ces hommages, ces témoignages d'affec‐

tion et de regrets ne sont pas seulement la preuve
du grand cœur de la Nation, qu'on peut appeler,
entre toutes, la Nation généreuse (*Bravos*); non, ils
contiennent un enseignement, une leçon.

Ce n'est pas seulement la personne de notre illustre ami, ce n'est pas seulement l'incomparable
orateur, le grand patriote, que la France salue,
c'est son admirable politique, qu'elle a faite sienne
et à laquelle elle se montre fidèle, cette politique de
dignité au dehors, de progrès à l'intérieur, de pru-
dence partout..., mais la |prudence vraie, celle qui
enseigne qu'il est aussi dangereux de se trainer
trop lentement que de courir trop vite. (*Applaudissements.*)

Citoyens, nous ne sommes pas ici pour tracer des
programmes. Bien hardi serait celui qui l'oserait dans
cette salle où a été promulguée en quelque sorte
la charte du gouvernement républicain dont j'ai eu
l'honneur de faire partie. (*Bravos.*) Mais il n'est pas
interdit de nous demander ce que penserait, ce que
dirait Gambetta dans les circonstances actuelles, s'il
était encore parmi nous, et s'il pouvait nous parler
aujourd'hui.

Et d'abord, quels accents n'aurait-il pas trouvés
pour flétrir ceux qui, pour satisfaire de misérables
rancunes, de basses ambitions, se sont faits les con-
fidents, les avocats de l'ennemi ; ceux qui, au moment où l'honneur national est engagé, entrepren-
nent, en ce pays, l'odieuse campagne de la peur, ou,
ce qui est plus honteux encore, du simulacre de la
peur ! (*Longs applaudissements.*) Comme il dirait

que ce n'est pas en hésitant, en reculant devant les faibles qu'on s'attire le respect des forts ! Comme il montrerait qu'en laissant entamer sa dignité, la France, dont la puissance militaire est aujourd'hui reconstituée, risque non seulement de compromettre ses plus chères espérances jusqu'à ce jour si fidèlement gardées, mais la sécurité de ce qui reste de la Patrie, de la France de nos pères... la grande crucifiée qui, sur les murs de nos écoles, étale son bras gauche amputé ! (*Vive émotion et applaudissements.*)

Et s'il avait à s'expliquer sur les dissentiments intérieurs des républicains, avec quel suprême bon sens il démontrerait quelle est l'inanité fondamentale, la vanité de nos dissidences apparentes ! (*Bravos.*) Comme il montrerait que si l'on pouvait faire abstraction des ambitieux à tout faire, des décavés politiques (*Applaudissements*), des êtres qui sécrètent l'outrage et suent la calomnie comme le crapaud son venin (*Bravos et rires*), et aussi de ces néophytes intolérants qui, la poussière du chemin de Damas encore sur le front (*Rires*) et parfois, sur le bras gauche, la dépouille du chrétien lapidé, s'attaquent aux vieux croyants et gourmandent la tiédeur de leur foi ; que si l'on pouvait éliminer tous les Mangins politiques qui comptent sur leur grosse caisse pour vendre leurs crayons (*Applaudissements*); que si nous restions entre nous, vieux démocrates, républicains et libres-penseurs, inégaux sans doute, car la nature l'a ainsi voulu, en ardeur, en patience, en chaleur d'âme, en zèle, mais tous égaux en bon vouloir et en sincérité, l'accord se ferait vite ou, du moins, que les querelles intimes perdraient bientôt leur âcreté douloureuse! (*Applaudissements.*) Et comme il montrerait que, pour donner satisfaction aux impatiences sincères, il suffit de montrer qu'on fait aujourd'hui le possible d'aujourd'hui, et qu'on prépare activement pour demain le possible de demain. (*Applaudissements*).

Et alors, comme il dirait qu'en face de la République, de la démocratie et de la libre pensée, il n'y a qu'un ennemi, celui qu'ont désigné dans ce pays tous les grands politiques, depuis les vieux parlementaires et les juristes des siècles passés, jusqu'à, dans ces derniers temps, ces deux hommes que nous avons tant aimés, ces deux fils jumeaux du génie de la Révolution, Michelet et Quinet, cet ennemi que Gambetta foudroyait de l'apostrophe terrible : « Le cléricalisme, voilà l'ennemi! » (*Applaudissements.*) Oui, il vous dirait que c'est là l'ennemi, le seul ennemi, entendez-vous bien ? car les autres ne sont que des adversaires; quant à moi, j'ai trop confiance dans le merveilleux bon sens de la France, dans son incomparable honnêteté, pour croire que jamais l'anarchie puisse être dans ce pays un danger sérieux. (*Applaudissements.*)

Voilà, ce me semble, citoyens — et je vous demande pardon de ma hardiesse — quelles seraient les pensées, sinon les paroles, hélas! de celui que nous n'avons jamais flatté, vous avez eu raison de le dire, Spuller, mais que nous pouvions bien appeler maître sans compromettre notre dignité. (*Bravos.*)

Il faut nous en inspirer; il faut que la générosité de ce grand cœur nous réchauffe et nous épure ; il faut que chaque fois que nous pensons à lui, à chaque anniversaire de triomphe ou de deuil qui ramène son nom dans nos mémoires, nous élevions nos âmes, et nous jurions de consacrer toutes les forces de notre intelligence et de notre cœur à la triple cause au service de laquelle il a usé les siennes : à la concorde entre les républicains, au triomphe par la République de la démocratie et de la liberté, et surtout, oui, par-dessus tout, à la grandeur de la France, de la Patrie sacrée ! (*Trois salves d'applaudissements. — Tous les auditeurs se lèvent.*)

(30 *novembre* 1883.)

A VILLE D'AVRAY

Après les amis intimes arrivés à Ville-d'Avray, le conseil municipal de Sèvres, son maire en tête, et plus de cinquante membres de l'Union républicaine conduits par leur président M. Paul Bert, ont visité la chambre mortuaire de Gambetta. Puis, quand les députés républicains sont descendus, profondément émus, dans le jardin qui s'étend devant la maison, notre ami M. Paul Bert a prononcé, la voix pleine de larmes, les paroles suivantes :

« Mes amis, nous ne sommes pas ici pour parler, » mais pour pleurer. Pour nous, pour les plus fidè-

» les, le jour de fête, le premier de l'année, est désor-
» mais un jour empoisonné. Et cependant il faut
» dire quelques mots; excusez-moi, car la parole
» s'arrête dans ma gorge.

» Nous venons de remplir ici pour la première
» fois le pieux devoir annuel. Nous voici réunis,
» cette année, dans cette petite maison de Ville-
» d'Avray, et nous nous y réunirons désormais cha-
» que année, car cette maison est nôtre. Ailleurs,
» on élèvera un monument digne de son génie et
» des services qu'il a rendus à la Patrie ; mais cette
» petite maison désolée, qui me semble encore plus
» nue et plus humble, restera comme le monument
» de son désintéressement.

» Je ne suis pas venu souvent ici : je n'y suis
» venu que dans les jours de deuil ; mais de ma vie
» entière, si longue qu'elle soit, je n'oublierai jamais
» ce que nous avons ressenti, ici, avec l'ami Spul-
» ler.

» Il y a un an, nous arrivions à cette porte à dix
» heures du soir, par la nuit froide du 31 décembre.
» Notre ami ne nous reconnaissait plus.

» Notre seule consolation c'est qu'il n'a pas vu
» venir la mort ; il n'y avait jamais cru.

» Pourtant, le matin, ou la veille, il avait dit à
» quelques-uns des plus fidèles : « Il y a de grandes
» choses à faire. » — Je ne sais plus ses paroles, mais
» il avait comme exprimé, pour la première fois, un
» doute sur sa participation à ces grandes choses.

» Eh bien, s'il n'y participe pas par sa présence
» de corps, il y participera en pensée, car c'est à lui

» que nous songeons, que nous songerons toujours
» toutes les fois qu'il y aura un grand devoir à
» accomplir.

» L'heure des sacrifices viendra. Nous nous ins-
» pirerons de lui. Puissions-nous un jour, — ce sera
» la consolation suprême, la seule que nous puis-
» sions nous promettre, — rapporter, devant
» cette petite maison, des drapeaux tricolores qui
» auront connu la victoire. » (*Vive émo tion.*)

(*La République française du 2 janvier* 1884).

A VILLE D'AVRAY

Citoyens du comité républicain de Belleville,
amis de tous les temps, comme le disait tout à
l'heure Métivier, amis de la première heure et fidèles par-delà le tombeau, permettez-moi de vous
remercier de votre persistant souvenir, au nom de
tous les autres amis du grand patriote, de tous ceux
qui, par milliers, ont accompli ici le pieux pèlerinage, de ceux qui, dans la France entière, sentent leur cœur battre à l'unisson des nôtres, au
nom de ceux dont l'affectueux respect a pu rétablir
dans son état primitif et conserver pour la postérité la pauvre petite maison où Gambetta s'est
endormi.

Vous pourrez revenir ici chaque année, comme
vous en avez fait le serment, sûrs d'y retrouver, en

attendant le monument que va lui élever la France, ces témoins de ses souffrances, de ses joies et de ses travaux, avec le trésor, chaque année grandissant, des hommages qui se joignent à celui que vous avez l'année dernière, dédié à sa mémoire.

Mes amis, nous pouvons dire avec le poète :

« Voici deux ans déjà que le héros est mort· »

Et cependant je vois à vos yeux rougis, je sens à l'angoisse qui m'oppresse, que le souvenir de celui que nous avons tant aimé et admiré est vivant en nous comme au premier jour. En pouvait-il être autrement ? Il semble, au contraire, que le vide qu'il a laissé paraisse plus grand de jour en jour, soit qu'il s'agisse de notre politique intérieure, soit que nous regardions au delà des frontières que la fatalité nous a imposées et que sa mort nous forcera de garder plus longtemps.

Et qui de nous, d'ailleurs, pourrait si vite oublier de si éclatant services, de telles espérances brisées, tant de grandeur, tant de bonté ? Pour nous, mes amis, sa tombe reste toujours ouverte.

Oui, elle reste ouverte. Aussi bien ne peut-elle se fermer, puisque des deux grandes œuvres de Gambetta : la fondation de la République et la Défense nationale, la plus grande à coup sûr n'est pas encore terminée !

Sans doute, grâce aux admirables efforts par lesquels il a su tout vaincre, ayant commencé par se vaincre lui même, la République est désormais fondée sur d'indestructibles bases ; il l'a remise à la garde de la volonté nationale, et nul ne là lui arrachera. C'est là œuvre terminée. Mais la Défense nationale ? Elle ne l'est pas, elle ne saurait l'être tant que ne sera pas recouvrée l'intégrité de la Patrie !

Ah ! cette tâche sublime, vous savez, citoyens, avec quelle ardeur il s'y dévouait, avec quelle passion violente et continue, primant toutes les autres, il poursuivait ce que des sceptiques, qui se croient des sages, appelaient et appellent son rêve. Son rêve ! Ah ! qui sait, sans les injustices des hommes et l'affreuse surprise de la mort.,... (*L'orateur s'arrête en proie à une vive émotion. — Sensation prolongée.*)

La mort ! En vérité, deux années se sont écoulées, et je ne puis croire que la mort absurde ait eu si facilement raison de cette nature exubérante de vie; cependant ces témoins matériels du drame dont j'ai vu le fatal dénouement me rappellent à la réalité. Mais citoyens, Gambetta ne peut être de ces morts dont Luther disait : « Heureux les morts, parce qu'ils reposent ! » Ce repos qu'il n'a pas connu pendant sa vie, la tombe silencieuse ne l'y a pas condamné. Il agit encore, sinon par la parole, du moins par le conseil et l'exemple. Son souvenir engendre l'énergie et l'activité ; il semble qu'en son tombeau une flamme soit cachée.

Regardez autour de vous ; c'est ainsi que la nature domptée par l'hiver apparaît engourdie et comme morte. Mais vous savez bien que dans ces branches dénudées, que sous ces écorces rigides, une sève latente est prête à circuler, et qu'au premier rayon la vie va renaître et splendide et féconde, avec son cortège de fleurs et de fruits.

Que notre pieuse amitié soit ce premier rayon, et de la tombe de Gambetta surgiront, non certes les qualités personnelles qui y sont à jamais enfouies, et le génie créateur, et l'incomparable éloquence, mais l'enseignement des vertus imitables et accessibles : la ténacité indomptable, la joyeuse humeur dans les revers, la modération dans les succès, la grandeur d'âme, l'amour absolu et sans rival de la Patrie, si bien que le mot de la divine Lorraine lui pouvait être appliqué, et qu'il avait pour premier soin la « grande pitié du pays de France », et par-dessus tout peut-être l'indulgence sans mesure et cette bonté douce et virile qui nous charmait tous et à qui il a tant dû! Car vous savez et vous voyez chaque jour combien il fut aimé de la France. Or, pour mériter l'amour de ce noble pays, le génie ne suffit pas : il y faut encore le grand cœur. (*Longue émotion.*)

(4 janvier 1883.)

ÉDUCATION PUBLIQUE

INAUGURATION

DES NOUVEAUX BATIMENTS DE L'ÉCOLE ALSACIENNE

Mesdames, messieurs, et vous surtout mes enfants,

C'est bien malgré moi que je vous inflige un discours. Mais vous avez pu juger, par les paroles de votre excellent directeur, qu'il m'en a fait l'injonction formelle. Au moins, je tâcherai que ce que je vais vous dire ait le moins possible la forme solennelle du discours. Un vrai discours, avec exorde et péroraison sonores, ordre médité, gradations savantes, périodes éloquentes, serait ici mal à sa place.

Vous êtes venus, en famille, vous réjouir d'un grand succès de famille, dont vous êtes tous auteurs, fauteurs, coopérateurs ; et il convient de garder à cette fête ce je ne sais quoi de discret et d'attendri qui sied aux fêtes de famille, et caractérise leurs joies intimes.

Et vous avez raison de vous réjouir ! Pour ceux qui vous ont connus dans votre petit berceau de la rue des Écoles, que de progrès ! que d'agrandissements ! quelle marche en avant ! C'est votre rêve réalisé ! *Hoc erat in votis;* plus, peut-être, et vous diriez volontiers avec Horace : Nous n'espérions pas tant,

Modus agri non ita magnus.

Mais les dieux ont fait davantage ; c'est bien. Ne demandons rien de plus, sinon de savoir en jouir :

Auctius atque
Di melius fecere : bene est. Nil amplius oro,
Maia nate, nisi ut propria hæc mihi munera faxis.

Et cependant, ainsi est faite l'humaine nature, que, au sein de votre succès, je ne sais quelle trace de mélancolie douce se laisse deviner. Elle perçait tout à l'heure, dans le discours de votre cher et savant directeur. Si heureux qu'il se promette de l'être en ce petit palais, il ne parlait pas sans un soupir de ces modestes maisons, de ces « oasis de verdure », où l'École a, sous sa direction, grandi, lutté, triomphé. Et votre sous-directeur, dont l'excessive modestie cache mal une âme si tendre et si chaude...(*Applaudissements.*) Oh! ce n'est pas fini, vous allez applaudir encore — ... un esprit si fin et si sûr, demandez-lui, à M. Brœnig, s'il ne rêvera pas toujours à cette humble boutique où il a fondé l'École Alsacienne, où il l'a, toute petite, bercée et choyée, et où il l'a entendue dire : « Père, la maison est trop étroite ; il faut sortir d'ici et chercher un logis plus vaste. » Demandez-lui si, lorsqu'il passe dans la rue des Écoles, il ne jette pas de ce côté un regard attendri. C'est la première chambrette du jeune ménage ; la fortune est venue, la famille a grandi ; on habite une bonne, vaste, commode et un peu luxueuse

Âge aux expériences efficaces, exemplaires, proban-
s, tentées et réussies par un établissement libre.
Lors,.comme je me sentais très honoré de l'offre,
comme je ne cherchais qu'à me laisser convaincre,
j'ai accepté, non pour les raisons qu'on m'a données,
mais pour celles que je me suis données à moi-
même. Voilà comme, avec un esprit un peu inventif,
on arrive toujours à accorder aux autres ce que l'on
désire soi-même. (*Rires.*)

Car, cet hommage, je suis heureux de vous le
rendre comme homme public d'abord, et ensuite
comme membre et comme défenseur de l'enseignement de l'État, de notre grande Université.

Oui, vous êtes un établissement d'enseignement
véritablement libre. Vous êtes de ceux, si rares, qui,
avec votre aînée l'École Monge, fournissez un
actif au bilan de cette loi funeste de 1850, dont le
passif formidable se résume en un mot : séparation
en deux camps hostiles de la jeunesse française. Oui,
vous étiez de ceux dont le souvenir et l'exemple
gênaient et retenaient dans l'expression complète de
leur pensée les hommes publics qui s'écriaient
dans des discussions récentes : « La liberté d'enseignement, elle n'a produit en politique que la
discorde, en pédagogie que l'abaissement des études ! »

Car, bien au contraire de ceux qui s'efforcent, d'un
effort qui serait criminel s'il était conscient, de
couper la France en deux, vous, vous avez voulu
rejoindre les deux moitiés de cette France, séparées
par une opération sanglante. Au lendemain de nos

désastres, vous avez voulu recueillir les enfants qu'avaient chassés l'orage, offrir un nid à ceux qui chantaient jadis sur le rameau brisé. (*Émotion.*) Aux triomphateurs qui croient qu'il suffit de tracer sur la carte, d'une main victorieuse, une ligne jalonnée de sentinelles et de forteresses pour changer les cœurs et faire oublier la patrie, vous avez répondu en créant cet asile où des exilés volontaires entretiennent et attisent un feu sacré, et d'où vos regards, lorsqu'ils quittent le livre, se tournent tout d'abord du côté de l'Orient :

Et dulces *vivens* reminiscitur Argos.

Et il est arrivé, chose merveilleuse ! qu'en faisant œuvre de patriotes vous avez fait œuvre de pédagogues. Car, cette École Alsacienne, dont l'exemple a été de tant de poids pour déterminer la réforme de notre enseignement secondaire, elle a pris précisément pour modèle votre vieux Gymnase libre de Strasbourg. Si bien que notre chère Alsace, ne pouvant plus nous donner son sang ni sa richesse, nous donne encore sa pensée et son exemple. Ainsi votre œuvre a peut-être dépassé vos prévisions, sinon vos désirs. Tant il est vrai qu'à ceux qui aiment profondément la Patrie tout le reste est donné par surcroît ! (*Applaudissements.*)

Oui, vous avez fait œuvre de pédagogues. Et avec quelle utilité, quelle efficacité ! Ah ! l'Université a besoin d'établissements semblables aux vôtres. Vous n'êtes pas des concurrents voulant, comme on a osé le dire, lui disputer l'âme de la France ! Vous n'êtes

pas, — vos statuts et vos actes en font foi, — des spé-
culateurs attirant et séduisant la jeunesse et les
mères par de beaux ombrages, des réfectoires plan-
tureux (*Sourires*.) Vous êtes des auxiliaires de l'Université, faisant pour elle des expériences qu'elle ne
peut et peut-être ne doit pas tenter elle-même.

L'Université est comparable à un vaisseau de haut
bord, portant sous pavillon tricolore l'avenir et
l'honneur de la Patrie. Quand il s'agit de manœuvrer
parmi les hauts fonds et les récits des méthodes nouvelles, elle ne saurait s'aventurer, car elle tire beaucoup d'eau, et la responsabilité du commandant est
trop grande. Elle a besoin de bateaux-pilotes légers
et calant peu, qui peuvent aller partout, tâtant et
jetant la sonde, jusqu'à ce qu'ils aient trouvé le
chenal navigable où peut s'engager la grande nef.
Voilà l'office que vous avez fait, et, — vous pouvez
le dire avec orgueil, — l'Université vous a suivi.
Vous avez, elle et vous, fait votre devoir.

Maintenant, les chaloupes exploratrices, quand le
chenal est trouvé, le navire les rappelle, les hisse à
son bord et reprend ses matelots. Vous, vous ne voulez pas être hissés (*Sourires*), et vous avez raison. Vous
voulez encore naviguer librement, et vous avez
raison, doublement raison : d'abord, parce que si
l'Université vous doit beaucoup, vous ne lui devez
pas grand'chose, car elle ne met guère de bonne
grâce à vous fournir vos équipages. Et puis, votre
voyage n'est pas terminé, vos découvertes ne sont
pas finies ; vous n'êtes pas au bout de vos progrès,
et vous cherchez encore, et vous trouverez encore,
et vous chercherez toujours !

Et cependant, vous avez déjà beaucoup trouvé, beaucoup innové. M. Rieder vient de vous faire, et avec une autorité sans pareille, l'histoire de vos découvertes, de vos tentatives heureuses. La reprendre après lui serait une imprudence, peut-être une inconvenance. Je m'en garderai bien. Mais il est quelques points sur lesquels je crois devoir insister.

La plus importante de vos réformes pédagogiques, à coup sûr, c'est le retard apporté dans le début de l'étude des langues anciennes. Les enfants de neuf ans ne voient pas chez vous se dresser devant eux, dès l'entrée aux classes, le *Rosa. Rosæ* et les conjugaisons rébarbatives. Avant de demander à vos élèves d'apprendre une langue qui n'existe plus, acte de résurrection qui exige de leur part ou le plus extraordinaire effort, ou le plus docile abandon de l'esprit, vous avez voulu que cet esprit fût déjà préparé et mûri par l'âge, par des études antérieures et surtout par celle d'une langue parlée. Car les langues sont faites pour être parlées ; et vouloir intéresser un enfant, dès ses débuts, à l'étude d'une langue qu'il ne parlera jamais, qu'il n'entendra jamais parler, dont il n'aura jamais d'autres témoins que les livres endormis aux rayons des bibliothèques, c'est comme si, en histoire naturelle, on voulait, avant de lui enseigner quoi que ce soit sur les animaux vivants, l'intéresser aux squelettes et aux fossiles qui peuplent les vitrines des musées ! Commencez, au contraire, par lui décrire les mœurs des animaux vivants, donnez-lui des notions sur leur anatomie, et tous ces restes informes s'animeront et sembleront aisément revivre sous ses yeux. (*Bravos.*)

Vous avez donc bien fait, l'Université a bien fait de vous suivre dans cette voie. Mais voici ce qui me frappe surtout dans cette réforme. Je vous disais tout à l'heure qu'en faisant œuvre de patriotes vous aviez fait œuvre de pédagogues. Eh bien, ici, en faisant œuvre de pédagogues, il se trouve que vous avez fait œuvre de patriotes, je veux dire de démocrates. Tant il est exact que les grandes vérités sont placées sur des sommets d'où elles embrassent les horizons les plus divers !

Oui, vous avez fait œuvre de démocrates. Car, savez-vous quel a été, dans le Conseil supérieur de l'instruction publique, l'argument dominateur, l'argument vainqueur, je puis le dire, développé par les hommes qui considèrent particulièrement l'éducation publique au point de vue social et gouvernemental ? Le voici : l'introduction du latin, dès le début des classes du lycée, creuse un abîme entre l'enseignement secondaire et l'enseignement primaire, entre la masse des enfants du peuple et ceux de la bourgeoisie. Comment l'élève distingué de nos écoles de village, lorsqu'il est au bout de ses études primaires, pourra-t-il entrer au collège et évoluer vers des régions sociales plus élevées ? Il a douze ou treize ans ; son âge le désigne pour la sixième, et là il rencontrera des camarades qui, depuis deux ans, font du latin et même du grec. Peut-il les rattraper et marcher dorénavant avec eux d'un pas égal ? Non ; il lui faut redescendre, lui, grand garçon déjà,

2.

auprès des enfants de neuf ans, et il recule avec raison.

Ainsi, dans votre société démocratique, le recrutement des classes moyennes et supérieures est privé de ce contingent fourni par l'immence majorité de la nation : contingent formidable et par le nombre et par la valeur, et dont, à bref délai, on va pouvoir apprécier la force.

Car, grâce à la réforme dont vous et l'École Monge, que je vous associe en tous ces éloges, êtes les précurseurs, la forte instruction primaire de ces enfants d'élite leur permettra de prendre rang d'emblée avec les élèves de leur âge, et ensemble ils pourront commencer l'étude des langues mortes. Vous aurez comblé le fossé et rétabli les vraies conditions de l'égalité sociale, laquelle consiste non pas à promettre, mais à donner efficacement à chaque citoyen les moyens d'occuper dans la société le rang auquel il a droit par son intelligence et sa conduite. Et comment serait-elle satisfaite si vous n'avez pas tout grand ouvert l'accès à l'instruction, en proportion des mérites ?

Voilà donc un grand point, et c'est une bonne fortune que de voir les avantages pédagogiques coïncider ainsi avec les avantages politiques. Je m'en réjouis et m'en félicite avec vous.

Il est une autre réforme sur laquelle je suis d'accord avec vous, et que l'Université a également empruntée à votre programme : c'est la grande part donnée aux sciences dans l'enseignement, même, — je dirai surtout, — dès les classes de début.

Vous avez parfaitement défini, Monsieur le Directeur, le côté utile et pratique de l'enseignement des
sciences. Vous dites, avec une haute raison, dans
votre dernier rapport annuel :

« Nos élèves doivent être prêts à entrer immédiatement dans la vie pratique, ou du moins dans les
études spéciales qui pourraient les y mener en peu
de temps. Sans cette base solide ils risqueraient
d'être inférieurs, une fois arrivés au terme de leurs
études classiques, aux jeunes gens de leur âge qui
seraient allés à un but moins élevé par la route plus
simple de l'enseignement primaire et de l'enseignement spécial. Combien, en effet, n'a-t-on pas vu de
ces bacheliers de l'ancien système, qui, faute d'avoir
acquis dans leur enfance des notions usuelles nécessaires à tous, n'ont été que des hommes inutiles et
déclassés ? »

Et vous ajoutez avec non moins de sagesse :

« Pour avoir en eux l'étoffe d'hommes utiles et pratiques, nos élèves n'en seront pas moins prêts à
aborder les études supérieures qui, par un chemin
plus long et plus difficile, les conduiront à cette culture générale, plus haute et plus délicate, qui doit
former l'élite intellectuelle de la nation. »

Tout cela est très bien. Mais, pardonnez-moi de le
dire, cela est incomplet. Si l'étude des sciences n'avait
d'autre avantage que de permettre au jeune bachelier d'être plus tôt prêt pour les exigences de la vie
pratique, et de ne se pas laisser tout d'abord distan-
cer dans le commerce, l'industrie, les finances, par
les concurrents qui n'auraient pas reçu l'éducation

classique, ce serait quelque chose, à coup sûr, mais
le bénéfice serait médiocre. Et, en tout cas, ce n'est
pas sa recherche qui a soutenu les défenseurs de
l'enseignement scientifique dans une lutte qui n'a été
ni sans difficultés, ni sans grandeur.

Non ; en plaçant l'étude des sciences naturelles et
expérimentales au début de l'enseignement secondaire, en exigeant que les jeunes intelligences, dès
leur éveil, contemplent le splendide spectacle des
découvertes scientifiques, nous n'avons pas eu pour
but principal de leur aplanir les difficultés pratiques
de la vie. Non, ce que nous avons voulu, c'est per-
fectionner leurs sens, discipliner leur esprit, exercer
leur raison. Apprendre à bien voir, à voir juste, à
ne voir que ce qui est, et à voir tout ce qui est, n'est
pas chose facile; or, c'est là ce qu'enseignent, au
plus haut degré, les sciences d'observation. Mettre
de l'ordre dans les idées, placer chaque chose selon
sa valeur, dans sa perspective vraie, n'est pas chose
facile non plus; or, la méthode des sciences naturelles y habituera l'enfant. Prouver aux autres tout
ce qu'on affirme soi-même, exiger des preuves pour
les affirmations des autres, savoir même ce qu'est
une preuve, est chose plus difficile encore : attendez
tout, dans ce domaine, de la forte éducation des
sciences physiques et chimiques, et ne craignez rien
d'elles : car c'est leur grandeur et leur force d'enseigner la non-crédulité sans enseigner le scepti-
cisme, ce suicide de la raison ! (*Applaudissements.*)

Voilà pourquoi nous avons voulu que l'enseignement des sciences pénétrât en toutes ses régions notre

enseignement secondaire. Il ne s'agit pas seulement de préparer plus vite et plus tôt des industriels ou des agriculteurs ; il ne s'agit pas, surtout, de faire de nos enfants des compteurs d'étamines, de pattes ou d'antennes, des nomenclateurs de réactions chimiques ; il s'agit de leur donner, si l'on peut ainsi parler, un instinct intellectuel particulier, qu'ils appliqueront dans toutes les circonstances de leur vie et qui résistera aux crédulités séduisantes, aux entraînements soudains des sentiments et des passions.

Et cela sans détruire, je dirai même sans affaiblir le sentiment et la passion. Quel triste perfectionnement ce serait que de fabriquer un homme dont le cœur ne battrait plus ! C'est pourquoi l'étude des sciences seules serait insuffisante et dangereuse ; et c'est ici que l'étude des lettres reprend sa puissance et son rang suprême. Les sciences ne sont qu'éducatrices de l'esprit ; les lettres sont moralisatrices. Celles-là enseignent le vrai ; celles-ci le beau et le bon. Il faut leur alliance à toutes deux.

Si vous me permettez de me rappeler que je suis physiologiste, je vous dirai : Les sciences sont comme le squelette dont la savante mécanique donne à la fois solidité et souplesse. Les lettres sont les muscles et la peau qui apportent la force, la forme, la beauté, la sensibilité. Sans les muscles et la peau, le squelette n'est qu'une sèche et inerte architecture ; sans le squelette, les muscles manquent de point d'appui et les formes s'affaissent. Os, muscles et peau font l'être vivant supérieur, vigoureux, agile et délicat. Sciences et lettres formeront un esprit fort et disci-

pliné, une imagination hardie et pondérée, un cœur
généreux et prudent. (*Applaudissements.*)

Mais c'est trop insister sur ce point, et le temps me
manque pour vous parler de vos autres réformes
dans le domaine de l'enseignement. Cependant, il est
un problème pédagogique que vous avez résolu avec
trop de succès pour que je ne vous en félicite pas du
fond du cœur.

Je veux parler de vos relations avec vos élèves, de
votre discipline et de ses conséquences, vos récompenses et vos punitions. Ici vous êtes bien en avant
de l'Université, et je ne sais vraiment quand elle
vous suivra.

Et cependant qu'avez-vous donc fait, sinon introduire la méthode scientifique dans la discipline, à la
place de l'empirisme dogmatique? A l'absolu, qui
s'impose par l'autorité et devant lequel l'élève se
courbe, souvent avec de secrètes révoltes, vous avez
substitué le relatif, qui démontre et se fait accepter
par la raison. Votre discipline est fondée non sur la
crainte du maître ou l'obéissance passive à la règle
édictée, mais sur le culte du devoir, le respect de
soi-même, le sentiment de la responsabilité et de la
solidarité, la salutaire préoccupation du jugement
des hommes sages. Et vous avez eu raison, car le
maître passe, la règle s'efface, mais le souci de la
dignité personnelle ne disparaîtra pas.

Aussi, plus de punitions barbares et ridicules; plus
de retenues, de piquets, de pensums. La suppression
des bonnes notes, la réprimande du directeur, accen-
tuée s'il est nécessaire dans la famille qui se confond.

ainsi avec l'école, l'exclusion temporaire, enfin le renvoi pour les incorrigibles, voilà votre hiérarchie pénitentiaire. Et, l'expérience a prouvé combien elle est efficace, car vous n'avez eu que bien rarement recours à l'éventualité dernière.

Mais ce que j'admire le plus en tout ceci, ce sont vos récompenses. Plus de concours, plus de prix ! Dans cette France où l'éducation publique semble prendre à plaisir de cultiver et de développer nos défauts naturels, vous avez eu les premiers le courage de supprimer tout cet appareil vaniteux et sonore. Vous ne vous livrez pas à la fabrication de ces petits monstres scolaires (*Sourires*), habiles à conquérir le prix de vers latins ou de thème grec, et incapables en toute autre matière. Chez vous, le héros au jour des récompenses ne sera pas celui qu'auront favorisé des qualités brillantes ou des hasards heureux. Les dons spontanés de la nature ne suffisent pas, et il faut encore l'assiduité au devoir quotidien. L'ensemble des notes s'applique à toutes les branches du savoir, à tous les incidents de la vie scolaire. Vous ne vous efforcez pas d'établir une hiérarchie trop souvent illusoire, parfois injuste, toujours puérile. Et quand arrive le jour du jugement public, vous dites, avec une simplicité qui a sa grandeur : Ceux-ci ont *très bien* fait, ceux-ci ont *bien*, ceux-ci ont *assez bien* fait leur devoir.

Et vous atteignez ainsi un double résultat. D'abord, vous n'habituez pas l'enfant à croire qu'il suffit d'une rencontre heureuse, d'un effort passager, d'un succès d'un jour, pour mériter d'être honoré entre tous ;

[...] demande à tout [...] méthodiquement la plus juste, [...] former des citoyens labori [...] de la loi, laquelle com [...] mot qui a vieilli, conquerra le pl [...] vous avez fait autre chose. Ch [...] laborieux ne se sent pas, com [...] fatalement dépassé par l'élève brillant. [...] que son mérite sera mesuré en partie à la pein [...] donne. Il sent qu'il est traité suivant la jus [...] il ne se croit plus abandonné; il s'efforce, i [...] comme aussi sans doute de votr [...] discipline fondée sur la raison, — de là résulte, je [...] cette allure joyeuse, cet air de gaieté et de [...] de l'âme que j'ai souvent constaté et admiré [...] vos jeunes enfants. Hélas! j'ai tant vu d'écoles [...] d'ennui! Mais la vôtre est là pour montrer [...] le bonheur vient du sentiment de la dignité, se [...] développant au sein de la liberté et sous l'égide de [...] (bravos.) [...] de choses j'aurais encore à vous dire! Mais

mais vous lui enseignez qu'il faut l'action suivie et
persistante, le bon vouloir et le bon agir de tous les
instants. Ah! si nous avions le temps et si c'était le
lieu, combien il serait curieux de montrer comment
et pourquoi votre méthode est celle des pays protestants, tandis que les concours et les prix, comme
aussi la discipline autoritaire, appartiennent essen-
tiellement au génie catholique! Mais en passant sur
ce point délicat, je demande à tout esprit sincère
laquelle des deux méthodes est la plus juste, laquelle
est la plus propre à former des citoyens laborieux
et joyeusement serviteurs de la loi, laquelle consti-
tuera une société où le vrai mérite, où la vertu,
pour prendre un mot qui a vieilli, conquerra le plus
sûrement sa place ?

En même temps, vous avez fait autre chose. Chez
vous, l'enfant laborieux ne se sent pas, comme
ailleurs, fatalement dépassé par l'élève brillant. Il
sait que son mérite sera mesuré en partie à la peine
qu'il se donne. Il sent qu'il est traité suivant la justice; il ne se croit plus abandonné; il s'efforce, il
arrive. De là, — comme aussi sans doute de votre
discipline basée sur la raison, — de là résulte, je
pense, cette allure joyeuse, cet air de gaieté et de
santé de l'âme que j'ai souvent constaté et admiré
chez vos jeunes enfants. Hélas! j'ai tant vu d'écoles
où l'on s'ennuie! Mais la vôtre est là pour montrer
que le bonheur vient du sentiment de la dignité, se
développant au sein de la liberté et sous l'égide de
la justice. (Bravos.)

Que de choses j'aurais encore à vous dire! Mais

c'est déjà trop abuser. J'aurais aimé cependant à insister sur ce grand fait que vous, parmi lesquels on peut compter, je le sais, tant d'âmes profondément religieuses, pieuses même, vous avez été les premiers à éloigner résolument et entièrement de votre École l'enseignement religieux. Vous avez laissé à chacun son rôle, sa compétence, sa responsabilité : au professeur laïque les vérités scientifiques et démontrables, au prêtre celles où la foi devient nécessaire. Et cette laïcisation que nous réclamons pour les écoles de l'État, vous n'y avez vu, comme nous, qu'une marque de respect pour la liberté de conscience et la sincérité des croyances. (*Assentiment.*) Je voudrais que les hommes honnêtes et convaincus qui, à quelques pas d'ici, dans la salle dorée du Luxembourg, se sentent anxieux et hésitent à voter la loi si sage et si libérale déjà adoptée par la Chambre, vinssent visiter votre école, interroger vos élèves et surtout leurs parents. Je voudrais que ma voix eût assez de force pour traverser l'espace, pour les adjurer de ne pas écouter de bruyantes protestations où les convictions religieuses sont pour peu de chose, et d'apprécier à sa haute valeur l'expérience faite par l'École Alsacienne.

J'ai terminé, messieurs, bien tard sans doute à votre gré; mais votre bienveillance a été ma complice. Je ne voudrais cependant pas me taire sans relever ce qu'a dit votre excellent directeur du désintéressement des fondateurs, actionnaires et obligataires, de votre chère École. J'espère qu'elle n'aura pas besoin de faire longtemps appel à ces

sentiments généreux. Je le désire, car il est nécessaire qu'une bonne action ne soit pas une mauvaise
affaire. Cela est nécessaire, pour l'exemple d'abord,
pour la durée ensuite : car si l'on fonde avec le dévouement, on n'entretient qu'avec l'intérêt.

Mais quoi qu'il advienne, je veux les féliciter et les
remercier, car ils ont bien mérité de ceux qui profitent de l'instruction ici donnée; car ils ont bien mérité de l'Université, et, j'ose le dire comme homme
public et représentant de la Nation, ils ont bien
mérité de la Patrie. (*Applaudissements prolongés.*)

(*9 juin* 1881.)

DISCOURS

PRONONCÉ A LA DISTRIBUTION DES PRIX DES ÉCOLES COMMUNALES DE FILLES DE LA VILLE D'AUXERRE

MES ENFANTS,

Je vais commencer par vous faire une confidence.

Mon vieux camarade, M. Claude, excellent adjoint
de notre excellent maire, est venu avant-hier me
prier de faire, en son lieu et place, le discours fatal
de la distribution des prix. Comme il se trouve que
je n'ai rien à faire (*rires*) et que je le sais très chargé
de besogne (*nouveaux rires*), j'ai accepté. J'ai même
accepté avec plaisir, non seulement parce que je le
débarrassais d'un surcroît de travail, mais surtout
parce qu'après m'être adressé l'année dernière, à

cette place même, à vos frères et cousins (1), je n'é-
tais pas fâché de m'adresser à vous. Seulement, j'ai
changé de batteries, de méthode.

En parlant aux jeunes garçons, j'avais cru pouvoir être familier, il y en a même qui ont dit amusant, ce dont je m'excuse, car c'est tout à fait contraire aux principes et à la tradition. Cette année,
parlant à vous, jeunes filles, je ne serai pas amusant,
au contraire, je vais être sérieux, ennuyeux peut-
être. (*Rires.*) Et comme l'ennui est bien supérieur à
l'amusement, étant chose grave, ce sera ma manière
d'exprimer tout d'abord ma conviction, à laquelle
va être consacré ce discours, que non seulement la
femme est égale à l'homme, mais que les petites filles
sont supérieures aux petits garçons. (*Rires et applaudissements.*)

Voilà une vérité qui, jusqu'à ce jour, n'a pas été
souvent exprimée, que je sache, si jamais elle l'a été,
dans le langage officiel. Voltaire a bien dit, il y a plus
de cent ans : « Les femmes sont capables de tout ce
» que nous faisons, et la seule différence qui est entre
» elles et nous, c'est qu'elles sont plus aimables. »
Et une femme d'un charmant esprit et d'un grand
cœur, Mme de Girardin, renchérissant sur Voltaire,
n'a pas craint de s'écrier : « Sur cent hommes, vous
» en trouverez deux spirituels ; sur cent femmes,
» vous en trouverez une bête. » (*Rires.*) Ce qui est sans
doute vrai pour les femmes, mais paraît un peu
exagéré pour les hommes.

Bien d'autres apôtres, éloquents, spirituels, sé-

(1) Voir *Leçons, Discours et Conférences.* Paris, Charpentier.

rieux — et même ennuyeux — de la cause féminine, ont eu beau apporter en témoignage et des raisonnements et des faits, la femme est restée inférieure à l'homme dans toute notre organisation sociale. Moins de droits et plus de devoirs, telle est la situation que nos lois lui ont faite. Incapable et mineure pour le Code civil, elle ne retrouve l'égalité que devant le Code pénal. (*Applaudissements.*)

Dans le domaine de l'instruction publique, cette iniquité sociale s'est traduite jusqu'à ce jour d'une façon criante. Nous avons pour les garçons des écoles de tous degrés, des collèges, des lycées, des facultés, des écoles professionnelles, des écoles normales, entretenues aux frais de la nation. Pour les filles, tout s'arrête au degré primaire. Et encore, ces écoles de filles, on les fonde, on les organise, on les dote comme on peut, et l'école des garçons jouit déjà du superflu quand on a commencé à accorder à l'autre le nécessaire.

« L'éducation des filles, disait Balzac, comporte » des problèmes si graves — car l'avenir de la nation » en dépend — que, depuis longtemps, l'Université de » France s'est donné la tâche de n'y point songer. »

Presque rien n'est changé depuis le temps où Fénelon s'indignait qu'on ait « une si haute idée de » l'éducation des garçons, tandis que, pour les filles, » il ne faut pas qu'elles soient savantes ; et la curiosité » les rendant vaines et précieuses, il suffit qu'elles » sachent gouverner leurs ménages et obéir à leurs » maris... sans raisonner. » (*Rires.*)

La République, qui doit être en toutes choses la

mise en œuvre de la Justice, a décidé de mettre fin à cette injustice, aussi absurde que dangereuse ; et l'Université de France ne méritera plus, désormais, le reproche que lui jetait à la face le célèbre moraliste. La législature qui vient de finir a décrété deux grandes choses, deux grandes créations : celle des Ecoles normales de filles, celle de l'Enseignement secondaire des filles. C'est sur les raisons et les conséquences de cette révolution, — car c'en est une qui se prépare, — que je voudrais, Mesdames et Messieurs, attacher pendant quelques instants votre attention.

Comment se fait-il qu'un pareil état de choses ait si longtemps duré ? Comment l'ignorance de la femme a-t-elle pu être systématiquement organisée dans une nation où la femme a joué de tout temps un si important rôle ?

Ce serait là une ancienne et étrange histoire, et qui nous amènerait à demander des comptes bien sévères à la puissance qui, jusqu'à ce jour, a dominé notre enseignement public. Les dédains des docteurs de l'Église pour celles dont Bossuet disait : « Les » femmes n'ont qu'à se souvenir de leur origine, et, » sans trop vanter leur délicatesse, songer, après » tout, qu'elles viennent d'un os surnuméraire » (*Rires*) ; les paroles méprisantes du livre sacré : « Du » vêtement vient la mite, de la femme le mal de » l'homme », ont établi et consacré dans la société et, par suite, dans l'enseignement, l'infériorité des filles d'Ève, de celle qui, la première cependant, avait eu le courage de goûter le fruit de l'arbre de

science. Si bien que Fénelon lui-même, le révolutionnaire auteur de l'*Éducation des filles*, s'excuse de
ses hardiesses et dit :

« Retenez l'esprit des filles le plus que vous pourrez
» dans les bornes communes ; et apprenez-leur qu'il
» doit y avoir, pour leur sexe, une pudeur sur la
» science presque aussi délicate que celle qui inspire
» l'horreur du vice. »

Et sur quoi, cependant, — si nous laissons de côté
la malédiction au sortir de l'Éden, — sur quoi se
base cette thèse de l'infériorité féminine, dont on a
fait un dogme social ? L'observation des faits jour-
naliers, les enseignements de l'histoire, qui nous
montrent si grandes presque toutes les femmes qui
ont régné, la place prise par les femmes dans la littérature et les sciences, ne sont-ce pas autant de protestations ? Et cependant, suivant la juste remarque
de Montesquieu : « Nous avons employé toutes sortes
» de moyens pour abattre leur courage. » Et le grand
homme d'État ajoutait : « Les forces seraient égales
» si l'éducation l'était aussi. Éprouvons les femmes
» dans les talents que l'éducation n'a point affaiblis,
» et nous verrons si nous sommes forts. »

Cette épreuve, Mesdames et Messieurs, a été géné-
ralisée déjà dans les collèges d'Amérique, de Suisse
et de Russie (car nous avons des leçons à recevoir
sous ce rapport, même de la Sibérie), et elle a été
favorable aux femmes. Grâce à la République, on
pourra la faire en France d'ici à peu d'années. Car,
avant qu'il soit dix ans, la France, j'en ai la ferme
espérance, et il ne dépendra pas de mes efforts que

cette espérance se réalise plus tôt encore, comptera des collèges de filles aussi nombreux que ceux des garçons. Et j'espère bien que notre ville d'Auxerre va donner l'exemple! Elle a eu l'honneur de se placer au premier rang, quand il s'est agi, il y a quelques années, d'ébaucher dans des cours publics l'enseignement secondaire des filles. Je l'exhorte à s'y maintenir en fondant, l'une des premières, un vrai collège de filles — internat ou externat, il m'importe peu — mais un vrai collège, organisé et doté en locaux, en budget, en professeurs, comme son collège de garçons, prêt, en un mot, pour donner l'enseignement que vient de décréter la loi récemment votée par les Chambres. (*Applaudissements.*)

J'exhorte également notre municipalité à ouvrir gratuitement ce collège de filles, comme elle l'a fait pour son collège de garçons, aux élèves de nos écoles primaires, à celles d'entre vous, mes enfants, qui se seront distinguées dans leurs études. Et le nombre de ces élèves-filles devra bientôt être plus grand que celui des élèves-garçons. Cela, pour deux raisons.

La première, c'est que le fils de l'artisan est bientôt réclamé par les nécessités de l'apprentissage, et souvent doit quitter de bonne heure la maison paternelle, ce qui empêche le père de famille de profiter des avantages offerts par la bourse municipale; tandis que la fille reste dans la famille, généralement beaucoup plus libre de son temps, et pendant une période plus longue. La seconde raison, c'est que l'instruction donnée dans les collèges de filles, n'ayant pas à tenir compte des routines classiques,

sera, bien plus que celle des collèges de garçons, de
nature à satisfaire aux justes exigences de la majorité
de la Nation.

Car, débarrassée du souci de cet enseignement du
latin et du grec, qui devrait ne s'adresser qu'à une
minorité et que les programmes universitaires im-
posent à la majorité, cette instruction comprendra
l'enseignement de la morale, de l'histoire, de la littérature et des langues vivantes, c'est-à-dire de ce
qui répond aux nécessités de la vie pratique et du
développement intellectuel.

Si bien que les classes aisées de la société comp-
teront autant de femmes instruites que d'hommes
instruits, et les autres classes plus peut-être, au grand
bénéfice de la famille et de la nation, s'il est vrai,
comme je le crois, et comme l'a dit il y a longtemps
Shéridan, que « de la culture de l'esprit des femmes
» dépend la sagesse des hommes. » (*Applaudissements.*)

Je sais bien que les partisans de l'ignorance des
femmes se déguisent en champions des vertus féminines et s'écrient : Tant de science va gâter la
femme ! Vous allez en faire une pédante, dédaigneuse du ménage et des soins quotidiens de la
famille ! Elle perdra, sur les bancs, parmi les livres
et les expériences de physique, cette grâce suprême,
ce charme délicat qui fait sa vraie puissance. Sous
prétexte d'une égalité qui n'est qu'un leurre, vous
la faites descendre du trône sur lequel nous l'ado-
rions. Et ils reprennent les lamentations du vieux
Chrysale des *Femmes savantes*, qui, lui, du moins,

était sincère et ne voulait dans sa femme qu'une servante économe et obéissante.

En vérité, il semble inutile de répondre à ces banalités. L'expérience dans tous les pays où l'on s'est occupé d'instruire les femmes, et en France même, a suffisamment prouvé que l'étude ne leur fait rien perdre des qualités par lesquelles elles se distinguent du sexe laid. Elles portent fort bien l'instruction, comme elles portent toutes choses. Le pédantisme est trop disgracieux pour être commun chez les femmes, et trop souvent ceux-là mêmes qui la leur reprochent par hypothèse sont là pour prouver que c'est un vice tout masculin. (*Rires et applaudissements.*)

Mais enfin, quand il en serait ainsi? Quand la femme instruite arriverait à ne plus attribuer la même importance à des préoccupations que l'homme admire chez elle et trouverait ridicule chez lui; quand elle se dirait, avec un moraliste, qu'il vaut mieux avoir une robe mal faite qu'une tête vide; quand même l'étude la rendrait aussi gauche, aussi laide et aussi pédante que l'homme, serait-ce une raison pour la lui refuser? N'y a-t-elle pas le même droit que l'homme? Le devoir de la famille vis-à-vis de l'enfant, de la société vis-à-vis de ses membres, change-t-il suivant le sexe? Et accepterions-nous donc la parole de ce sauvage qui, interrogé s'il avait des enfants, répondit : « Non, je n'ai que des filles?» Qu'on ose le dire alors : mais qu'on ne se pose pas en défenseurs des prétendues supériorités féminines et qu'on n'affecte pas un respect qui n'est que le déguisement du mépris.

Et que feront, disent d'autres sages, que feront les femmes de tant d'instruction ? — Mais que faites-vous vous-même de celle que vous avez reçue aux frais de la Nation ? D'abord, elles y trouveront, comme vous, ces jouissances intimes et continues, qui dans les épreuves de la vie sont un soutien et peuvent devenir une consolation. Et puis elles en tireront bon parti dans toutes les situations où les placeront les hasards de l'existence : vous leur aurez donné une arme, la plus puissante de toutes, pour les combats de la vie : elles s'en serviront comme vous vous en servez vous-mêmes. Mais, s'écrient les alarmistes, les femmes vont venir exercer les professions des hommes, faire concurrence aux hommes! Oui et non. Soyez tranquilles ! Elles ne feront concurrence aux hommes que là où les hommes ont pris leur place en vertu du droit du plus fort. L'égalité n'est pas l'identité : si elles sortent de leur rôle, l'échec les attend ; mais elles réduiront l'homme à rentrer dans le sien. Et, en vérité, dans une société où des hommes se sont faits couturières et modistes, il est au moins bizarre d'entendre parler de la concurrence des femmes ! On a dressé l'ignorance des femmes comme une barrière, comme un droit protecteur de l'industrie des hommes ; la République est libre-échangiste : il faut que cette barrière tombe. (*Applaudissements.*)

Et quand elle sera tombée, grâce au développement donné aux écoles primaires de filles, grâce à la création des collèges de filles, ce n'est plus seulement l'égalité dans l'accession aux professions diverses, c'est une part plus considérable de l'égalité civile que les femmes seront en droit de réclamer au législateur. Ouvrez notre Code civil, si admirable pourtant. Partout, il fait de la femme une mineure, une incapable ; il lui enlève même la tutelle de ses enfants, s'il plaît ainsi à son mari mourant ; pour les autres tutelles, pour les conseils de famille, il lui en interdit l'accès et la place sur le même rang que « les incapables, les infidèles, les gens d'une incon- » duite notoire, les condamnés à une peine afflictive » et infamante. »

Ce sont les termes mêmes des articles 442, 443 et 444.

Puis, par une contradiction étrange, cette femme à qui son incapacité légalement proclamée devrait garantir un certain degré d'irresponsabilité, le Code pénal ne la distingue plus de l'homme quand il s'agit de la frapper : ses crimes, ses délits, sont punis des mêmes peines que l'homme, et l'on inscrit même pour elle des délits et des crimes spéciaux. (*Mouvement.*)

Cet incroyable illogisme n'a pas d'excuses. Si la femme est inférieure à l'homme, ayez pour ses fautes une indulgence particulière. Si elle ne l'est pas, rendez-lui l'égalité des droits en lui imposant celle des devoirs. — Mais, dit-on, ces droits, elle ne saura pas s'en servir. — Et nous répondrons triomphalement encore : Apprenez-lui à s'en servir, instruisez-là. Ne laissez pas croire qu'après avoir fait de l'ignorance de la femme une excuse, vous en voulez faire un moyen.

Ainsi pressé, le moderne Chrysale s'échappe et s'exclame : « Vous voulez donc que les femmes fassent de la politique ?» — Mais, ô mon ami, est-ce que vous croyez qu'elles n'en font point aujourd'hui ? (*Rires.*) Et peut-il se faire qu'elles n'en fassent point dans un pays de suffrage universel, où leurs pères, leurs frères, leurs amis s'agitent incessamment dans la participation aux affaires publiques ? Sous un gouvernement personnel et autoritaire, les femmes peuvent s'isoler de la politique. Sous un gouvernement démocratique et libéral, cela est impossible, parce que la politique vient les chercher jusqu'au foyer domestique.

Et d'ailleurs, n'est-il pas légitime qu'elles en fassent ? Ne ressentent-elles pas autant que l'homme les joies et les douleurs de la Patrie ? Elles, qui tiennent la bourse du ménage, n'apprécient-elles pas le poids de l'impôt? Dans l'incendie et le bombardement, l'obus prussien les distingue-t-il des hommes ? La faim, le froid, la misère des villes assiégées leur sont-ils moins sensibles ? Et si l'homme risque de se faire tuer à la frontière, n'est-ce pas leur propre sang à elles, et le plus précieux, que leurs fils y vont verser ? (*Applaudissements.*)

Vous n'y échapperez pas : les femmes font de la politique, et il faut qu'elles en fassent ! — Mais, dit Chrysale, elles en font de mauvaise ! — Je vous l'accorde, mais à qui la faute ? Qu'avez-vous fait pour l'instruire, pour chasser de son esprit les crédulités et les fantômes ? En quoi l'avez-vous associée à votre vie, à vos aspirations ? Vous l'avez abandonnée à l'ennemi, et vous vous étonnez que l'ennemi s'en serve contre vous ? Car il la guettait, et ce que vous ne faisiez pas, il le faisait, lui. L'instruction que vous refusiez à la femme, au nom de l'État, il la lui donnait, au nom de qui, vous le savez ; et quelle instruction, vous le savez aussi !

Les légitimes désirs d'activité extérieure et de sage indépendance, comprimés par votre Code civil, il les flattait, il les satisfaisait par ses mille associations et confréries. Vous n'avez pas même su faire entrer la femme dans les conseils de vos hôpitaux ; il lui a mis en mains, lui, ses sociétés de bienfaisance et de politique mêlées, utilisant avec une merveilleuse habileté cette admirable et infatigable bonté qui est le fond même de sa nature. Il l'honore, lui, au moins dans les manifestations extérieures, car, en son particulier, et lorsqu'il écrit pour les siens, vous ne sauriez croire avec quel mépris jaloux il en parle ! Vous, vous l'avez dédaignée ! Et vous dites : elle fait de mauvaise politique ? Il fallait lui apprendre à en faire de la bonne ! (*Applaudissements.*)

Nos collèges y pourvoiront. Car ces choses vont changer. Ainsi le veulent et la justice républicaine et l'intérêt de la République. Car la femme seule pourra vaincre la femme. A ses débuts héroïques, la religion chrétienne eut pour principal appui, pour ressort le plus puissant, l'influence des femmes. C'est qu'elle les affranchissait de la servitude antique, et leur promettait, comme à l'homme, les béatitudes de l'autre monde.

La République veut la faire sortir d'une condition

sociale injuste, et lui promet, comme à l'homme, l'accession à la liberté en ce monde sublunaire. La femme s'est faite chrétienne parce qu'on lui annonçait l'égalité céleste par la foi. Elle se fera républicaine parce que nous lui donnerons l'égalité terrestre par l'instruction. (*Applaudissements.*)

C'est dans cette espérance que je me suis dévoué à cette grande cause de l'enseignement des femmes. Je suis sûr, en y travaillant, de faire les affaires de la République, puisque ce seront celles de la justice.

Mes enfants, je vous avais promis d'être ennuyeux. J'ai la conviction d'avoir, comme toujours, bien tenu ma parole. Mais si quelque jour, devenues grandes, ce que je vous dis aujourd'hui vous tombe sous les yeux en lisant quelque ancien journal, vous vous direz, j'en suis sûr : « Ce vieux monsieur-là (*rires*), je me le rappelle, il nous a fait passer un bien mauvais quart d'heure ; mais c'est égal, il avait raison, et il nous aimait bien. » (*Applaudissements prolongés.*)

(20 *août* 1881.)

NEUF SEMAINES DE MINISTÈRE

M. Paul Bert, au moment de quitter le ministère de l'instruction publique, reçut la visite des directeurs chargés des divers services de cette administration.

En réponse à leurs adieux, il leur adressa l'allocution suivante :

Messieurs les directeurs,

Je dois vous adresser à mon tour, en vous disant

adieu, des paroles de regrets et des remerciements. Je regrette de n'avoir pu pousser plus loin l'étape que nous avons commencée ensemble ; je vous remercie du concours que vous m'avez prêté pour notre commune entreprise, et qui plus d'une fois a eu le caractère d'une initiative véritable. C'est grâce à cette convergence de nos efforts qu'il nous a été possible, en deux mois de travail, de marquer la trace de mon passage ici par des mesures qui sans doute sont en elles-mêmes surtout des mesures de détail, mais qui suffisaient déjà à fixer les lignes générales de notre plan de conduite.

Ici, dans ce domaine de l'Éducation nationale, je n'avais pas, comme dans l'autre département ministériel que M. le Président de la République m'avait fait l'honneur de me confier, à remonter un courant ou à en rectifier la direction. Il suffisait de poursuivre sur une route déjà ouverte, en imprimant à la marche des affaires une allure active et invariable, qu'elle ne perdra pas désormais, je l'espère.

C'est dans cet esprit que j'ai dû d'abord me préoccuper du personnel de l'administration centrale. Il importait d'en assurer la bonne composition, la fidélité absolue et profonde à nos institutions, en même temps qu'il était nécessaire de l'accroître par la création de bureaux nouveaux destinés à répondre à des besoins et à des développements nouveaux. J'ai satisfait et aux exigences d'une saine politique et à vos légitimes demandes par une épuration sévère et une réorganisation totale de vos services. Du même coup, j'ai pu procéder à une amélioration depuis longtemps reconnue nécessaire et toujours jugée impossible, de nos fonctionnaires, si laborieux et si dignes d'intérêt. Tous ces perfectionnements se sont, au surplus, exécutés sans qu'il en coûtât rien au budget ; bien plus, il nous a paru, en dernière analyse, que le crédit supplémentaire réclamé des Chambres par mon honorable prédécesseur devenait moins nécessaire, et nous étions résolus, vous le savez, à proposer aux Chambres d'en faire l'économie, au moins pour partie.

Dans la distribution des faveurs diverses dont dispose l'administration, j'avais résolu d'introduire des règles précises, propres à donner aux faveurs elles-mêmes le caractère d'un acte de justice. Pour les décorations universitaires, je n'ai pas hésité à exécuter d'emblée une réforme sévère : il m'a paru que, si jamais les distinctions honorifiques devaient disparaître, toujours importait-il que ce ne fût point sous le discrédit. J'ai réduit de plus de deux tiers le nombre des collations de palmes académiques, et j'ai rétabli pour toutes les nominations une stricte observance des décrets en vigueur.

Pour les secours à accorder aux gens de lettres, j'ai procédé à un examen rigoureux du titre de tous les pensionnaires. Sans faire brusquement table rase, sans méconnaître la valeur de certaines considérations d'humanité, je me suis appliqué à enlever à ces secours le caractère d'aumônes pures et simples qu'ils avaient trop souvent. Prenant exemple sur la *Société des amis des sciences*, j'ai tendu à faire de notre liste de pensionnaires littéraires une véri-

table liste d'honneur où chacun dût se trouver
fier d'être inscrit. C'est grâce à ces règles que j'ai pu,
bien qu'en présence d'un crédit obéré jusqu'au dernier centime, soulager des misères qui étaient une
honte pour notre pays, et laisser disponible pour
mon successeur une part importante du crédit.

Nous n'avons pas procédé autrement pour les
bourses. Pour la première fois, on a vu les noms de
nos boursiers nationaux publiés au *Journal officiel*;
avec l'indication des notes de concours, et de la
situation de famille. La Nation a le droit de connaître ceux dont elle fait ses pupilles, et les raisons qui
déterminent le gouvernement à les choisir.

Dans la sphère des services généraux de ce ministère, je pourrais encore rappeler ici la création
d'un Observatoire populaire destiné d'abord à initier
aux utiles curiosités de l'astronomie les élèves de
nos lycées, de nos écoles primaires, plus tard le
grand public ; celle d'une Commission chargée de
classer les documents relatifs à l'histoire de l'instruction pendant la grande Révolution ; celle enfin
de cette *Commission de l'éducation militaire* qui me
tenait tant à cœur. Il me suffira, pour les caracté-
riser, de vous rappeler ici les travaux de cette
dernière commission, qu'on a vue — fait unique peut-
être dans l'histoire des réunions de ce genre — naître, se constituer, dresser son plan et formuler des
conclusions pratiques sur une partie de ses travaux,
le tout en moins d'une semaine.

Si maintenant j'entre dans chacun de vos domaines particuliers, je n'ai pas à vous apprendre quelle

activité extraordinaire y a été déployée dans tous les
sens, pour assurer à la fois une plus rapide expédi-
tion des affaires et une réforme de nombre d'institutions.

Dans l'enseignement supérieur nous avons ouvert
auprès des Facultés des sciences une enquête sur les
modifications à introduire dans la licence ès-sciences
naturelles ; auprès des Facultés de droit, une enquête
sur les réformes à apporter dans l'organisation de
l'agrégation ; auprès des Facultés de médecine, une
enquête sur les moyens de simplifier matériellement
les concours d'agrégation, de manière à ne point
arracher à leur vie ordinaire et à leurs villes de
séjour les candidats pendant des mois entiers. J'ai
également, par une circulaire, enjoint aux chargés
de cours des Facultés de droit de ne point
laisser passer un concours d'agrégation sans s'y
présenter. C'est par des mesures ainsi conçues que
nous avions résolu de vivifier les études et d'exciter
l'émulation de nos jeunes professeurs de Facultés.

Dans le domaine de l'enseignement secondaire,
j'ai vu avec la satisfaction la plus vive le conseil supérieur accepter *à l'unanimité* le projet de décret
par lequel je demandais qu'on respectât la liberté de
conscience du père de famille qui confie son enfant
à nos internats. Désormais l'enseignement religieux
ne sera plus obligatoire dans nos collèges et lycées,
pas plus que dans nos écoles normales primaires. Le
père de famille déclarera sa volonté, et elle sera en
tout état de cause, scrupuleusement respectée. D'autre part, j'avais pris les mesures nécessaires pour

faire disparaître de nos établissements certaines pratiques qui témoignaient d'un excès de zèle et d'un véritable empiétément de la part des aumoniers professeurs d'instruction religieuse. La suppression de leur logement, décidée en principe, et qui allait être réalisée au fur et à mesure des extinctions, devait, selon moi, mettre fin à un abus fatal d'autorité.

L'amélioration matérielle et morale de la situation de nos fonctionnaires a été et devait être un de mes premiers soucis. Déjà nous avions pu améliorer considérablement la situation des fonctionnaires du service économique des lycées, mener à bien le classement des professeurs de nos collèges et la régularisation de leurs traitements encore insuffisants d'ailleurs, rétablir des conditions équitables dans le traitement des agrégés de l'enseignement spécial, supprimer enfin l'usage barbare de la retenue imposée aux professeurs momentanément absents pour raisons de santé.

Dans le même esprit, j'ai attribué aux assemblées de professeurs le droit de choisir les livres à l'usage des classes, supprimant ainsi le choix préalable dont l'administration avait accepté la lourde responsabilité. Presque aussitôt après, des mesures étaient prises pour assurer le fréquent renouvellement des livres classiques aux mains des élèves, condition indispensable pour maintenir les études à la hauteur des progrès de la science.

Les maîtres répétiteurs avaient été jusqu'ici trop négligés dans les réformes dont l'Université a bénéficié depuis plusieurs années. Je n'ai eu garde d'oublier les mérites de ces serviteurs modestes, leur situation précaire, abaissée, en butte parfois à de véritables tyrannies ; j'ai pensé que sans un maître d'étude considéré et autorisé nous n'aurions jamais l'étude respectueuse et disciplinée. J'ai voulu qu'à leur tour ils fussent entendus dans leurs doléances, et dans leurs vœux : une circulaire a organisé pour eux des réunions où ils pourront librement parler ; puis, une commission, où ils auront leurs représentants élus, réunira tous ces éléments et en tirera enfin la vérité sur le régime intérieur de nos établissements d'internes.

D'un autre côté, j'ai organisé l'inspection des écoles secondaires ecclésiastiques, régie jusqu'ici par la circulaire du 10 mai 1851. Elle était dérisoire. J'ai rendu enfin sérieux et efficace l'exercice du droit de surveillance de l'État.

Enfin, nous avons, avec l'aide des lumières du Conseil supérieur, donné une organisation d'ensemble à l'enseignement secondaire des filles. Les programmes des études ont été dressés ; un système de bourses familiales a été institué, de façon à réduire au minimum les difficultés du problème de l'internat des jeunes filles. Une circulaire, en outre, est venue commenter toutes ces créations, donner des directions précises et détaillées aux fonctionnaires d'ordres divers qui seront chargés de les mettre à exécution. Résolu à ne point laisser se ralentir le grand élan qui se manifestait dans nos municipalités en faveur du nouvel enseignement, je n'ai pas seulement prêté le concours de l'État à toutes les créations de collèges dont on est venu m'entretenir ; j'ai insisté pour que partout, sans attendre une installation définitive parfois coûteuse et toujours longue à établir, on créât d'abord et d'urgence des collèges provisoires ; enfin j'ai établi dans l'administration centrale un bureau spécialement destiné à étudier toutes les questions se rattachant à l'éducation secondaire des filles.

C'est à ces mesures que nous devons la certitude de voir d'ici à la fin de l'année scolaire l'enseignement secondaire des filles s'établir et prospérer dans plus de trente villes,

Dans l'ordre de l'enseignement primaire, nous avons attaqué de front la grande question de l'instruction manuelle, et organisé les bases de l'ensei gnement primaire supérieur. Une commission a été créée pour étudier les conditions si complexes d'une bonne hygiène dans les écoles ; une autre pour organiser l'enseignement du chant; une autre pour étudier l'organisation d'un système d'enseignement par des maîtres ambulants qui iront faire des conférences dans nos campagnes les plus reculées. En même temps, une circulaire sévère mettait fin à la présence trop longtemps tolérée de ce nombre excessif d'auxiliaires sans brevet dont regorgent les écoles congréganistes. Les tempêtes que cette mesure a soulevées dans la presse cléricale m'ont assez prouvé que le coup avait porté juste.

Bien d'autres projets avaient été préparés par nous ; les uns n'étaient qu'à l'état de simple esquisse :

ainsi l'introduction régulière des femmes dans l'enseignement des classes inférieures de nos lycées et
de nos collèges ; la séparation morale du lycée considéré comme lieu d'enseignement et de l'établissement où logent et mangent les internes, d'où devait
résulter pour l'assemblée des professeurs, dans les
limites de leur compétence naturelle, une extension
considérable d'autorité et d'attributions. D'autres
projets étaient arrivés à maturité : ainsi une réorganisation des conditions de l'avancement pour le
personnel de l'administration centrale, qui devait
permettre de reconnaître par des augmentations plus
marquées les services rendus et les grades universitaires obtenus, et qui, en substituant à des promo-
tions fréquentes mais peu sensibles une ascension
vers le maximum par des degrés plus rares et beaucoup plus marqués, aurait assuré mieux la dignité
de vie et l'indépendance morale des fonctionnaires.

Tel était encore notre projet pour la suppression
des Facultés de théologie catholique entretenues par
l'État : établissements également stériles aux yeux de
l'État, qui n'en voit sortir qu'un nombre insignifiant
de gradués, et aux yeux de l'Église, dont le chef
s'est refusé constamment à reconnaître aucune valeur aux grades ainsi conférés.

Telle, enfin, notre grande loi, aujourd'hui complètement rédigée, sur l'administration de l'enseignement primaire ; nous y avons posé des règles fixes
pour la nomination, le classement, l'avancement, le
traitement des instituteurs. Nous y avons organisé
les conseils départementaux ; nous y avons établi

cette innovation, que désormais un instituteur ne
serait plus puni sans être écouté, sans être averti
des motifs de la punition : seul, un jugement rendu
par un tribunal régulier pourra le frapper discipli-
nairement. Il y aura enfin des juges en France pour
tout le monde, même pour les maîtres d'école. Enfin
et surtout, nous avons dans ce projet posé le principe de la laïcité du personnel enseignant et fixé les
moyens propres à faire entrer rapidement ce principe dans la région des faits.

Cette loi, vous le savez d'ailleurs, est absolument
prête. J'allais la déposer sur le bureau de la Chambre au nom du gouvernement. Je l'y déposerai
demain comme député. Son vote, je l'espère, ne sera
pas retardé d'un jour.

Je ne vous rappellerai pas, Messieurs les Directeurs, tant de projets qui faisaient le sujet de nos
conversations du soir. Il y avait là de la besogne
taillée pour bien longtemps. Chacun de notre côté,
nous reprendrons notre œuvre : moi, par l'initiative
parlementaire ; vous, par la collaboration active que
vous prêterez à mon successeur comme vous l'avez
fait pour moi. En nous séparant, nous pouvons nous
rendre cette justice, que nous avons fait ensemble,
pendant ces deux mois de collaboration, tout ce que
nous imposait le devoir.

(3 *février* 1882.)

BANQUET DES ANCIENS ÉLÈVES
DU COLLÈGE D'AUXERRE

MES CHERS CAMARADES,

Voici venu le moment d'épreuve qui termine fatalement chaque banquet, où le monologue du président fait taire les dialogues des amis.

J'aurais bien voulu pouvoir échapper à cette règle, ne point vous interrompre dans vos épanchements, dans vos souvenirs. Je ne me suis pas senti l'autorité nécessaire pour cette innovation révolutionnaire. Et pourtant je le désirais pour vous et pour moi.

Pour vous, car je sens que je vais vous ennuyer pendant dix minutes, et j'en suis tout navré.

Pour moi, car je vous jure que ce n'est pas chose commode qu'un discours en pareille circonstance. Je m'en rapporte à vos anciens présidents, que je salue à cette table : Munier, Ribière, Lepère, Cotteau, Duplan, Vézien, qui en ont passé par là, et dont les succès mêmes rendent ma tâche plus difficile. (*Bravos.*) Que dire qui n'ait été déjà dit ? De quoi parler, qui ne soit devenu un lieu commun ?

J'avais pensé, dans cette réunion extraordinaire, la première de son genre depuis 1868, où plus de deux cents trente de nos camarades représentent toutes les générations vivantes des élèves de notre vieux collège, à vous faire une histoire complète des hommes célèbres sortis de nos rangs, et qui ont fait le bon renom de notre cité bourguignonne. Mais cette énumération, qui aurait dû commencer par Lothaire, fils de Charles le Chauve (*Sourires*), continuer par le célèbre mathématicien Fourrier, par le maréchal Davoust, et finir par maints contemporains moins illustres, m'a paru devoir être aussi fastidieuse à préparer qu'à entendre. Il nous suffit de bien savoir et de proclamer que, dans tous les temps, les enfants de notre collège ont fait bonne figure dans toutes les branches de l'activité humaine. (*Applaudissements.*)

L'histoire matérielle du collège, de ses agrandissements successifs, de ses embellissements récents, ne vous eût pas séduits davantage. Une simple visite vaut mieux qu'un discours; et vous n'avez pas manqué, j'en suis sûr, à ce pèlerinage. Depuis peu d'années, vous l'avez vu, des bâtiments neufs se sont élevés de toutes parts. Et ce n'est pas fini, car le Conseil municipal actuel, digne héritier de ses généreux prédécesseurs, vient d'engager des dépenses qui ne s'élèveront pas à moins de 400,000 francs. (*Applaudissements.*)

Remercions, saluons et passons, — non sans soupirer un peu en songeant à nos vieilles classes enfumées, à nos tables noires, boîteuses et couvertes d'hiéroglyphes, et surtout à ces inscriptions si péniblement et si profondément gravées dans les murs, qui devaient, bravant le temps, transmettre nos noms à la postérité la plus reculée, et qu'a fait disparaître le marteau du maçon jaloux! (*Bravos.*)

Oui, passons, car ce n'est point pour entendre de l'histoire, ce n'est point pour nous occuper de budgets et d'architecture que nous sommes ici réunis.

Et celui qui parle devant vous et vous contraint par
vos ordres à vous taire, ne peut se faire pardonner
qu'en répétant tout haut ce que tous vous disiez tout
bas. Or, que disiez-vous, tous, et quel mot, toujours
le même, courait, comme un frémissement, tout
autour de cette table, éveillant ici de gais éclats de
rire, là quelque sourire attendri, ailleurs même ame-
nant quelques larmes aux paupières? Quel mot, sinon
le doux et éternel : « T'en souviens-tu? »

Oui, nos bons souvenirs d'enfance; oui, nos amitiés
si chaudes, nos illusions si douces, nos espérances
si ardentes, nos indignations si généreuses, nos
admirations si enthousiastes, et tous les nobles sentiments qui sortaient de nos jeunes âmes comme les
primevères sortent de terre aux premiers beaux
jours ; oui, nos grandes joies, nos petits chagrins,
nos aventures héroï-comiques, nos enfantines misères, notre esclavage sous le joug des dictionnaires,
des rudiments et des gradus, entre ces murs noircis,
sous ces quinquets fumeux, mais tout cela doré,
éclairé, vivifié, ensoleillé par notre gaieté et par
notre jeunesse; oui, notre front sans rides, notre
cœur sans défaillances, notre vie de collège, enfin,
voilà ce dont il faut parler! (*Longs applaudissements.*)

Ah! le sujet n'est pas neuf, je le sais, et chaque
année, à chaque banquet des innombrables associations semblables à la nôtre, on l'évoque, on la vante,
cette vie tant regrettée. Mais quoi! le printemps non
plus n'est pas neuf! Chaque année en ramène un
nouveau ; mais ce n'est pas une raison pour se fati-
guer des rossignols et des lilas (*Bravos.*)

« T'en souviens-tu ? »

Et les plus jeunes le disent en faisant un peu la
grimace. Ce qu'ils ont surtout en mémoire, c'est la
prison collégiale,

Carcerem muniunt undique parietes;

c'est la soupe maigre du vendredi et la maigre soupe
du dimanche (*Rires*) ; ce sont les haricots rouges du
vendredi matin, les haricots blancs du vendredi soir,
les haricots verts du samedi matin, les haricots pana-
chés du samedi soir (*Rires et bravos*) ; c'est le petit lit,
si dur le soir, si doux le matin, quand résonnent
cloche ou tambour ; le dortoir bien froid, l'escalier
qu'on descend à grand bruit de sabots en soufflant
dans ses doigts ; l'étude, mère du sommeil, avec le
pion, père du pensum ; et, par-dessus tout, la grande
impatience et l'amour de la liberté.

Ils comparent ces temps qui leur semblent amers
avec leurs libres travaux d'aujourd'hui, comme ils
comparent les vins fins quevous leur serviez si gracieusement tout à l'heure, mon cher principal,
avec l'affreuse piquette dont vous les avez si longtemps abreuvés (*Rires et bravos*). Aussi, ils n'éprouvent
pas grand regret, et quand ils parlent des épisodes
qui ont égayé ces huit mornes années, il semble que
ce soient de vieux prisonniers parlant des rats et des
araignées qu'ils ont apprivoisés dans leur cachot.
(*Sourires.*)

C'est qu'ils sont tous jeunes encore, ardents et
vibrants. Et pourquoi voudriez-vous qu'ils regrettent
le passif, ayant gardé l'actif ?

Mais les années s'écoulent, et nous voici, nous autres, gens d'un certain âge. Car, en vérité, nous pourrions nous classer ici, et l'ami Cotteau, notre savant paléontologiste, nous dirait doctement que nous représentons quatre âges, quatre périodes :

La période primaire ou de dom Laporte ;

La période secondaire ou du père Lacombe ;

La période tertiaire ou du père Munier (1);

La période quaternaire ou des révolutions, qui a déjà vu quatre ou cinq principaux. (*Rires et applaudissements.*)

J'ai le bonheur de voir à côté de moi un représentant de l'âge primaire, un élève du vieux et vénéré dom Laporte. Je causais tout à l'heure avec lui du père Blin et du père Paulvé, ce légendaire maître de pension qui, quand il mettait un élève au pain sec, lui restituait douze sous, pour ne pas avoir l'air de spéculer sur le crime (*Rires*). Je salue en votre nom, avec une déférence affectueuse, notre respecté camarade Alban Monnot, si vert et si gaillard, avec ses 82 ans. (*Applaudissements.*)

Mais nous, gens de la deuxième et troisième période, qui avons subi les bourrades amicales du brave père Lacombe et les harangues moralisatrices du père Munier (*Rires*), nous qui sommes ici en grande majorité, nous ne traitons pas à la légère, comme tous ces jeunes gens, le « T'en souviens-tu? » Rien qu'à le prononcer, les années accumulées sur

---

(1) Dom Laporte a été principal de 1808 à 1825 ; M. Lacombe, de 1829 à 1848 ; M. Munier, de 1848 à 1868.

nos têtes s'enfuient comme une bande de corbeaux
croassant. Et, comme l'a dit un poète :

> Pour avoir évoqué l'ancien temps du collège,
> O magie ! O pouvoir divin du souvenir !
> Jeunes gens, hommes mûrs, vieillards au front de neige,
> Pendant quelques instants nous allons rajeunir.

(*Bravos.*)

Mais, avouez qu'il nous faut une bonne dose
d'imagination pour nous revoir aujourd'hui ce que
nous étions hier... ou avant hier. Il nous faut laisser
au vestiaire bien des bedons bedonnants, et repiquer
sur notre crâne, d'où ils semblent être descendus,
tous ces poils parasites qui touffent sous notre men-
ton (*Rires et bravos*); il nous faut combler nos rides
et reteindre nos tempes blanchies. Eh bien! tout
cela nous le faisons, et nous voici... oui, je nous vois,
courant, sautant, jouant dans la grande cour, à la
balle, aux barres, aux billes, où j'étais le plus fort
de mon temps, ou au cavalier-voleur sur les sables
de Saint-Georges; cultivant nos petits jardins, aujourd'hui disparus; élevant au fond de nos pupitres
des vers à soie, des souris, des moineaux, que protégeaient des remparts de livres contre le regard
jaloux des Ginesty et des Caillat. (*Rires.*)

Puis, rangés deux à deux, les livres sous le bras,
partant pour écouter, — car il faut bien écouter, les
oreilles, hélas ! n'ayant point de paupières (*Sourires*),
— pour écouter les leçons de ces braves gens dont la
mémoire nous est chère, dont le nom nous fait sourire et, pour un rien, nous ferait pleurer, Perdrix,
Harant, Baleine, trilogie souvent signalée, et Pom-

4.

pier, et les deux Rousseau, et Dondenne, et Bonamy :

Ambo pares ætate, pares et crinibus ambo,

a dit un versificateur du temps. (*Rires et bravos*.)

Puis, bien en ordre dans le fond de la cour, nos amis des célèbres pensions Bazot et Duthel, avec Messieurs les externes, les modèles de l'inexactitude ! (*Rires*). Et, pendant les récréations, les promenades, deux à deux, les bras sur les épaules, avec les confidences premières, les rêves d'avenir, et l'éternel « quand je serai grand ! » que devra remplacer le bien plus réellement éternel « quand j'étais petit ! »

N'est-ce pas, camarades, que dans ce temps-là les oiseaux chantaient mieux, le soleil était plus brillant, l'air plus doux, les fleurs plus enivrantes, les femmes plus jolies ? (*Rires et applaudissements*.) N'est-ce pas qu'il n'y a plus de prunes aussi bonnes que celles des pruniers du principal (*Rires*), de crême aussi blanche que celle qu'on mangeait en Preuilly, de galettes valant celles du père Fatet, de saucisson comme celui que nous vendait, au poids du cuivre, le père Pivot, flanqué de ses deux fils Martial et Civil ? (*Rires et bravos*.)

Oui, je revois tout cela, et vous le revoyez aussi. Oui, cela vous réjouit :

Hæc olim meminisse juvabit,

à moins que dans le clair obscur de ces souvenirs ressuscités, ne passe l'ombre d'un absent, et hélas ! ils sont nombreux.

De plus en plus nombreux chaque jour, car c'est la loi de nature. Et il est dans l'ordre qu'à chaque banquet le Président adresse l'adieu des amis qui restent aux amis qui s'en sont allés. Boutillier n'y a pas manqué l'autre jour. Eh bien! deux mois à peine se sont écoulés, et ce triste devoir m'incombe de nouveau. Car il ne serait pas bon d'attendre jusqu'à l'année prochaine pour dire adieu à notre vieux camarade Lalement, ce fidèle de nos réunions annuelles, qui vient de mourir, léguant à notre association une somme de 2,000 francs. Nous en ferons bon usage, et ce sera le meilleur remerciement à notre vieil ami. (*Assentiment*)

Ce sera aussi obéir à sa pensée que ne ne pas nous attarder en ces mélancoliques souvenirs. Revenons donc au tableau qui revivait tout à l'heure sous nos yeux. Complaisons-nous à nous revoir jeunes, ardents, gais, généreux. En ce temps-là, nos amitiés étaient chaudes, et si quelque nuage apparaissait en leur beau ciel, bientôt il était dissipé. Nos querelles, car nous en avions, de la langue et du poing, étaient bien vite oubliées, et jamais nos plus grandes colères ne résistaient à un sourire ou à une main tendue.

Que n'en est-il de même aujourd'hui! Et pourquoi les colères semblent-elles d'autant plus durables qu'il nous reste moins de temps à durer nous-mêmes? Je sais que c'est là aussi une loi de nature, et je ne voudrais pas essayer de la combattre.

C'est déjà quelque chose que d'obtenir à nos banquets, aux jours de fête familiale, la *Trêve de Dieu*. Mais cette réminiscence du moyen âge ne me suffit pas : laissez-moi, mes amis, veus dire ma pensée.

Oui, nous sommes divisés. La politique est venue, et, de ces compagnons de travaux et de jeux, elle a fait des antagonistes, des rivaux, des ennemis. Eh bien ! ces dissentiments sont légitimes, parce qu'ils puisent leur origine dans ce qu'il y a de plus élevé au monde, l'amour de la Patrie. Nous nous querellons, nous nous combattons parce que, réciproquement, nous croyons nos idées et nos actes funestes pour la tranquillité, la richesse, la gloire de notre France tant aimée. Le salut public est notre souci, non de misérables questions personnelles. Et c'est pour cela que nos luttes sont saines, que leur passion même est louable, et que nous ne pouvons transiger pour des intérêts qui ne nous appartiennent pas. (*Applaudissements.*)

Je ne vous demande donc pas de désarmer, ô camarades ! Vous n'en avez pas le droit. Mais je vous demande, quand les doctrines ennemies s'incarnent en vous, de vous ressouvenir du passé lointain et des jeunes années. Je vous demande, au moment où vous allez parler, où vous allez agir, de fermer un instant les yeux, pour, en pensée, revoir dans la prison collégiale votre adversaire jeune et rieur, qui joue aux billes avec vous ou vous souffle la leçon mal apprise. Et alors, frappez vigoureusement l'idée, mais épargnez la personne, et vous n'en serez que plus forts, parce que vous serez bons et justes. (*Applaudissements.*)

Quant à moi, car j'irai jusqu'au bout, les ardeurs de la parole m'ont parfois entraîné bien loin, je le sais, dans des discussions théoriques : je ne le regrette pas! Mais je ne crois pas qu'elles m'aient fait, avec quelque camarade de collège, dépasser la mesure. S'il en était autrement, voici ma main ouverte : je l'offre au camarade inconsciemment blessé ; qu'il la serre et oublie. Nous ne cesserons point pour cela de combattre (*Bravos*).

Voilà mes sentiments, mes chers camarades. Je voudrais, dirai-je en terminant, que dans les emportements de la lutte, nous pensions à notre banquet annuel, et que l'idée d'y retrouver, non plus l'adversaire politique, il n'y en a pas ici, mais le camarade inutilement offensé, nous arrête tous à temps. Que ce banquet, en un mot, fasse l'effet de la confession, bien plus efficace, disent les théologiens, pour prévenir que pour corriger.

Voyez quelle importance prendrait votre réunion annuelle, si ce souhait était exaucé! Puisse-t-il vous engager à vous y retrouver chaque année plus nombreux! Et permettez-moi, en tous cas, de lui donner un corps et de vous y associer de cœur et d'action, en buvant, en votre nom et avec vous, AU SOUVENIR TOUJOURS VIVANT DE NOS JEUNES AMITIÉS. (*Applaudissements répétés.*)

(*20 mai* 1882.)

L'ARMÉE DES FANATIQUES

Un fait singulier vient de se passer dans trois pensionnats cléricaux de Paris, et cela simultanément. Les élèves sont venus signifier aux directeurs

qu'ils ne voulaient plus avoir de professeurs républicains, et ils ont, ces braves jeunes gens, exigé et
obtenu l'expulsion de quelques maîtres, par eux
désignés comme suspects. Qu'ils meurent de faim,
eux et leurs familles, il importe peu à ces nobles
cœurs.

Certes, l'intolérance cléricale ne saurait plus
étonner personne. Elle est restée exactement ce
qu'elle était aux temps du moyen-âge, et redonne-
rait les mêmes spectacles monstrueux si le même
pouvoir lui était rendu.

Cependant, le fait qu'on nous signale est intéressant. Il caractérise une phase curieuse de la lutte
soutenue par la Libre-pensée.

Tout le monde sait comment l'Église a mis la
main sur la bourgeoisie voltairienne de 1830.

On lui a fait peur d'abord : peur des émeutes, peur
des *partageux*, peur des revendications et de la concurrence populaires.

Puis on est venu à elle, la bouche pleine de pro-.
messes, et on l'a prise par ses intérêts. Quels immenses avantages offrait l'Église à qui se donnait à
elle, ou simplement à qui ne la combattait pas !

Clientèles d'avocats ou de médecins ; avancements
rapides dans la magistrature, l'armée, les administrations, la diplomatie ; maisons de commerce acha-
landées ; industries et banques subventionnées ;
beaux mariages : il y en avait pour toutes les con-
voitises.

Et les bourgeois se sont laissés séduire. Ils ont fait
à leurs fils des recommandations bien senties. Eux-

mêmes ont, sur leur vieux jours, donné le bon exemple :

> On voyait, marmottant je ne sais quel grimoire,
> D'anciens voltairiens, à l'occiput d'ivoire.

Cela rapportait tant, et cela coûtait si peu !

L'Eglise s'est ainsi constitué une armée, l'*armée des mercenaires*.

Mais elle est trop avisée pour avoir confiance dans des troupes qu'une haute paye mène à la désertion. Elle voulut avoir des soldats à elle, déterminés par la conviction non moins que par l'intérêt.

Il fallait, pour cela, s'emparer de l'enseignement public. Elle y parvint en 1850, avec la complicité de républicains naïfs, qu'elle sut éblouir avec le grand mot de liberté.

Et maintenant vous pouvez voir les beaux résultats de cette liberté de l'enseignement, indiscutable en théorie, j'y consens, mais redoutable en pratique.

L'abaissement des études secondaires, la destruction des établissements libres, laïques, ne sont que le moindres des maux qu'elle a produits.

Elle a divisé la société française en deux camps. Ces enfants, qui apprenaient jadis, sur les bancs du collège, à s'aimer et à s'estimer, ne se rencontrent plus qu'à l'état d'ennemis. Les uns restent les serviteurs de la Nation ; les autres sont devenus les soldats du Pape.

Au début, il a fallu des ménagements: le vieux bourgeois, ennemi de « la Congrégation, » aurait pu s'effaroucher. On a ménagé son fils, qui est devenu, lui, bien moins susceptible ; on ne se gêne plus avec les

qu'ils ne
blicains,
obtenu
désigné
eux et
cœurs

Cer
étonne
qu'el
rait
por

Il y a des mesures à prendre. Lesque
nous les expliquerons à cette place (Voir
QUESTIONS RELIGIEUSES.)

LE CUMUL ET L'ÉDUCATION PUBL

À l'heure où j'écris ces lignes, le suffrage
sol a prononcé, et les 600 membres de Paris
(environ 100 sénateurs et 500 députés) vont à nou
dent à nouveau la mondât de
naissent son jugement. Je puis dire a
inconvénient dire à
mul des fonctions électives,
cher la cause.

duite à ce sentiment, lorsque, en 1879, j'ai donné démission de conseiller général de l'Yonne.

Mais si j'ai pu agir ainsi sans hésitation, c'est que j'étais sûr d'être remplacé par un républicain. Or, cette certitude a dû manquer à beaucoup de mes collègues; elle est l'explication, j'ai presque envie de dire l'excuse, du cumul par eux brigué.

Car les autres raisons sont fort mauvaises. A vrai dire, elles m'ont toujours semblé n'être que des prétextes destinés à dissimuler le besoin de dominer sans contrôle les fonctionnaires locaux, et la crainte de voir diminuer une influence prépondérante dans les affaires de l'arrondissement.

Mais, je le répète, souvent le membre du Parlement qui se présente au conseil général accomplit un devoir. Et à ceux qui lui reprochent son cumul, il peut répondre : « Qui mettriez-vous à ma place si je ne me présentais pas? »

Il est vrai que s'il ne se présentait pas, on chercherait, on s'ingénierait, on découvrirait peut-être des candidats qui s'ignorent eux-mêmes. Mais enfin j'accepte l'explication, qui incontestablement et malheureusement s'applique dans un trop grand nombre de cas.

Et je me dis : D'où vient cette disette de candidats? D'où vient que le disponible d'hommes politiques ne grandit pas en ce pays, et tant s'en faut, car beaucoup d'entre nous se demandent, et de très bonne foi, ce qui adviendrait dans leur arrondissement si la mort les frappait.

On a mis en avant la violence des luttes électo-

petit-fils, et les doctrines cléricales s'épanouissent dans son éducation avec splendeurs morales et leurs conséquences.

Après l'armée des mercenaires, voici l'armée des fanatiques. Elle veut refaire de la France la fille aînée et obéissante de l'Eglise.

Elle a pour elle la fortune, les positions acquises, l'audace et bien des complicités d'en haut. Elle peut, avant peu d'années, faire courir à notre pays de graves dangers, ne fût-ce que celui d'une guerre civile.

Il y a des mesures à prendre. Lesquelles ? nous en expliquerons à cette place (Voir plus loin : QUESTIONS RELIGIEUSES.)

(31 janvier 1883.)

LE CUMUL ET L'ÉDUCATION PUBLIQUE

A l'heure où j'écris ces lignes, le suffrage universel a prononcé, et les 250 membres du Parlement (environ 100 sénateurs et 150 députés) qui lui demandent à nouveau le mandat de conseiller général connaissent son jugement. Je puis donc sans aucun inconvénient dire à mon tour ce que je pense du cumul des fonctions électives, et surtout en chercher la cause.

Ce que j'en pen...

rales, les procédés d'une polémique passionnée, la
crainte des interpellations publiques, des diffama-
tions ou même des calomnies. Il y a du vrai dans
cette explication, surtout quand il s'agit du Conseil
général, dont les siéges sont souvent recherchés par
des gens modestes, timorés, d'épiderme très sen-
sible, et que ne talonnent ni l'ambition ni la passion
politique. Elle est particulièrement exacte, je le
reconnais, dans les élections actuelles, où les attaques et les outrages viennent assaillir, par la gauche, de vieux républicains traités de cléricaux par
des dignitaires de la Société de Saint-François-
Xavier, dénommés pour l'instant « intransigeants. »

Mais allons au fond des choses. Pourquoi cette
modestie, cette timidité, cette susceptibilité des
hommes qui devraient être des candidats, que dési-
gnent pour ce rôle leur situation sociale et leur
instruction ?

Pourquoi pareille pénurie de champions politiques
ne se fait-elle sentir ni en Suisse, ni en Angleterre,
où cependant les luttes électorales ne sont pas ca-
ractérisées par le bon goût des polémiques et la
modération des réunions publiques ?

Il en est, à mon avis, de cette question comme de
toutes les questions graves touchant aux mœurs
nationales : c'est dans l'éducation publique qu'il faut
en aller chercher la solution.

Or, que fait notre système d'éducation publique
pour préparer des citoyens actifs et militants ? Que
fait spécialement notre enseignement secondaire,
chargé de former les officiers de l'armée électorale ?

Hélas ! Il faut bien le reconnaître : ses préoccupations sont ailleurs. La politique n'est point du tout
son fait. Il a bien assez à faire, dirait-il volontiers,
de donner vie et efficacité aux immenses programmes
dont l'exécution lui est imposée. Il faut qu'il ap-
prenne aux enfants latin, grec, allemand, anglais,
français même ; il en doit faire des historiens, des
géographes, des moralistes ; sciences mathématiques, physiques, naturelles, philosophie, esthétique
doivent, de par son fait, se classer dans leur tête.
Faire plus est impossible : le temps lui manquerait.

En réalité, ce n'est pas seulement le temps qui
manque. En réalité, pour dire brutalement les choses, l'Université n'a pas encore bien compris son
rôle d'éducatrice de citoyens. Longtemps elle n'a
pensé à former que des lettrés et des savants ; la
pression des nécessités l'a fait descendre à des vues
plus pratiques. Mais elle n'a pas encore senti que si
la Nation lui confie pendant près de dix ans ce qu'elle
a de plus cher, ce n'est pas seulement pour préparer
des avocats, des médecins ou des ingénieurs, mais
c'est avant tout pour lui rendre des citoyens dévoués
et actifs, ayant pour préoccupation suprême d'accroître sa richesse, sa force, et de garder intact son
honneur.

Ce n'est pas, tant s'en faut, que l'Université oublie
la Patrie. Ce n'est pas qu'elle n'échauffe le sentiment patriotique en vantant les vertus des héros de
notre histoire, en glorifiant les nobles exemples
empruntés à l'antiquité. Depuis nos désastres même,
je le reconnais de grand cœur, elle a donné dans ses

enseignements une place inusitée à l'histoire contemporaine, et ses discours de distribution de prix .
nous parlent éloquemment de patrie, de sacrifices et
d'espérances.

Mais elle se complaît dans les régions élevées
de la théorie. Le devoir patriotique n'est présenté
par elle à ses élèves que sous ses aspects héroïques.
Elle leur enseignera le dévouement à la·Patrie en
danger, et si le tocsin vient à sonner aux frontières,
l'ancien rhétoricien pourra retrouver dans sa mémoire les accents généreux de son professeur, l'ex-
hortant à laisser là ses livres pour courir aux
armes.

~~~~~~~

Mais l'héroïsme n'est qu'un accident dans la vie
des nations comme dans celle des individus. Courir
aux armes est fort bien — encore faudrait-il avoir
appris à s'en servir, — mais accomplir d'une manière continue les devoirs civiques les plus modestes est aussi bien, aussi utile et d'une application
plus fréquente. Or, c'est ce dont on ne parle pas
assez à nos jeunes gens. Les plus ardents sont tout
prêts, nouveaux Cynégires, à se faire couper les poi-
gnets et la mâchoire, mais ils se soucient peu d'aller
tout simplement voter, de s'informer des candidats,
de prendre parti dans les querelles civiques.

Au lieu de montrer à ses élèves le tableau vivant
d'une nation libre, et de les préparer aux luttes
viriles, l'Université, quand ils tournent la tête de ce
côté, leur met pudiquement la main devant les yeux.

Ce sont les oies du père Philippe qu'il sera toujours temps de regarder.

Il y a pis. Les Chinois, pour empêcher leurs femmes de courir, les rendent inhabiles à marcher. L'éducation universitaire, sans avoir les mêmes intentions, produit le même résultat.

Le jeune homme qui sort des écoles anglaises ou suisses, est tout prêt pour les combats civiques. Non seulement on a orienté de bonne heure son esprit vers l'idée qu'il doit avant tout y prendre une part considérable, et que ce doit être là une des préoccupations prépondérantes de sa vie ; mais on lui a appris, dans la classe, à parler, à discuter, à disputer même, et nous en sommes encore à la récitation classique !

La plume en main, notre bachelier n'a peur de rien et pourfend l'adversaire ; hissez-le sur une estrade, les yeux braqués le terrifient. Que si, bien préparé, il récite *ore rotundo*, une interruption, un rire, une huée, le désarçonnent. C'est toute une éducation à faire après le collège, péniblement, au risque de maintes blessures d'amour-propre.

Rien de plus difficile que de décider ce jeune homme, instruit, honnête, à s'enrôler dans un parti politique et surtout à se mettre en avant, à subir les chocs, à encourir les responsabilités. Voilà la vraie cause, à mon gré, de la pénurie des candidats ; voilà la cause du cumul des fonctions électives. C'est de l'éducation que vient le mal ; c'est l'éducation qu'il faut réformer.

Comment ! La place me manquerait aujourd'hui pour le dire. Je veux seulement aller, en terminant, au-devant de l'objection railleuse que je vois se dresser devant moi. Non, il ne s'agit pas, dans ma pensée, de lire les journaux à l'étude, de diviser la classe en montagnards, et girondins, d'illuminer le dortoir au soir des élections triomphantes. Il ne s'agit pas non plus de faire, *ex professo*, des cours de tactique électorale et des exercices de *Hustings*. Non, il s'agit tout simplement, dans toutes les occasions, à tous les propos, de faire penser les enfants aux actes civiques, de les convaincre que leur devoir est d'y jouer un rôle d'autant plus actif qu'ils seront plus instruits ; en un mot, de paraphraser la doctrine de Solon, qui « notait d'infamie quiconque ne prenait pas parti dans les dissensions civiles. »

(16 *août* 1883.)

LE TRAITEMENT DES INSTITUTEURS

C'est la première question dont la Chambre des députés va s'occuper à la rentrée, car la discussion de la loi est déjà commencée. Il n'en est pas de plus urgente. Car, au point de vue administratif, tout est, sous ce rapport, en plein désarroi, et au point de vue de l'équité, il y a là quelque chose d'affligeant, pour ne pas dire plus.

En effet, lorsque les Chambres ont diminué les

ressources des instituteurs par la gratuité, augmenté leur travail par l'obligation, rendu leur tâche plus importante par le développement des programmes, leur position plus difficile par la laïcité de l'enseignement et le renvoi du prêtre de l'école, elles ont pris l'engagement tacite d'améliorer leur situation matérielle et morale.

La Chambre des députés l'a compris lorsqu'elle a bien voulu accorder le bénéfice de l'urgence à la proposition de loi que je lui ai soumise le 7 février 1882. D'où vient que deux années se seront écoulées avant que la loi ait été votée par elle ? Ce serait une curieuse histoire à raconter ; mais j'ai aujourd'hui mieux à faire.

Je dirai seulement qu'une des causes de ce retard a été la légende, fort habilement mise en circulation, des sommes fabuleuses que coûterait l'exécution de la loi.

J'ai entendu des collègues me parler, d'un air navré, de 100 millions. Chacun reconnaissait la nécessité de la loi ; mais comment faire face à de telles dépenses ? Et l'on ajournait.

Enfin la discussion est commencée ; il va falloir prendre un parti. Voyons donc quelles seront, autant qu'il est possible de s'en rendre compte, les conséquences financières de la loi.

Mais, examinons d'abord la situation actuelle des 81,000 instituteurs et institutrices qui, comme titulaires ou comme adjoints, exercent dans nos écoles publiques.

Il y en a d'abord 48,043 (20,658 instituteurs et 27,385 institutrices) qui ont moins de 1,000 francs de traitement! 22,352 ont de 1,001 à 1,300 francs; 5,969, de 1,301 à 1,600 francs; 2,260, de 1,601 à 1,900 francs; 1,364, de 1,901 à 2,200 francs; 786, de 2,201 à 2,600 francs; 579 seulement, dont 484 instituteurs et 95 institutrices, touchent plus de 2,600 francs.

Arrêtons-nous un instant sur la première catégorie, de beaucoup la plus nombreuse. Il vaut la peine de la décomposer en ses éléments constituants. C'est ce que fait le petit tableau suivant :

Instituteurs et institutrices	ont un traitement
7,426	de 1,000 à 901 fr.
13,746	900 à 801
5,326	800 à 701
19,058	700 à 601
2,487	de 600 et au-dessous.

Il est bon d'insister sur ce dernier chiffre. Il est bon de dire bien haut qu'en France, dans l'année 1883, *deux mille quatre cent quatre-vingt-sept maîtres de l'enfance reçoivent de la munificence publique une rémunération égale ou inférieure à six cents francs*. Et sur ce nombre, il y a 809 titulaires, directeurs et directrices d'école.

Voilà des chiffres qui répondent suffisamment aux personnes qui se figurent que les instituteurs ont beaucoup profité, pour leur compte personnel, des réformes votées dans ces dernières années. Or, c'est là une erreur assez générale. Tant d'améliorations ont été introduites dans le régime de l'enseignement primaire, on a tant dépensé pour les écoles, qu'on croit volontiers que les instituteurs ont largement bénéficié de ces générosités.

De là une certaine impatience qui se manifeste quand on exprime dans une assemblée politique les justes doléances du corps enseignant. Vos instituteurs ne sont jamais contents, m'a-t-on dit plusieurs fois. Après tout ce qu'on a fait pour eux, ils réclament encore ! A quoi je ne manque jamais de répondre : On a fait beaucoup pour l'enseignement, très peu pour les maîtres ; et la preuve en est que soixante pour cent d'entre eux ont un traitement inférieur à 1,000 francs, quatre-vingt-dix pour cent ont moins de 1,300 francs, un et demi pour cent seulement touche plus de 1,900 francs. Je dois dire que ces assertions sont généralement accueillies par une stupéfaction profonde, avec une nuance d'incrédulité.

La commission dont j'ai l'honneur d'être le président et le rapporteur propose de diviser les instituteurs en cinq classes : la cinquième ayant un traitement de 1,000 francs, la quatrième de 1,300 francs, la troisième de 1,600 francs, la deuxième de 1,900 francs, la première de 2,200 francs. Les jeunes maîtres seraient d'abord mis à l'essai, pendant deux ans, sous le nom de stagiaires, avec un traitement de 800 ou 900 francs. La promotion de classe aurait lieu à l'ancienneté, de six ans en six ans, jusqu'à la troisième classe inclusivement ; au-dessus, on n'avancerait qu'au choix, après trois ans au moins d'exercice dans la classe inférieure.

Je ne veux pas entrer aujourd'hui dans la discussion fort délicate et fort complexe que soulève le mode de nomination et les conditions d'avancement des instituteurs. Je suppose notre système accepté, et je recherche seulement quelles en seront les conséquences financières.

Cependant, je ne puis m'empêcher de faire remarquer que, au contraire du projet présenté par M. Jules Ferry au nom du gouvernement présidé par M. de Freycinet, notre proposition proclame l'égalité de traitement entre les instituteurs et les institutrices de même classe.

Nous pensons qu'en équité, l'identité du travail, des grades, des exigences, des responsabilités, des services, entraîne l'identité des rémunérations. Nous pensons qu'en fait, les dépenses de l'institutrice ne sont pas moindres que celles de l'instituteur.

Ceci dit, revenons aux chiffres.

Un travail extrêmement détaillé, exécuté sur notre demande par le ministère de l'instruction publique, nous a renseigné sur la situation personnelle de chacun des instituteurs. Il en résulte que, si l'on supposait que la loi par nous proposée eût été en exercice depuis vingt ans ; si, par suite, chacun des maîtres occupait actuellement la classe à laquelle lui donnerait droit l'ancienneté de ses services avec le traitement y afférent, — la dépense totale serait augmentée de 41 millions.

Voilà donc le maximum de ce que coûterait l'exécution de la loi. Mais nous n'en demandons pas autant. Il nous a paru **excessif**, surtout dans l'état actuel de nos finances, de faire passer d'un coup quantité de fonctionnaires de 7 à 800 francs à 1,600 francs de traitement. Nous croyons suffisant de faire en sorte que chacun des instituteurs actuels se trouvât placé dans la classe immédiatement supérieure à celle à laquelle lui donnerait droit son traitement actuel.

Sans doute, il en est qui, dans ce système, gagneront peu à la loi, au moins immédiatement. Mais, tout d'abord, il est nécessaire de restreindre nos dépenses ; en second lieu la loi offre des avantages d'un autre ordre ; enfin nous autorisons l'administration à tenir compte des situations particulièrement intéressantes.

Un calcul, auquel il est impossible de donner une précision absolue, montre que, dans ce système, l'augmentation immédiate de dépense serait de quinze à dix-huit millions.

Mais nous ne nous en tenons pas là. Il nous a paru juste d'attribuer, comme l'avaient déjà fait des lois antérieures, un supplément de traitement aux instituteurs qui exercent dans les villes, où la vie est plus chère. Ces suppléments (200 francs dans les communes de 3,001 à 10,000 habitants ; 400 francs de 10,001 à 20,000 habitants ; 600 francs de 20,001 à 100,000 habitants ; 800 francs au-dessus de 100,001 habitants), entraîneraient une nouvelle dépense d'une dizaine de millions.

C'est donc, en définitive, d'une somme de trente millions, en chiffre rond, que notre loi grèverait le budget, car c'est à l'État que nous imposons sans hésiter toutes ces dépenses d'utilité générale.

Les communes n'auront à inscrire à leur budget que les indemnités attribuées déjà par leur générosité à leur instituteur.

~~~~~~~~

Il est bien clair qu'une pareille augmentation ne peut être compensée par des économies. Il serait imprudent de compter pour y faire face sur les excédents de recette. Il faudra donc chercher des ressources nouvelles.

Où ? C'est ce qu'il appartient au gouvernement de déterminer. Car cet ordre d'initiative lui incombe. Diverses propositions de loi sont déposées, du reste ; entre autres celle de M. de Sonnier et Deniau sur l'entrée des vins vinés étrangers, qui peuvent fournir, et au delà, les millions demandés.

Ce qui ne peut se discuter, c'est la nécessité de cette dépense, et son urgence. Car déjà le recrutement des instituteurs souffre du misérable état de choses qui se prolonge trop longtemps, sans compter les excitations de faux amis, qui aiguillonnent les impatiences et irritent les désirs par des chiffres fantastiques. Il en coûte si peu de promettre quand on n'est pas forcé de tenir !

Le rôle de la commission de l'instruction primaire était seulement de signaler la gravité du mal et d'indiquer le prix du remède. Le reste ne la regarde pas : c'est affaire au gouvernement et à la commission du budget.

(9 janvier 1884.)

LES CONSÉQUENCES FINANCIÈRES

DE LA LOI SUR L'ENSEIGNEMENT PRIMAIRE

Depuis la publication de mon article sur le *Traitement des Instituteurs* (voir ci-dessus), il s'est élevé de grosses discussions sur les conséquences financières du projet de loi. La commission du budget a d'abord présenté des chiffres très différents des miens, et la commission spéciale, dont j'ai l'honneur d'être le rapporteur, a dû défendre son premier travail contre des critiques imméritées. En second lieu, nous avons proposé certaines mesures de nature à diminuer notablement la dépense immédiate.

Mais ces modifications n'ont touché ni la commission du budget, ni le gouvernement. Qu'il s'agisse, a-t-on dit, de 15 ou de 20 millions, peu importe, car nous ne les avons pas et nous ne voulons pas les demander à des taxes nouvelles.

Il n'y a donc rien autre chose à faire qu'à ajourner, qu'à attendre des temps plus prospères.

Ces conclusions, si la Chambre les adoptait, amèneraient de bien graves conséquences. Nous devrions désormais rayer de notre ordre du jour tous les projets de loi de nature à amener une augmentation des dépenses publiques. Le volontariat d'un an devrait être respecté et consacré, à cause des millions que représente la prime de 1,500 francs, et qu'il faudrait trouver à remplacer.

Plus d'armée coloniale ; plus de constitution de la propriété indigène en Algérie ; plus de travaux publics, même les plus urgents et les plus fructueux. Mais alors, pourquoi présenter au Sénat un projet de loi sur les prisons départementales, qui engage gravement les finances de l'État ?

A quoi bon continuer la discussion du projet sur les récidivistes, qui exigera une dépense d'une dixaine de millions ? Et ne faut-il pas renoncer aux lois sur les Sociétés de secours mutuels et sur la Caisse de retraite des vieillards, et sur le Mont-de-Piété ?

Désormais, si cette opinion triomphe, les Chambres sont condamnées, pour un temps indéfini, à ne discuter que des lois de principe, de philosophie, en quelque sorte, car presque toutes les applications pratiques entraînent des dépenses.

Mais nous dit-on, où trouverez-vous des ressources ? Nous répondons. nous, commission de l'instruction primaire : cela ne nous regarde pas. Notre affaire est de déterminer suivant quelle proportion la dépense doit être répartie entre les communes, les départements et l'État, — et la Chambre a adopté sur ce point nos propositions — mais nous n'avons pas, nous ne pouvons pas avoir l'initiative financière.

La commission du budget prétend ne l'avoir pas davantage, et qu'elle appartient tout entière au gouvernement.

Mais cependant chacun a le droit d'indiquer, à titre

personnel, comment on pourrait échapper à la politique d'immobilité, de néant, qui serait la conséquence de la thèse que je combats.

, Deux catégories de moyens financiers, se présentent: les économies, les ressources nouvelles.

D'économies, il semble, en admettant que les commissions du budget aient fait leur devoir, qu'on n'en puisse guère espérer. Cependant, parmi les adversaires de la loi sur les instituteurs, il en est qui comptent, au moment de la discussion du budget de 1885, en préparer une grosse. Le moment arrivé, ils demanderont la suppression du budget des cultes, et feront de cette économie la rançon des lois les plus importantes, dont on aura jusque-là retardé la solution.

~~~~~~

Parmi les propositions présentées à la Chambre, il en est qui paraissent de nature à procurer des ressources sérieuses. Je citerai entre autres celle de M. de Sonnier qui demande que les vins artificiellement vinés à 15 degrés payent à leur entrée en France l'alcool ajouté au-dessus du titre de 12 degrés. Les auteurs de cette loi estiment très haut son rendement, et, à les entendre, il couvrirait, et au delà, les dépenses immédiates de la loi des instituteurs.

D'un autre côté, il a était fait au ministère des finances un travail considérable, montrant qu'il serait possible, avec une meilleure répartition des taxes des impôts indirects, une surveillance plus efficace des fraudes, de trouver une plus-value annuelle

de 110 millions. Ce chiffre énorme a de quoi surprendre. Mais quand on voit que la loi sur les vinai-
gres, votée je crois en 1878, et qui devait rapporter
par an plusieurs millions au Trésor, n'a pas encore
été appliquée, parce qu'on n'a pas trouvé le temps
de rédiger le réglement d'administration publique
qu'elle prescrit, l'étonnement se calme aussitôt.

Au cours de la discusion du budget extraordinaire,
M. Versigny a demandé qu'on procédât à une nouvelle répartition de l'impôt foncier, relativement
aux propriétés bâties. Il estime à une cinquantaine
de millions ce que pourrait rapporter une mesure
équitable en soi. La Chambre a adopté son amendement ; le Sénat l'a repoussé, pour cette raison que
son application exigerait une dépense de 10 millions. Or, que penserait-on d'un spéculateur qui
refuserait d'avancer 10,000 francs, pour se constituer
50,000 fr. de rente ?

Mais ces 10 millions, on ne les a pas ? Pardon, on
les a, et bien d'autres avec ! Il y a plusieurs années
que MM. Parent, Paul Bert et Lockroy ont proposé d'aliéner, jusqu'à concurrence de 200 millions
des propriétés de l'État, dans le but de créer une
« caisse des bâtiments d'instruction publique ». Deux
rapports ont été déposés, le 20 juin 1881 ; l'un,
rédigé par M. Bernier, montre qu'on peut et qu'on
doit vendre immédiatement pour une trentaine de
millions de petites propriétés, qui coûtent beaucoup
plus qu'elles ne rapportent : l'autre, dont j'avais été
chargé, estime à près de 100 millions les biens domaniaux qui ont été affectés au service du culte catho-

lique en dehors des prescriptions du Concordat. Voilà, ce me semble, des millions qui ne sont pas à négliger,

~~~~~~~

Pour poursuivre plus loin cette revue des ressources disponibles, je prétends que, s'il faut absolument créer une taxe nouvelle, le moment est excellent pour voter cet impôt sur le revenu, dont Gambetta avait saisi la Chambre, il y a déjà six ou sept ans.

Quand on pense qu'un impôt de 2 pour 1,000 sur le revenu donnerait au moins 50 millions, il y a de quoi faire réfléchir. Et en consacrant exclusivement cette ressource aux augmentations de dépenses de la Défense nationale, de l'Instruction primaire et de l'Assistance publique, on la rendrait aussi peu impopulaire que peut l'être un impôt nouveau.

Tout ceci tend à démontrer qu'on ne doit pas se débarrasser de la loi sur l'enseignement primaire par une fin de non-recevoir absolue, et qu'il est bon par conséquent, d'étudier de près les dépenses qu'elle entraîne. Ainsi a pensé, du reste, la commission du budget, qui ne s'est pas fait faute de les regarder avec la loupe de la prudence, comme aurait dit M. Prudhomme. Elle n'a fait grâce de rien, mettant toutes choses au pire, et additionnant à la fois et les dépenses de la loi qu'elle était chargée d'étudier et celles qu'ont engagées les lois antérieures (48 millions), et celles qui sont portées au budget actuel (94 millions). Elle est arrivée ainsi à un total formidable, que lisent seuls quantité de braves gens, et j'ai entendu dire sérieusement :

« Cette loi des instituteurs, elle va coûter 224 millions ! »

Dans mon article du 9 janvier, j'estime la dépense immédiatement nécessaire à 30 millions. Mon rapport à la Chambre, où la question était serrée de plus près, l'abaissait à 25 millions, chiffre qu'admettait dans son premier avis l'honorable M. Jules Roche, rapporteur de la commission du budget.

Mais si notre point de départ était sensiblement le même, il en était tout autrement de notre point d'arrivée. Selon moi, la loi, quand elle serait arrivée à son *plein*, c'est-à-dire dans douze ou quinze ans, coûterait 41 millions ; 81 ou 117 millions dans dix à douze ans, selon M. Jules Roche.

L'énorme différence entre ces chiffres tenait principalement à ce que mon collègue et ami supposait la création dans ce bref laps de temps des 5,000 écoles primaires supérieures dont nous avions décidé en principe l'établissement.

Plutôt que de discuter ces chiffres effrayants, qui avaient fait sur la Chambre une impression très vive, la commission de l'instruction primaire a préféré abandonner les écoles primaires supérieures, qui continueront à être fondées chaque année, — comme elles l'eussent été dans notre système, — en rapport avec les crédits portés au budget. Elle a de même supprimé les directeurs départementaux et les inspectrices départementales, et s'est restreinte à l'amélioration du sort des instituteurs. Elle a diminué ses indications premières et voici les résultats auxquels elle est arrivée.

Commençons par résumer la situation des instituteurs, d'après une statistique qui ne date que de quelques semaines.

Sur 89,000 instituteurs, 4,489 ont plus de 1,900 francs de traitement; 9,109 ont de 1,301 à 1,900 francs; 21,886 de 1,001 à 1,300 francs; 21,402 de 801 à 1,000 francs; 21,949 de 601 à 800 francs; 8,690, 600 francs et au-dessous.

Pour appliquer à tout ce personnel la loi telle que nous l'avions primitivement rédigée, il aurait fallu une somme, très exactement déterminée, de 18,508,300 francs.

Mais nous proposons à la Chambre de ne pas faire participer au bénéfice de la loi : 1° ceux des instituteurs dont le temps de service est insuffisant; 2° les congréganistes, au nombre, disait samedi dernier M. le ministre, de 20,000 environ, chiffre qui sera certainement réduit à l'époque de l'application de la présente loi : supposons qu'il sera alors du cinquième du nombre total des instituteurs.

On peut estimer à 800,000 francs la diminution résultant du premier chef, et au cinquième de la dépense, soit 3,700,000 francs celle provenant des congréganistes.

Ce n'est pas tout. Dans le calcul des 18 millions, les simples stagiaires, c'est-à-dire les instituteurs ayant moins de deux ans de service, ont été portés à 1,000 francs, alors qu'ils ne devront recevoir que 800 francs. Leur nombre étant du quinzième environ du nombre total, soit 6,000, il y a là encore une économie de 1,200,000 francs.

C'est donc, au total 5,700,000 à retrancher de 18,500,000 : restent 12,800,000.

Il convient d'ajouter à ce chiffre :

1° Les indemnités de résidence, que le gouvernement a estimées à 2 millions.

2° Une somme de un million pour certaines situations exceptionnelles ;

3° L'augmentation du traitement de 3,527 instituteurs nommés en 1883. La statistique ministérielle les porte tous à 1,000 francs, ce qui fait une augmentation moyenne de 327 francs et une somme totale de 1,154,600 francs; mais c'est là une erreur, car ce sont des stagiaires à 800 francs, et l'augmentation doit être réduite à 127 francs, soit un total de 349,000 francs.

En définitive, la dépense immédiate sera de 16 millions environ.

Quant à l'avenir, c'est-à-dire dans douze ou quinze ans, nous arrivons, après révision, pour les 90,000 instituteurs sur lesquels porte la statistique ministérielle, à une somme de 39 millions. Que ce chiffre doive être augmenté en raison des créations nouvelles de places d'instituteurs, nul n'en doute. Mais ces créations étant chaque année décidées par les lois de finances, la Chambre reste toujours maîtresse d'en limiter le nombre en raison de la situation budgétaire. Il a été de 3,587 en 1883 ; il sera de 3,000 en 1884, et il ne dépassera pas, paraît-il, un millier, au projet du budget de 1885.

Voilà la réalité des choses, sans dissimulation comme sans exagération : *Seize millions immédiate-*

ment, devenant trente-neuf millions en douze ou quinze ans.

Que si ces sommes paraissent trop fortes encore, on peut les diminuer, en prenant un autre système que celui de la commission. Plusieurs sont présentés, sous forme d'amendements, qui atténueraient notablement la dépense. C'est là matière à discussion. Ce que nous demandons, c'est que la discussion ait lieu, c'est qu'on n'ajourne pas, sans but, sans limites et sans profit, c'est que la Chambre ne réponde pas par un *non possumus* absolu à l'exécution des promesses contenues dans la loi votée par nos prédécesseurs le 28 juillet 1881, loi à peu près identique à elle que nous défendons aujourd'hui (1).

(28 février 1884.)

NOMINATION DES INSTITUTEURS

Si l'amélioration du traitement des instituteurs ne doit soulever devant la Chambre qu'une discussion d'ordre budgétaire, la nomination mettra en jeu des questions de principe, et l'action sera chaude.

Ce n'est pas que personne pense à maintenir des dispositions qui ne se sont introduites dans notre législation que d'une manière en quelque sorte subreptice, « sous la condition de cesser d'avoir leur effet de plein droit, six mois après la promulgation. »

(1) La Chambre a répondu par un *non possumus.*

(Art. 8 de la loi du 10 janvier 1850). Le pouvoir absolu, discrétionnaire, des préfets qui peuvent, sans
motifs donnés, sans enquête, sans interrogatoire, et
sans appel, suspendre, révoquer les instituteurs ou
les ruiner par des changements de résidence, est
aujourd'hui condamné par tout le monde : par les
républicains qui l'ont de tout temps combattu et en
ont flétri les excès, comme par les réactionnaires
qui en ont peur aujourd'hui, après l'avoir voté « pour
purifier, selon les expressions de M. de Parieu, ministre de l'instruction publique, l'instruction primaire d'hommes véritablement gangrenés, tant sous
le rapport moral que sous le rapport social et politique », après en avoir fait pendant les dix-huit années de l'empire et les deux ordres moraux, un instrument de persécution et de tyrannie.

Sans doute, depuis l'arrivée des républicains au
pouvoir, une pratique honnête de ce système en a
heureusement atténué les effets. Le préfet n'est plus
l'agent des haines du curé, et l'instituteur sait qu'il
n'a plus rien à craindre de son pire ennemi ; quand
une peine disciplinaire le menace, il est averti, entendu, et sa condamnation n'est définitive qu'après
approbation ministérielle.

Mais le système n'en reste pas moins déplorable
en soi : le bon usage de l'arbitraire ne rend pas l'arbitraire bon.

Quelques jours après la réunion de la première
Chambre républicaine, je déposais (20 mars 1876) un
projet de loi sur l'organisation de l'enseignement

primaire. Après avoir demandé la suppression de la
lettre d'obédience, la création d'écoles normales, la
suppression progressive des congréganistes, je trans-
férais au recteur les attributions des préfets relatives à la nomination des instituteurs et aux peines
disciplinaires.

Sous le coup de l'indignation causée par les actes
odieux de préfets restés tristement célèbres, je dé-
pouillais le préfet de toute autorité, de toute influence même sur le personnel de l'enseignement.

Cette mesure radicale fut combattue par beaucoup
de bons esprits, par des hommes tout à fait dévoués
aux progrès de l'instruction publique.

Vous allez trop loin, me dit-on, en assimilant l'instituteur au professeur de lycée et en le remettant
exclusivement entre les mains de ses chefs « naturels ». L'enseignement primaire est un service complexe. La maison d'école appartient à la commune ;
son entretien, l'acquisition du mobilier scolaire, une
partie du traitement de l'instituteur, sont charges
communales; l'instituteur a, bien plus que le professeur, des rapports constants avec l'administration
municipale, avec les familles ; il est très souvent —
chose mauvaise, sans doute, mais parfois indispensable — secrétaire de mairie. Si quelque difficulté
survient, si quelque conflit s'élève, n'est-il pas bon
qu'il soit jugé en dernier ressort par le préfet qui,
ayant autorité à la fois sur le maire et sur l'instituteur, pourra soit obtenir la paix, soit trancher le
différend ? L'autorité préfectorale serait singulièrement amoindrie si des fonctionnaires aussi intelli-

gents et aussi influents lui échappaient complètement. Et n'est-il pas à craindre que les préfets se
désintéressent d'un service dont ils ne conserve-
raient plus que la partie matérielle et financière?

Il y a là, on le voit, toute une thèse de gouvernement.

~~~~~~~~

Ces objections n'ont pas suffi pour me convaincre,
et si ma proposition de 1882, adoptée par la commission parlementaire, maintient aux préfets la nomination et la révocation, c'est surtout pour d'autres
motifs. Mais je fais à mon projet primitif deux critiques d'un autre ordre.

D'abord, le Recteur est trop loin; sa juridiction
s'exerce sur un trop vaste territoire, sur un personnel trop nombreux. Le Recteur de l'Académie de
Paris a sous ses ordres 9 départements, 6,276 écoles,
9,859 instituteurs! Le plus petit des rectorats, celui
de Nancy, comprend encore 3,542 instituteurs. Comment supposer qu'un Recteur puisse ajouter à ses
occupations actuelles, qui sont rien de moins qu'une
sinécure, le maniement d'un pareil personnel, avec
la connaissance des innombrables affaires de détail
soulevées par les questions locales?

On n'aurait en réalité qu'un enregistrement, au
siège académique, par un bureau nouveau, des
propositions de chaque Inspecteur départemental,
et le Recteur n'interviendrait que pour les signa-
tures.

Ce système reviendrait donc à donner à l'Inspecteur d'Académie toute l'autorité. Mais ne vaut-il pas

mieux le dire franchement, et aller jusqu'au bout, en engageant complètement sa responsabilité? Sans cela, à qui s'en prendre, du Recteur ou de l'Inspecteur, si l'un excipe de son incompétence, l'autre de sa subordination?

C'est par ces raisons que, dans mon rapport du 9 décembre 1879, je motivais la substitution au Recteur du Directeur départemental de l'enseignement primaire.

Voilà pour la première critique. La seconde était plus grave. Mon projet primitif ne faisait en réalité que transférer au Recteur le pouvoir absolu des Préfets. Or, c'est cet arbitraire qui est le vice fondamental de l'ancienne organisation. Rien ne prouve que le Recteur en eût fait meilleur usage que le Préfet. La chose importante, plus importante peut-être que le choix de l'autorité chargée des nominations, c'étaient les garanties à donner aux instituteurs, en vue de sauvegarder leur situation et par suite leur dignité.

C'est là ce qui m'a surtout préoccupé dans la rédaction de la loi que j'ai proposée le 7 février 1882. La nomination, comme je l'ai déjà dit, reste dans les attributions du préfet, et il en est de même de la révocation. Mais celle-ci ne peut-être prononcée qu'après avis motivé du Conseil départemental de l'enseignement primaire; l'instituteur incriminé a le droit de comparaître devant le Conseil et de s'y défendre; il a pu obtenir au préalable communication des pièces du dossier qui l'accuse. Enfin, il peut interjeter appel devant le Conseil académique.

On voit que c'en est fait des dénonciations anonymes, des rapports secrets, des ukases préfectoraux. A ce fonctionnaire que sa situation délicate expose à des accusations venant des parents, du maire, du curé, on devra tout d'abord la vérité, la lumière et la justice; la composition du Conseil départemental, du tribunal qui le juge, a du reste été modifiée de manière à lui donner toute garantie.

Le droit de nommer entraîne celui de changer les résidences. Or, l'expérience a prouvé que ces changements, qui sont dans l'immense majorité des cas dictés par l'intérêt de l'enseignement et celui même des instituteurs, ont souvent servi à masquer des disgrâces, et ont été considérés comme une punition déguisée. On peut en effet ruiner ainsi un instituteur, le frapper dans ses intérêts ou ses affections, en l'enlevant sans motifs à la commune où il exerce. Déjà l'institution des classes personnelles, établies par mon projet, diminue les conséquences du transfert dans une petite commune. Mais, j'ai voulu prendre d'autres précautions : le déplacement ne pourra être prononcé par le préfet que sur la proposition du directeur départemental, et ne sera définitif, si l'instituteur réclame, qu'après décision du ministre de l'instruction publique.

Telle est la part d'autorité que j'ai conservée au préfet sur le personnel des instituteurs. Celle du directeur départemental n'est pas à dédaigner. S'il né nomme pas, c'est lui qui prononce, en conseil des instituteurs primaires, les avancements de classe au choix. S'il ne révoque pas, il réprimande, il suspend provisoirement ; il fait rétrograder de classe. Pour cette dernière peine, qui entraîne de graves conséquences pécuniaires, l'avis motivé du Conseil départemental est nécessaire, et les mêmes garanties sont données à l'instituteur que pour le cas de révocation.

Quant à l'interdiction d'exercer à temps ou à toujours, elle est décidée par un jugement du Conseil départemental, et les mêmes garanties sont données à l'instituteur que pour le cas de révocation.

Tel est l'ensemble de garanties qu'offre ma proposition de loi aux fonctionnaires de l'enseignement primaire ; elles sont du même ordre que celles qui protègent les professeurs des ordres supérieurs d'enseignement. Plus de déplacements onéreux et injustifiés, plus de procédures secrètes, plus de mesures arbitraires, plus de décisions absolument sommaires: partout débats contradictoires, actes motivés, jugements, appels à une autorité supérieure et indépendante des passions locales.

~~~~~~~~

On avouera qu'après cela les discussions sur l'autorité qui signera les nominations ou les révocations des instituteurs perdent singulièrement de leur importance pratique. Cette autorité cependant conserve une part de pouvoir qui, pour n'être plus susceptible de dégénérer facilement en arbitraire, reste encore importante.

Je l'ai remise (et la commission spéciale a accepté mon système) pour partie au préfet, pour partie au

directeur départemental. Le projet déposé par
M. Jules Ferry, huit jours après le mien, la donnait
tout entière au recteur.

J'ai montré plus haut les défauts de ce choix, auquel je m'étais arrêté tout d'abord. D'autres personnes ont proposé de tout laisser au directeur départemental. Nous nous y sommes refusés, et pour
les raisons que nous avons déjà données en faveur
du préfet, et pour d'autres encore.

. C'est une grosse affaire que de conduire et gouverner un personnel de 7 à 800 instituteurs, ce qui
est le chiffre moyen. Le chef de cette petite armée
aura une puissance bien supérieure à celle de tous
les autres hauts fonctionnaires du département, sauf
l'évêque. Il encourra bien des responsabilités, aura
à supporter bien des haines. Son autorité sera-t-elle
toujours à la hauteur de ces difficultés? Croit-on
qu'il aura plus d'indépendance et de force que le
préfet contre les influences politiques, ou surtout
contre les influences cléricales?

La plus grande réserve est commandée en ces
questions délicates. Mais enfin, ne peut-on se demander si les préfets de la République ne se sont
point, depuis cinq années, montrés plus indépendants vis-à-vis des hostilités cléricales que les fonctionnaires administratifs de l'Université, nourris
trop souvent de tous autres sentiments? En fait,
dans l'état actuel des choses, et pour longtemps encore, l'intervention du préfet me semble protectrice
de l'instituteur, en face des ennemis les plus redoutables qu'il ait à rencontrer.

Et dans quel moment désarmerait-on complètement l'autorité préfectorale ? Au moment où l'application de la loi d'obligation soulève tant de passions, où les prêtres protestent violemment contre une loi qui leur a enlevé l'inspection de l'école et a dégagé l'instituteur de l'enseignement religieux, où la laïcisation du personnel scolaire va, dans tant de communes, susciter des colères ! En vérité, eût-on cent fois raison, le moment est mal choisi.

C'est en tenant compte de toutes ces raisons que nous avons maintenu entre les mains du préfet une partie de son ancienne puissance. Désormais, son autorité n'interviendra que pour faire le bien. Les antiques abus qui lui ont, il faut bien l'avouer, donné un mauvais renom, sont devenus impossibles. Le présent étant ainsi assuré, on peut attendre patiemment l'avenir.

(24 *janvier* 1884.)

LE CONSEIL SUPÉRIEUR

DE L'INSTRUCTION PUBLIQUE

Le renouvellement du Conseil supérieur de l'instruction publique doit avoir lieu sous peu de jours, et une certaine agitation se remarque déjà à propos des élections auxquelles sont appelés les membres de l'enseignement public.

On sait, en effet, que la loi proposée par M. Jules
Ferry, ministre de l'instruction publique, le 15 mai
1879, introduit dans le conseil supérieur, à côté des
représentants élus de l'enseignement supérieur, des
représentants des enseignements secondaire et primaire, élus également par leurs collègues.

Elle n'est du reste, sur ce point, que la reproduction à peu près exacte de la proposition que j'avais
moi-même déposée, au nom de la commission de
l'instruction primaire, le 23 janvier précédent. La
plus grosse différence entre les deux projets, pour
le dire en passant, consiste en ceci que nous don-
nions place dans le conseil à deux députés et deux
sénateurs élus par leurs collègues, tandis que le
ministre obtint qu'on les remplaçât par neuf con-
seillers choisis par lui dans l'Université.

Les élections de 1880 furent chaudement dispu-
tées ; un journal spécial fut même fondé à ce propos. Les polémiques furent très vives, surtout pour
ce qui a rapport à l'enseignement secondaire. On se
divisa en partisans et en adversaires des *réformes*.
Les premiers l'emportèrent et envoyèrent siéger au
conseil des hommes jeunes, sur l'activité et l'énergie
desquels on fondait de grandes espérances.

Les *réformes* furent proposées et votées. Elles ont
eu principalement pour objet le développement de
l'enseignement des sciences, des langues vivantes,
de la géographie et de l'histoire. Des exercices scolaires surannés, tels que les vers latins, les narra-
tions, discours et dissertations en latin, disparurent

des programmes ; ils furent remplacés par une étude plus approfondie des textes, par des lectures plus nombreuses et plus étendues des auteurs.

L'enseignement secondaire classique fut ainsi divisé en trois cycles, séparés par des examens de passage, sur la sévérité desquels le conseil a souvent insisté.

Dans la *division élémentaire* (classe préparatoire, 8ᵉ et 7ᵉ ; enfants de 8, 9 et 10 ans ou moins), langue française, langues vivantes, histoire et géographie de la France, premières notions d'arithmétique et de géométrie, éléments des sciences expérimentales et naturelles.

Dans la *division de grammaire* (6ᵉ, 5ᵉ et 4ᵉ ; onze à treize ans), langue française et langues vivantes, histoire ancienne, géographie générale, reprise avec développements de l'arithmétique, de la géométrie, de la physique. de la chimie, de l'histoire naturelle. De plus, en sixième apparaît l'étude de la langue latine, en quatrième celle du grec.

Dans la *division supérieure* (3ᵉ, 2ᵉ, rhétorique, philosophie), langues et littératures française et étrangères, prédominance des langues et des littératures anciennes, étude approfondie de l'histoire et de la géographie de la France et de l'Europe, géométrie, éléments d'algèbre, physique, chimie. Enfin, en philosophie, à l'enseignement classique de la psychologie, de la logique, etc., s'ajoutent des notions d'économie politique, des études sur l'anatomie et la physiologie animale et végétale.

On voit que chacun de ces cycles — sauf un trop grand nombre d'exceptions, sur quelques-unes desquelles je dirai un mot tout à l'heure — forme un tout, un système harmonique et clos, dans lequel les différentes parties de l'enseignement reparaissent successivement, avec un développement progressif ; si bien qu'après chacun d'eux l'enfant peut quitter le lycée emportant un bagage restreint, à coup sûr, mais complet en soi.

Prenons un exemple, celui qui m'est le plus familier : les sciences naturelles. Dans la division élémentaire, il ne s'agit que d'enseignement par l'aspect. Le professeur devra s'efforcer d'intéresser les enfants (8 à 10 ans) à l'étude des choses de la nature ; il les préparera à profiter de leurs lectures, de leurs promenades, de leurs vacances, et surtout il essayera de développer chez eux l'esprit d'observation, stimulant leur curiosité, disciplinant l'usage de leurs sens.

En 5e et en 4e, il s'agit de garçonnets (12 et 13 ans) à l'esprit plus rassis, mais doués encore de la merveilleuse mémoire de l'enfance. Ici, les notions précédemment enseignées et celles qui auront été acquises par le travail personnel seront classées, mises en ordre. On leur montrera comment les êtres vivants innombrables ont pu être rangés, dénommés, réduits à un petit nombre de types, rapprochés suivant leurs affinités naturelles. Avec l'esprit d'observation on développera ainsi l'esprit de méthode.

Enfin, l'élève de philosophie sera initié aux théories qui tendent à expliquer les origines et les modifications des espèces vivantes et fossiles ; il acquerra l'idée juste de ce qu'est l'équilibre d'un organisme vivant, et comment il s'entretient au repos et dans l'action ; enfin, ses études de psychologie trouveront une base solide dans la connaissance de la structure et des fonctions des centres nerveux où s'engendrent les actes psychiques.

Ainsi, le jeune homme qui aura passé huit années sur les bancs du lycée en sortira non certes botaniste, géologue ou zoologiste, ce serait là une grande faute, mais ayant profité des sciences naturelles pour l'éducation générale de son esprit et connaissant assez de faits pour être préparé, si sa vocation l'y pousse, aux professions spéciales.

Et celui qui quittera les classes après le second et même après le premier cycle emportera un ensemble organisé de notions fort élémentaires sans doute, mais cohérentes, et ne restera pas étranger aux choses de la nature.

L'individualité des divisions ou cycles n'a pas été, dans les autres matières, respectée aussi scrupuleusement que pour l'enseignement des sciences naturelles. Elle est parfaite pour le premier, mais le second et le troisième chevauchent l'un sur l'autre. J'aurais beaucoup à dire sous ce rapport sur l'histoire et les sciences physiques, beaucoup trop absorbantes à mon sens et beaucoup trop chargées de détails. Mais je dois me borner ici aux deux points qui ont soulevé devant le Conseil les plus importantes discussions.

J'étais de ceux qui avaient pensé qu'il conviendrait de ne commencer le latin qu'avec le second cycle et le grec qu'avec le troisième. Nous l'avons emporté sur le premier point, mais non sur le second ; et il a été décidé que le grec commencerait non plus en cinquième ni même en sixième, comme jadis, mais en quatrième. Il en résulte que les élèves très nombreux (près d'un tiers de l'effectif) qui sortent du lycée à l'âge de quatorze ans auront assez inutilement passé six heures par semaine pendant un an à l'étude du grec. Mais je m'en console volontiers ; ils en sauront assez pour lire les étymologies, et c'est à peu près tout ce qu'emportaient de mon temps même les bons élèves de collège.

Le point capital, c'était le recul jusqu'en sixième, jusqu'au second cycle, c'est-à-dire jusqu'à l'âge minimum de onze ans, de l'étude du latin.

La victoire a suivi une lutte énergique, où les opinions les plus diamétralement opposées sur le rôle et le but de l'enseignement secondaire ont été exposées avec conviction, autorité et souvent éloquence, devant le Conseil supérieur. La place manquerait pour la résumer ici. Mais je dois dire que la raison décisive, l'argument vainqueur, qui a désarmé jusqu'aux représentants les plus résolus et les plus écoutés de l'enseignement classique, a été tiré de considérations d'ordre social et politique.

On a fait valoir avec force la nécessité, dans un état démocratique, d'appeler au développement intellectuel fourni par l'enseignement secondaire, l'élite des enfants de nos écoles primaires. On a montré les pouvoirs publics ne reculant devant aucun sacrifice et augmentant chaque année dans une notable proportion le nombre des bourses.

Or, les enfants des écoles primaires ne peuvent concourir à ces bourses avant l'âge de dix à douze ans. Si le latin est déjà enseigné depuis deux ans aux collégiens de leur âge, comment pourront-ils marcher de plain-pied avec eux ? Et comment admettre d'autre part qu'on les ramène en huitième, pour leur faire terminer leurs études deux ans plus tard que leurs camarades ? Le recul du latin en sixième pouvait seul résoudre la difficulté et combler le fossé qui séparait jusque-là l'enseignement primaire de l'enseignement secondaire.

Et ainsi fut-il résolu.

On entend dire aujourd'hui, à propos des élections prochaines, que ces progrès considérables doivent être remis en question. Le latin commencerait, comme jadis, en huitième. On voudrait revenir sur les améliorations, cependant si modérées, j'oserai même dire si timides et si incomplètes, apportées à notre système d'enseignement secondaire. Les sciences seraient ramenées à la portion congrue ; les thèmes battraient les versions ; les vers et les discours latins reprendraient faveur. En un mot, un vent de réaction soufflerait dans l'Université.

Ce sont là les graves symptômes d'une maladie au pronostic fâcheux. La loi constitutive du Conseil supérieur a rendu l'Université maîtresse de ses destinées. Il est des gens qui le regrettent et qui soutiennent que des éléments politiques, des sentants de la Nation devraient avoir leur place marquée, et peut-être une influence prépondérante, dans une assemblée où se discutent et se décident les plus chers intérêts de la Nation.

L'Université se chargera de prouver elle-même s'ils ont tort ou raison. Ses meilleurs amis, qui sont, comme d'habitude, ceux qui lui disent le plus rudement ce qu'ils pensent, sans souci de leur popularité, espèrent qu'elle montrera qu'elle est plus préoccupée des grands intérêts sociaux dont elle a la charge que de ses habitudes, de ses préférences et de ses préjugés.

(10 avril 1884.)

AUX INSTITUTEURS DU LOT

En apprenant que M. Paul Bert devait assister à la cérémonie de l'inauguration du monument de Gambetta, les instituteurs et institutrices du Lot avaient résolu de lui offrir, à son passage, un objet d'art, pour le remercier du dévouement dont il avait fait preuve dans les discussions relatives à l'enseignement primaire.

Dans une réunion de trois cents instituteurs et institutrices et en présence de MM. Béral et Verninac, sénateurs, et MM. Armez et Rozières, députés, M. Vidal, professeur à l'École normale, adressa à M. Paul Bert une allocution au nom de ses collègues.

L'objet, dont ils avaient fait choix était le groupe fameux : *la Malédiction de l'Alsace*, dû au ciseau de M. Bartholdi. L'exemplaire original avait été offert en 1871 à Gambetta par une délégation d'Alsace-Lorraine.

Très ému par ce souvenir, M. Paul Bert répondit en ces termes :

Mesdames, messieurs, mes amis,

Je dois et je veux vous remercier des affectueuses paroles qui viennent d'être prononcées en votre nom. Mais je ne sais, en vérité, comment vous expliquer les sentiments si complexes qui m'agitent en ce moment. Certes, la joie, la gratitude et une légitime fierté y tiennent une grande place ; mais depuis deux jours ces cérémonies, cette glorification, ces fêtes, comme on dit, si voisines du jour funèbre que je n'y puis voir qu'une prolongation des funérailles triomphales où la France républicaine tout entière s'était donné rendez-vous (*Sensation*), tant d'émotions douloureuses, tant de souvenirs et de rêyes brisés, m'enlèvent presque toute liberté de pensée, et m'empêchent de jouir comme je le voudrais de ces témoignages d'estime dont M. Vidal vient de se faire l'éloquent et trop enthousiaste interprète. (*Applaudissements.*)

Mais il faut se ressaisir et imiter celui qui savait rester maître de lui parmi les plus poignantes émotions. Ne me croyez donc pas insensible à vos paroles : j'en ressens, comme il convient, l'honneur si ce n'est la joie. J'en éprouve comme un réconfort; j'y trouve la récompense du passé, l'encouragement pour l'avenir. Je sais, de plus, combien de telles

manifestations rencontrent d'obstacles sur leur
route, de difficultés, et je comprends ce qu'elles représentent, quand elles réussissent, de sincérité affectueuse et de ténacité vaillante (*Bravos*), et ma reconnaissance grandit avec leur mérite.

Elle grandit encore lorsque je pense au souvenir
que vous m'offrez à mon passage, à cette reproduction
unique du groupe que les Alsaciens-Lorrains ont
donné en 1871 à Gambetta, et lorsque je lis cette
inscription par laquelle vous rappelez que c'est à
l'ancien ministre du cabinet Gambetta que vous
dédiez l'œuvre du grand statuaire Bartholdi. Mais
puisque les hasards des circonstances ne vous ont pas
permis de l'avoir ici aujourd'hui, laissez-moi vous la
décrire, cette *Malédiction de l'Alsace*, car elle est tout
un enseignement. La vieille grand'mère est assise ;
sur ses genoux repose le cadavre de son fils ; du bras,
elle menace et maudit l'ennemi invisible. Et voici
que, blotti derrière elle, le petit-fils, effrayé, regarde
ce que montre l'aïeule ; et sa petite main saisit et
essaie de soulever la lourde épée qu'a laissé tomber
la main paternelle. (*Vive émotion.*) Cet enfant, je ne
puis m'empêcher de vous le dire, a vingt ans aujour-
d'hui ; sa main peut soutenir cette épée ; que pense-
t-il maintenant ? Se rappelle-t-il sa douleur, sa
colère et ses serments ? (*Sensation.*) En m'offrant
ce groupe que tant de fois j'ai admiré, il me semble
que vous m'associez aux grandes douleurs de Gambetta et aussi à ses invincibles espérances. (*Applaudissements.*)

Car ses espérances étaient supérieures à tous les

désastres. Car depuis l'année fatale il n'avait qu'une pensée, préparer, hâter l'heure et le jour de ce qu'il a appelé « la justice imminente de l'histoire. » Refaire une France si unie, si compacte, si puissante, si redoutable, que cette force mise au service du droit amenât, et qui sait, peut-être sans larmes ni sang versés, le triomphe et la revanche du droit ; unir en un tout indissoluble, en une puissance irrésistible, la nation et l'armée ; faire par une éducation commencée à l'école par vous, messieurs, continuée au régiment avec vous (*Bravos*), de tout enfant un citoyen, de tout citoyen un soldat, sans dispenses ni inégalités d'aucune sorte (*Applaudissements*) ; préparer ainsi le plus redoutable instrument de guerre et le plus sûr palladium des libertés publiques, telle fut la principale passion de sa vie, l'ardente préoccupation de tous ses instants, le rêve, ou plutôt l'espérance à la réalisation de laquelle il m'avait pour partie associé.

A vrai dire, c'est vous qu'il y associait, Messieurs, c'est sur vous qu'il comptait. Car c'est à vous que devait revenir la meilleure part dans cette préparation du citoyen complet. C'est que l'école n'était pas seulement, à ses yeux, l'établissement où s'enseignent ces éléments des sciences et des lettres sans lesquels l'homme est aujourd'hui dans la société comme un aveugle devant la nature, incapable également de jouir et d'agir. Certes, ce rôle est grand, utile, indispensable, car le bien-être, la richesse, et dans une certaine mesure la moralité de la nation en dépendent. Mais le rôle primordial de l'école, dans la pensée de Gambetta comme dans la mienne, c'est d'assurer l'existence même de la Nation en préparant le citoyen digne de ce noble titre et du pouvoir démocratique, pénétré du sentiment de ses devoirs, prêt à tous les sacrifices pour défendre au dedans la liberté de la Patrie, au dehors son honneur et son intégrité. (*Acclamations.*)

C'est là l'objet de cette instruction civique, la véritable raison d'être de l'obligation de l'enseignement primaire, que vous êtes chargés de donner aujourd'hui. C'est là la charge nouvelle, qui a tellement grandi votre rôle, et qui de maîtres d'école a fait de vous, suivant le beau mot de la Convention, des instituteurs de la Nation. (*Bravos.*)

Mais si votre rôle a grandi, si votre tâche est plus élevée, les difficultés, les dangers même ont augmenté pour vous, avec les responsabilités. Jamais il n'a été plus nécessaire de vous donner les trois conditions indispensables pour l'exercice de votre noble fonction : la liberté, la sécurité, la dignité.

Or, la liberté vous ne l'aviez pas tant que vous étiez les répétiteurs du prêtre (*Applaudissements*), tant que celui-ci avait sur votre enseignement un droit d'inspection et de contrôle, tant que vous étiez contraints d'accepter à l'église des fonctions subalternes. C'est pour cela que nous avons si énergiquement insisté, et que nous avons obtenu, malgré tant de mauvais vouloirs, tant d'obstacles venant de tous côtés, que l'enseignement religieux ne serait plus donné par l'instituteur, que le prêtre n'aurait plus sous aucun prétexte droit d'entrée dans l'école

(*Bravos*) ; qu'en un mot chacun serait à sa place, la science et l'instituteur à l'école, la religion et le prêtre à l'église, l'un et l'autre, entendez-le bien, libre et maître chez soi. (*Applaudissements.*)

La sécurité, vous ne l'aviez pas, vous ne l'avez pas encore légalement, puisque vous pouvez être changés suspendus, révoqués, ruinés et déshonorés par un simple arrêté rendu sans enquête, sur dénonciation anonyme, sans avoir été avertis, sans avoir pu vous défendre, sans qu'aucun appel puisse être interjeté par vous. Sans doute, les administrations républicaines n'usent qu'avec discrétion et justice de ces pouvoirs formidables. Mais ceux d'entre vous qui ont vécu au temps des réactions savent les excès odieux dans lesquelles elles sont tombées ; et vous savez ce qui attendrait les plus fermes d'entre vous, si quelque vent de réaction venait à souffler sur la France, et ce que ferait d'eux l'arbitraire auquel vous êtes théoriquement et légalement soumis.

A l'arbitraire du préfet on nous a proposé de substituer l'arbitraire du recteur, entre les mains duquel vous auriez été pieds et poings liés. Nous n'avons voulu ni de l'un ni de l'autre, et la loi qu'avait préparée le ministère Gambetta et que vient de voter la Chambre a eu pour principale préoccupation de vous donner la sécurité. Désormais, vous ne pourrez être frappés qu'en vertu de décisions prises publiquement, après débats contradictoires, devant un tribunal soigneusement composé, avec communication du dossier. Et la condamnation, si elle a lieu, peut être suivie d'un appel devant une juridiction supérieure. Nous vous avons, en un mot, donné toutes les garanties qui protègent vos collègues de l'enseignement secondaire et de l'enseignement supérieur. (*Applaudissements.*)

Enfin, la dignité de la vie ! Ah ! certes, votre exemple est bien là pour prouver que la dignité peut être conservée malgré des rémunérations dérisoires ; la misère ne vous a pas empêchée de pratiquer toutes les vertus civiques et de conquérir le respect de vos concitoyens. Mais qui ne sait cependant que l'estime publique se proportionne trop dans l'appréciation des fonctions aux traitements que reçoivent les fonctionnaires? Qui pourrait nier que la valeur du recrutement d'une fonction soit nécessairement influencée par la rémunération qui lui est attachée ? Eh quoi ! les charges et les responsabilités ont augmenté pour vous ; la grandeur de votre rôle civique est par tous proclamée. Et nous continuerions à donner à l'Europe ce spectacle affligeant de 53,000 instituteurs sur 90,000 ayant 1,000 francs et moins de traitement, de 22,000 autres ayant de 1,001 à 1,300 francs !

Messieurs, nous ne l'avons pas pensé; et la loi préparée sous le ministère de Gambetta proposait des améliorations bien modestes, mais strictement nécessaires. On n'avait pas alors, par des majorations coupables, par un jeu habile du budget extraordinaire, organisé consciemment un apparent déficit ; on n'avait pas encore humilié le crédit de la France devant des coalitions de banquiers; on n'avait pas encore, par crainte des oligarchies financières, abandonné la politique économique de la démocratie ;

on n'avait pas encore inquiété le pays et effrayé la Chambre. Vous savez ce qui est advenu depuis. Nous sommes arrivés trop tard, et, malgré nos efforts, ni le gouvernement, ni la Chambre n'ont voulu prendre ferme un engagement dont on leur avait exagéré les conséquences.

Mais ne vous croyez pas abandonnés pour cela. Par une étrange fortune parlementaire, il est arrivé que, tandis que la minorité, qui a voté avec nous, comprend à côté de nombreux et d'excellents amis, bien des gens hostiles aux réformes et aux progrès de l'instruction du peuple, la majorité qui a repoussé nos propositions est presque entièrement composée de républicains pleins d'affection et de dévouement pour vous, favorables à votre cause et à votre sort. Si bien qu'elle fait aujourd'hui les plus grands efforts pour atténuer les conséquences de sa victoire et arriver à tirer des ressources budgétaires ce qui est nécessaire pour mettre fin à une situation devenue intolérable. Elle y parviendra, j'en ai la persuasion, et grâce aux rigoureuses économies que réalise la commission du budget, le jeu des lois annuelles de finances vous donnera ce qu'on a cru devoir refuser à notre loi organique. (*Applaudissements.*) Nous avons, mes amis et moi, demandé pour vous 15 millions ; nous espérons bien les trouver, et je connais, pour ma part, une grosse ressource à laquelle je ne vois pas que la commission du budget ait encore songé. (*Applaudissements.*)

Quand ceci sera terminé, messieurs, une œuvre immense sera accomplie, celle de la reconstitution de l'enseignement universel de la Nation, de l'enseignement primaire. Rien de pareil n'aura été fait depuis les jours héroïques de la grande Convention, dont les projets furent bientôt, vous vous en rappelez, anéantis sous la botte d'un soldat triomphant. (*Bravos*.)

La grande trilogie : gratuité, obligation, laïcité, inscrite depuis vingt ans sur notre bannière sera enfin devenue une réalité vivante. Gratuité, c'est-à-dire égalité sur les bancs de l'école ; obligation, c'est-à-dire tutelle légale de l'enfant abandonné par des parents insoucieux de leurs devoirs ; laïcité, c'est-à-dire garantie de la liberté de conscience dans l'enseignement public (*Bravos*). Satisfaction ainsi donnée aux principes, satisfaction aura été également donnée aux maîtres, et l'instituteur exercera en toute liberté, en pleine sécurité, avec une rémunération digne d'elle, sa noble fonction.

Voilà, messieurs, ce qu'aura fait la République pour l'école et pour vous, c'est-à-dire en définitive pour elle-même. Vous acquitterez votre dette en lui préparant en retour des citoyens également passionnés pour la liberté et pour la Patrie. La tâche vous sera particulièrement facile dans ce vieux Quercy, ce dernier boulevard de la liberté gauloise luttant contre l'envahisseur romain. Heureux pays, qui peut trouver dans l'histoire de ses propres enfants les exemples les plus fameux de toutes les grandes vertus civiques. Heureux département que celui où les instituteurs, voulant faire la *leçon de choses* de l'héroïsme, n'ont qu'à amener leurs élèves sur la place publique du chef-lieu pour leur montrer, à côté des statues du sage et courageux Fénelon, de l'héroïque Bessières, de ce Murat que l'enthousiasme populaire appelait le géant des batailles, et les dominant comme sa personnalité dominera les leurs dans l'histoire, le monument de Gambetta. (*Applaudissements enthousiastes.*)

(*15 avril 1884.*)

LES BATAILLONS SCOLAIRES

ET L'UNIVERSITÉ

De longtemps ne s'effacera l'impression produite par la revue des bataillons scolaires. Ce n'était pas un enthousiasme bruyant, mais plutôt discret et attendri, comme il convenait pour ces enfants-soldats. Peu de cris, mais des larmes dans tous les yeux ; j'ai vu de vieux officiers pleurer. Pour ma part, je n'ai pas ressenti d'émotion semblable depuis le jour où l'armée reçut les drapeaux qui devaient remplacer ceux dont la fortune glorieuse a fini à Sedan et à Metz. Mêmes sentiments de fierté et d'espérance, même confiance dans un avenir réparateur dont les dissentiments des républicains peuvent seuls retarder l'échéance.

Les enfants partageaient ces émotions viriles, même les plus petits ; on le voyait à leurs mines sérieuses, à leurs yeux brillants. Évidemment, ils ne jouaient pas « au soldat », ils avaient conscience de leur rôle, de l'espoir que la Patrie met en eux, de la dignité que leur conféraient l'uniforme, le fusil le drapeau. Je ne crois pas que jamais livre ou leçon d'éducation civique ait valu pour eux ce défilé devant la population, les autorités civiles, le général, tandis que leurs petits camarades

> ...... « Soufflaient dans des cuivres
> Ainsi que des démons. »

Le sentiment de la discipline, le respect de la loi, la haute pudeur de l'âme qui fait la fierté militaire, toutes les nobles passions civiques faisaient battre ces jeunes cœurs.

Non, ce n'était pas, comme l'ont prédit je ne sais quels pessimistes, l'armée de la guerre civile qui se préparait là, mais l'armée nationale, fidèle gardienne de l'intégrité de la Patrie et dont la seule présence rendra vaines les tentatives révolutionnaires, qu'elles s'appellent monarchiques ou anarchiques.

———

Une seule ombre sur ce tableau brillant. Cette joie était incomplète. Pourquoi les enfants des écoles primaires étaient-il seuls de cette fête, recevaient-ils seuls cette leçon ? Pourquoi, en tête des bataillons scolaires, n'avait-on pas fait défiler les compagnies des lycées de Paris ? Pourquoi, à côté des élèves de l'École normale primaire d'Auteuil, ceux de l'École normale supérieure, exempts comme eux du service militaire, ne marchaient-ils pas ?

La commission d' « Éducation militaire » que j'avais instituée au ministère de l'instruction publique, et qui n'a pas survécu à la chute du cabinet Gambetta, avait décidé que l'enseignement militaire serait organisé dans tous nos collèges et lycées, qu'externes comme internes devraient y prendre part, que des marches seraient exécutées à certains jours hors de l'établissement, que les compagnies suffisamment exercées figureraient dans les fêtes populaires. Et pour assurer l'exécution sérieuse de ces mesures, mal vues des administrations, un officier en retraite devait être attaché à chaque lycée, avec pleine autorité sur tout ce qui a rapport aux exercices du corps et à l'enseignement militaire.

Qu'est-il resté de ces mesures ? Je ne le sais pas exactement, et je crois que personne ne le sait, car on ne paraît guère s'en occuper en haut lieu. Chaque proviseur ou principal agit à sa guise et suivant son tempérament. Il en résulte l'inégalité la plus singulière et la plus fâcheuse, et l'on m'a signalé des lycées où jamais les élèves n'ont été mis en rang ou n'ont touché un fusil, ce qui vaut mieux cependant que ceux où l'exercice militaire et tout ce qui touche à cette branche de l'éducation publique sont tournés en dérision.

La conséquence fatale a été l'absence des lycéens à la revue des bataillons scolaires.

Mais est-ce seulement l'insuffisance d'instruction militaire qui a déterminé cette abstention ? Plusieurs compagnies de nos petits troupiers du 14 juillet n'ont pas évolué d'une manière irréprochable, et l'on en a vu quelques-unes s'égrener à la conversion. Personne n'a pensé à en sourire. On n'aurait pas davantage raillé quelque inexpérience de nos lycéens, que l'on sait chargés de tant de travaux divers. En tout cas, si quelques compagnies se fussent trouvées inférieures, l'émulation se fût éveillée, et l'année prochaine tout eut été réparé.

Mais on a donné de cette absence une autre explication. La question de savoir s'il convenait d'amener les jeunes gens des lycées à cette fête des écoles, de faire marcher à côté des enfants du peuple ceux de la bourgeoisie, a été, paraît-il, agitée, et les avis ont été partagés. Le parti de l'abstention l'a emporté.

Les moins francs ont parlé du trouble et du retard des études qu'occasionneraient les exercices préparatoires, de l'insuffisance notoire de l'instruction militaire dans certains lycées, du manque d'équipement, et autres prétextes sans valeur. Les plus sincères ont déclaré que cette participation active à la fête du 14 juillet serait mal vue des élèves peut-être, des parents certainement. C'est une fête politique, et l'Université ne doit pas faire de politique ; c'est une fête scolaire démocratique, et il convient de garder son rang et de ne pas prêter les mains à certaines confusions. A coup sûr, tels n'étaient point les sentiments de l'administration ; mais il fallait tenir compte de ceux des parents, de certains parents au moins, et se mettre à l'abri des protestations.

Je suis sûr qu'on a calomnié les élèves et je crois qu'on a calomnié les parents. Les élèves ont l'âme généreuse ; c'est l'âge des nobles sentiments ; ceux-là mêmes qui ne sont pas républicains auraient été fiers et joyeux de prendre part a une fête militaire et scolaire à la fois, d'un caractère aussi patriotique. Les plus cléricaux parmi les Saints-Cyriens s'inquiètent-ils de la prise de la Bastille quand ils marchent en tête de nos revues du 14 juillet ? Et quant au « contact » avec la population des écoles primaires, ce n'est pas a seize ans qu'on songe a ces misères.

Quant aux parents, à part quelques fanatiques dont on ne devrait pas se préoccuper, il n'y avait nulle opposition a craindre. Sans doute, la bourgeoisie a montré qu'elle ne redoute rien tant que le « contact » prolongé pendant trois années, dans les chambrées de la caserne, de ses fils avec ceux des paysans et des ouvriers, — les obstacles qu'a rencontrés la loi Gambetta-Campenon en sont la preuve. — Mais c'est vraiment railler ou lui faire injure que de prétendre qu'elle protesterait contre une revue d'une journée.

Ce qui peut faire naître ces misérables sentiments de ridicule vanité, c'est de les craindre. En supposer l'existence et y céder, c'est une manière indirecte de les enseigner. Et rien ne serait plus redoutable que de les voir se propager dans nos lycées ; mais j'espère que le bon sens français et notre générosité native en feraient prompte justice.

Ce qui me paraît plus grave, ce sont les conséquences de cet isolement voulu, de cette abstention systématique de la part de l'enseignement secondaire pour tout ce qui fait la vie, la joie et la force de l'enseignement primaire.

Nos enfants des écoles primaires sont tous élevés maintenant dans le respect et l'amour des institutions républicaines et de la démocratie. Tous connaissent la constitution qui nous régit, le fonctionnement de nos principales administrations, nos lois les plus importantes ; à tous le maître s'est efforcé d'apprendre l'étendue de leurs devoirs et de leurs droits de citoyens. Malgré les mauvaises volontés officielles, la force des choses a fait que l'éducation civique joue le premier rôle dans l'instruction primaire.

Quelle différence avec l'instruction secondaire ! Combien de bacheliers pourraient faire les compositions qui m'ont tant de fois étonné au certificat d'études primaires ? Et, ce qui est plus grave, — car cette instruction de fait sera bientôt acquise par le collégien devenu libre, — le grand souffle démocratique et libéral qui passe sur la France est arrêté par les murs du lycée.

L'Université ne fait pas de politique !

Mais pourquoi cette formule, trop vraie, hélas ! pour le secondaire, est-elle inexacte pour le primaire ? Ou, pour mieux dire, pourquoi cette éducation civique que les pouvoirs publics ont jugée nécessaire à un peuple souverain n'est-elle donnée qu'à une partie de ses enfants ? Et qu'elle contradiction pleine de périls !

Il n'y a plus, je le sais bien, — et je ne le regrette pas, — de « classes dirigeantes »; mais il y aura toujours intérêt pour une nation à ce que la masse relativement ignorante ait pour guides ceux qui, pour des raisons quelconques, ont eu la bonne fortune de recevoir une instruction étendue et solide. Mais faites donc que les guides soient élevés de manière à comprendre, à interpréter, à rendre pratiques et réalisables les désirs légitimes de cette masse, désirs qui sont des ordres dans une démocratie ! Faites donc qu'ils apprennent à la conduire, qu'ils aiment à la conduire là où elle veut, là où elle a raison de vouloir aller ; car elle a l'instinct, la force et le droit !

Rapprochez donc au lieu d'isoler, unifiez au lieu de particulariser. Élevez tous les enfants de France dans une pensée commune. Car si un enseignement discordant arrive à mettre en opposition la bourgeoisie et le peuple, la minorité à l'esprit affiné avec la masse aux instincts généreux, savez-vous ce que vous risquez ? Voici déjà que ce sont les wagons qui poussent la locomotive; prenez garde à ce que celle-ci ne soit un jour jetée hors des rails !

(24 juillet 1884.)

LA STATISTIQUE

DE L'ENSEIGNEMENT PRIMAIRE

Le Ministre de l'instruction publique vient de publier deux documents très intéressants : la *Statis-*

tique de l'enseignement primaire pendant l'année 1881-1882, et le *Résumé des états de situation de l'enseignement primaire* en 1882-1883.

La première de ces publications est une œuvre considérable, qui fait pendant à celle que le ministère a éditée en 1877.

Conçue sur le même plan, avec tableaux correspondants, elle permet de comparer l'état des écoles, des maîtres et des élèves avant et après cette période quinquennale. Période d'une importance exceptionnelle, puisqu'elle a vu la promulgation des lois sur les *écoles normales primaires*, sur les *lettres d'obédience*, sur la *retraite des instituteurs*, sur la *gratuité* et sur l'*obligation* de l'instruction primaire, sur le *conseil supérieur*.

Ajoutons que les dépenses annuelles de l'instruction ont augmenté dans une proportion considérable (94 millions en 1877, 132 en 1882), sans parler de de 350 millions dépensés pour la construction de maisons d'école.

A aucune époque de notre histoire, un pareil mouvement en faveur de l'instruction populaire ne s'était produit. Si les hommes politiques de la Révolution avaient compris tout aussi bien que nous la nécessité d'instruire une démocratie, le temps et l'argent leur avaient manqué pour réaliser leurs volontés, et le premier souci de Bonaparte avait été d'abroger des lois insuffisamment appliquées. La loi de 1833 et celle de 1867 avaient honoré les noms de Guizot et de Duruy. Mais jusqu'en 1876, aucun effort d'ensemble n'avait été fait, si ce n'est celui de

1850, destiné à enrayer les progrès de l'enseignement public.

Il n'est donc pas étonnant que les rapports officiels signalent à bien des points de vue une amélioration considérable dans ce grand service.

Le nombre des écoles publiques, de 1877 à 1883, a passé de 59,021 à 64,510 ; celui des maîtres, de 80,063 à 88,220 ; celui des élèves, de 3,823,348 à 4,409,310.

Les écoles privées ont également prospéré, bien que dans une proportion moindre. Il y en avait 12,526 avec 30,646 maîtres et 893,587 élèves en 1877 ; il y en a 12,792 avec 37,356 maîtres et 1,022,841 élèves en 1883.

En résumé, le nombre total des élèves — et c'est là le plus important — s'est élevé de 4,716,935 à 5,432,151, avec une augmentation de 715,216 élèves.

Le nombre des enfants en âge scolaire obligatoire (de 7 à 13 ans révolus) étant de 4,586,349, on en trouve, en 1883, 4,546,030 inscrits dans les écoles de toute nature.

Il n'y en avait que 3,806,531 en 1877, et 4,382,293 en 1882.

Bien que ces recensements soient sujets à plusieurs causes d'erreurs, on peut conclure de ces chiffres que presque tous les enfants sont aujourd'hui inscrits à une école.

Si ces enfants fréquentaient assidûment l'école, le résultat serait tout à fait satisfaisant. Malheureusement il n'en est pas ainsi, tant s'en faut.

Parmi les écoles publiques, il y en avait, en 1877

13,205 dirigées par des congréganistes, avec 6,867 frères et 19,956 sœurs, soit 26,823 maîtres et environ 1,300,000 élèves. En 1883, il n'y a plus que 10,814 écoles publiques congréganistes, possédant 19,273 maîtres (3,764 frères, 15,509 sœurs) ; avec 958,076 élèves (233,098 garçons, 724,978 filles.)

Mais si le nombre et la population des écoles publiques congréganistes a diminué, c'est l'inverse pour les écoles privées. Il y en avait 6,685 en 1877, avec 19,861 maîtres (2,601 frères, 17,260 sœurs) et 425,282 élèves ; il y en a 8,570 en 1883 avec 25,439 maîtres (3,208 frères, 22,231 sœurs) et 819,040 élèves (224,415 garçons, 594,625 filles).

La valeur du personnel enseignant a augmenté, en ce sens du moins, que le nombre des brévetés est beaucoup plus grand. Il n'y a plus dans les écoles publiques que 1,754 instituteurs et 7,692 institutrices non brévetés, au lieu de 2,221 et 20,958 en 1877.

Aujourd'hui comme alors, ce sont les congréganistes chez qui manque même le brevet simple. Il y a encore 38 0/0 de frères et 45 0/0 de sœurs qui enseignent sans aucun titre, tant dans les écoles publiques que dans les écoles privées ; tandis que tous les instituteurs laïques sauf 1.5 0/0, et toutes les institutrices, sauf 2,7 0/0, possèdent des brevets.

~~~~~~~

La loi du 9 août 1879 a eu pour but d'obliger chaque département à entretenir deux écoles normales, l'une pour les instituteurs, l'autre pour les institutrices.

Au moment où je l'ai proposée, nous ne possédions

que 80 écoles normales de garçons et 16 de filles.
Au commencement de 1884, 85 écoles de garçons et
57 de filles étaient ouvertes. Elles avaient, les premières, 5,074 et les secondes 2,447 élèves.

Les départements de la Charente, des Côtes-du-
Nord, du Lot, de l'Oise, de la Haute-Savoie et d'O-
ran, pour les instituteurs; pour les institutrices ceux
des Basses et Hautes-Alpes, des Alpes-Maritimes, de
l'Aveyron, du Calvados, de la Corrèze, des Côtes-du-
Nord, de la Creuse, de l'Eure, du Finistère, de la
Haute-Garonne, du Gers, de la Gironde, de l'Ille-et-
Vilaine, de l'Indre, des Landes, du Lot, de Maine-
et-Loire, de la Manche, de la Mayenne, de la Meuse,
du Morbihan, de l'Oise, de la Haute-Saône, de la
Savoie, du Tarn, du Var, de Vaucluse, de la Ven-
dée, de la Vienne, de Constantine, en étaient encore
privés. Mais le ministre annonce dans son rapport
général que tous ces départements ont fini par « se
se mettre en mesure d'obéir à la loi », et que leurs
écoles normales sont en projet ou même en construction.

Il ne convient donc pas de se féliciter beaucoup
du résultat obtenu. La loi de 1879 était formelle.
Elle exigeait que, quatre ans après sa promulgation,
des écoles normales fussent « installées » dans chaque département. Or le délai légal est expiré depuis le 9 août 1883, et 36 départements n'ont pas
encore obéi à la loi. L'année dernière, les retarda-
taires étaient au nombre de 54.

Cette mollesse, pour ne pas dire plus, dans l'exécution de la loi, a les conséquences les plus fâcheu-

ses. On peut affirmer que dans plus de vingt-cinq départements, six années s'écouleront avant que des institutrices laïques élevées dans des établissements laïques soient en état de remplacer les congréganistes et de donner un enseignement vraiment inspiré par l'esprit de liberté. Et tout naturellement ces départements sont ceux où la réaction conserve une grande influence. Ainsi le remède se fera le plus longtemps attendre précisément là où le mal est le plus grand.

~~~~~~~

L'amélioration du personnel enseignant des écoles publiques n'est pas non plus en réalité ce que semblent indiquer les documents officiels. Sans doute, le nombre des brévetés a augmenté, et il n'y a plus que 1,244 instituteurs publics congréganistes (soit 33 0/0) et 7,287 institutrices congréganistes (soit 47 6/0) qui n'aient pas de brevet. au lieu de 4,131 et 16,827 eu 1577. Mais ces chiffres sont encore beaucoup trop forts, et il est triste d'avoir à constater dans nos écoles publiques la présence de 8,531 maîtres qui n'offrent pas plus de garanties an point de vue pédagogique qu'au point de vue politique.

Mais ce n'est pas tout. Les nouveaux brévetés eux-mêmes ne méritent pas grande confiance. Pour permettre aux congréganistes d'obéir aux prescriptions d'une loi dont le Sénat avait déjà singulièrement atténué la rigueur, on a allongé les délais et, chose plus grave, on a systématiquement abaissé le niveau d'un examen déjà bien médiocre.

Le conseil supérieur y a prêté les mains en affaiblissant les programmes ; et dans l'application, un mot d'ordre de bienveillance excessive a ouvert les portes toutes grandes aux congréganistes.

Dans certains départements, la condescendance des jurys d'examen a été scandaleuse.

~~~~~~~~

Ce n'est pas le plus grave. Si l'on examine le nombre des élèves qui fréquentent les écoles congréganistes, on voit qu'il était en 1878 de 1,841,527, et qu'en 1883 il était encore de 1,777,116, c'est-à-dire de 33 0/0 de la population scolaire totale. Le bénéfice (64,411 enfants) est donc bien mince!

Ce sont, comme je le disais plus haut, les écoles privées dont l'augmentation compense les résultats de la laïcisation des écoles publiques, et les chiffres qu'elles fournissent aux statistiques, sont à coup sûr, notablement exagérés.

Il n'en est pas moins certain qu'un tiers des « Enfants de France » (17 0/0 des garçons et 49 0/0 des filles) reçoivent, soit dans les écoles publiques, soit dans les écoles privées, l'éducation congréganiste, en hostilité avec l'esprit de progrès et de liberté démocratique.

Si ce mouvement était spontané et sincère, la situation appellerait de sérieuses réflexions sur l'efficacité des lois votées. Mais il a été obtenu par des moyens factices et souvent même en violation de ces lois. Pour tout dire en un mot, l'explication d'un mécompte que s'efforce en vain de dissimuler l'optimisme officiel, se trouve, je n'hésite pas à le dire, dans la faiblesse dont a fait preuve l'administration vis-à-vis du clergé.

Ce n'était certes pas là le résultat qu'attendaient après tant d'efforts et de dépenses les Chambres républicaines. Et remarquez qu'il ne faudrait pas se leurrer en parlant d'un progrès lent, car le nombre des inscriptions dans les écoles congréganistes a *augmenté* de 3,766 en 1883.

Dans presque toutes les communes où la volonté des conseils municipaux a fait laïciser l'école publique, le châtelain a ouvert une école congréganiste privée, dont le curé s'est chargé de recruter les élèves. Pour y arriver, nul moyen ne lui a coûté : prédications violentes contre « l'école sans Dieu », invectives contre l'instituteur et surtout contre l'institutrice laïque, menaces aux parents sur lesquels ont action les riches bien pensants et le bureau de bienfaisance, refus de la première communion aux enfants de l'école laïque, tout a été mis en œuvre.

Et impunément! On a fait beaucoup de bruit, l'année dernière, de quelques suspensions de traitement. Il y en a eu, je crois, deux ou trois cents en tout, et pendant quelques mois. Les souscriptions des bonnes âmes, les faveurs de l'évêque, ont largement compensé ce petit ennui — quand le traitement suspendu n'a pas été plus tard intégralement restitué! C'est, je le répète, l'impunité absolue. Et la conséquence a été l'état de choses que je viens de signaler.

Un peu d'énergie réparerait tout bien vite. Mais il faut vouloir et agir : le temps des discours est passé.

(**20** *août* 1884.)

LA SITUATION

DE L'ENSEIGNEMENT PRIMAIRE

Il semble que ce soit aujourd'hui chose banale que de vanter les progrès récents de l'instruction primaire. Chacun connaît en effet les lois si justes et si sages qui ont supprimé les privilèges de la lettre d'obédience, assuré le recrutement des institutrices par la création des écoles normales, établi l'égalité dans l'école par la gratuité de l'enseignement, protégé l'enfant par l'obligation imposée aux parents, sauvegardé la liberté de conscience par la neutralité des programmes. Chacun sait quelles sommes énormes ont été dépensées pour les travaux extraordinaires des maisons d'école, comment les crédits inscrits au budget ordinaire de l'État ont quintuplé depuis la République, et quels sacrifices se sont imposés simultanément les départements et les communes.

Il y a eu, on l'a dit souvent, une véritable révo lu tion dans l'enseignement populaire. Révolution, je le veux bien ; mais elle n'est pas dans les lois et les dépenses que je viens de rappeler. La véritable révolution est ou plutôt devrait être dans la complète application de l'article 1er de la loi du 28 mars 1882, celui qui règle et refond les programmes de l'instruction primaire. Car tout le reste lui est subordonné, n'en est que le moyen d'action.

Cet article écarte d'abord les matières religieuses
du domaine de l'enseignement et sépare définitivement l'Église de l'École. C'est même là tout ce qu'en
a vu la masse du public, car là s'est livrée la bataille passionnée. Or, les autres parties de l'article
sont pour le moins aussi importantes. Le développement donné à l'instruction morale, l'introduction
de l'instruction civique, des exercices militaires, de
l'histoire contemporaine, des sciences physiques et
naturelles, du travail manuel, sont les traits principaux de cette rénovation.

Sur la nécessité de l'instruction morale il serait
oiseux de disserter ; ceux-là seuls ont combattu cet
article du programme qui voulaient s'en réserver le
monopole et le subordonner aux dogmes religieux.
L'instruction civique n'est pas plus discutable; dans
mon opinion, c'est la partie fondamentale de l'enseignement public, celle qui justifie surtout l'intervention directe de l'État et la loi d'obligation, car
toutes les autres matières du programme sont
d'abord d'intérêt personnel pour l'élève, tandis que
celle-ci est d'emblée d'intérêt national. L'étude de
l'histoire contemporaine n'est, à un certain point de
vue, qu'une branche de l'instruction civique, et
l'on en peut dire autant des exercices militaires.

Tout ceci a été facilement compris. On a moins
bien senti la réforme d'ordre scientifique. Il a semblé
pour beaucoup que ce fût œuvre de curiosité pure,
surcharge inutile de programmes, prétentions irréa-
lisables et peut-être dangereuses. Mais le vif attrait
des enfants pour cette sorte d'études a bien vite

vaincu les premières résistances. On pouvait du reste aisément répondre qu'il s'en faut de beaucoup que ce soit là un enseignement de luxe. Rien de plus utile pour l'éducation générale de l'esprit et pour la pratique de la vie que ce développement des facultés d'observation et cet apprentissage des difficultés de la preuve scientifique. Ce sera la grande protection contre tous les charlatanismes et toutes les superstitions.

Enfin, l'enseignement manuel devait être intimement uni à l'enseignement scientifique ; il en devait être l'application incessante. Sans vouloir, et sans pouvoir préparer à l'école primaire des ouvriers — je parle de l'école primaire proprement dite, car l'école primaire supérieure doit être au contraire technique et professionnelle — nous espérions qu'aucun enfant ne quitterait les bancs à treize ans sans avoir appris comment l'homme s'est rendu maître de la nature, sans connaître le maniement des outils principaux qui servent à travailler le bois, la pierre ou les métaux.

Cette dernière partie du programme a été, dans la pratique, négligée, et l'installation de la plupart des écoles nouvelles n'a même pas prévu l'établissement du petit atelier nécessaire. Seul, l'enseignement agricole a pris, dans nos écoles de village, un développement très satisfaisant.

Quant aux autres matières que je viens de passer en revue, le personnel enseignant a, tout d'abord, montré un grand zèle pour obéir aux injonctions de

qui revient triomphante ? — C'est bien mon avis. — Mais comment se fait-il qu'après des efforts énergiques, des résultats auxquels vous rendiez hommage, on puisse avoir à se plaindre de cette tendance au recul ? — Rien de plus aisé à expliquer.

La tâche imposée aux instituteurs était à la fois pénible et dangereuse. Il leur fallait, d'un côté, refaire en partie leur éducation pédagogique ; de l'autre, braver des inimitiés puissantes et tenaces. L'enseignement des sciences théoriques et appliquées nécessitait un nouvel apprentissage. L'instruction morale et l'instruction civique devaient leur créer de graves difficultés religieuses et politiques. Lutte au dedans, lutte au dehors.

Comment les a-t-on soutenus ? Dans les querelles parfois si violentes suscitées par leurs ennemis naturels, après un simulacre de résistance, on les a presque complètement abandonnés. Bien plus, on leur a prêché d'être pacifiques avant tout, jusqu'à l'abstention. « Ne vous, ne nous faites pas d'affaires, » est le cri général de tout ce qui inspecte, dirige, peut faire le bien ou le mal. Par voie indirecte, le prêtre est ainsi redevenu maître de l'enseignement moral, contre lequel il tonnera, si on ne le donne pas à son gré ; l'instruction civique, qu'il voit toujours de mauvais œil, il faudra s'en tirer de manière à éviter ses colères et ses prédications menaçantes.

Mais, si l'on n'a pas su encourager politiquement les instituteurs dans leur patriotique élan de 1882, l'a-t-on fait financièrement du moins ? On a rendu leur situation plus difficile, on a augmenté leur travail et grandi leur responsabilité. A-t-on du moins simultanément accru leurs ressources ?

Hélas ! la réponse est bien connue de tous. A l'heure où j'écris ces lignes, 54,000 instituteurs et institutrices, sur 90,000, ont moins de *mille* francs de traitement ; en outre, 21,000 ont moins de 1,300 francs. Rien n'est changé dans leur situation depuis de longues années. Je me trompe ; la loi sur la gratuité a rendu la plupart des avancements illusoires, ce qui ne permet plus de récompenser mérites et services. Et la Chambre a repoussé la loi qui devait remédier à ces misères.

Comment s'étonner que, dans ces conditions, beaucoup d'instituteurs ne fassent pas tous les efforts nécessaires pour que la loi de 1882 produise ses effets ? C'est trop demander au dévouement professionnel. Si l'on veut que les réformes votées ou décrétées deviennent des réalités vivantes, il faut de toute nécessité soutenir énergiquement les instituteurs dans la lutte où la loi les engage, et les tirer d'une situation précaire et misérable.

(8 *octobre* 1884.)

LA SUPPRESSION DES BACCALAURÉATS

La Chambre des députés vient d'inscrire en tête de son ordre du jour une proposition de mon honorable et très honoré collègue M. Marcou, « ayant pour objet d'exiger des candidats aux baccalauréats des certificats d'études universitaires. »

Cette proposition est le retour à un état de choses disparu depuis trente-cinq ans, au régime du monopole de l'Université.

La loi de 1850, qui l'a aboli, est l'œuvre de nos ennemis politiques. Elle a été faite en vue de substituer au monopole de l'État, en matière d'enseignement, le monopole de l'Église. Mais elle a dû dissimuler ses visées derrière un principe dont j'ai toujours pour ma part proclamé l'évidence : la liberté d'enseignement.

Que l'application de ce principe dût être chose dangereuse dans un pays où l'ennemie née de la Liberté devait être presque seule à en profiter, cela paraissait bien évident dès 1850, et l'événement s'est chargé de justifier les pronostics fâcheux des républicains qui ont combattu la loi.

C'est à son abri, en effet, que se sont ouverts les collèges de jésuites, les établissements cléricaux où les fils de cette bourgeoisie française qui a fait 1789 et 1830 apprennent à maudire les actes de leurs pères. C'est là que se sont formées des générations hostiles à l'esprit de la Révolution française et prêtes à sacrifier à l'Église, le jour où elles ressaisiraient le pouvoir, les libertés dont la conquête a tant coûté à la France.

Le mal étant la conséquence de la loi de 1850,

M. Marcou espère supprimer l'effet en supprimant la cause.

Il est vrai qu'il ne demande pas que les établissements privés ne puissent, comme jadis, s'ouvrir et fonctionner qu'avec l'autorisation de l'Université. Il se contente d'exiger des candidats aux baccalauréats la preuve qu'ils sont élèves de lycées ou collèges de l'État, ou qu'ils sortent d'institutions désignées par l'administration.

Si les baccalauréats ne servaient qu'à ouvrir la porte des écoles supérieures où se forment des fonctionnaires publics, de celles surtout d'où sortent les officiers de notre armée, je n'aurais rien à objecter. J'admets parfaitement, pour ma part, que la Nation refuse le commandement militaire aux élèves d'hommes qui font passer les intérêts d'une religion avant ceux de la Patrie, et pour qui Rome prime la France. Un « certificat d'études universitaires » serait exigé des candidats à Polytechnique et à Saint-Cyr, que je n'y trouverais rien à redire.

Mais les baccalauréats sont la patte blanche qu'il faut montrer aux Facultés pour pouvoir être médecin ou avocat. Il me semble excessif de refuser l'instruction professionnelle à des jeunes gens auxquels vous ne pouvez reprocher que de ne pas avoir fait leurs études dans les établissements de l'État.

Je sais bien que le vote de la proposition Marcou porterait un coup terrible aux institutions que l'Université refuserait d'agréer sur sa liste. Et cette considération déterminera sans doute un certain nombre de mes collègues à la voter. Mais j'aimerais bien mieux à leur place, décider franchement et ouvertement le retour au monopole universitaire, que de tenter d'y arriver par nn moyen détourné. Il y aurait une certaine grandeur à venir déclarer que l'épreuve de la liberté a été nuisible à ce pays, qu'elle a mis la paix publique en péril, et que décidément l'État seul a qualité pour donner l'enseignement.

Mon excellent collègue avait été, à mon sens, beaucoup mieux inspiré le jour où il a demandé que les professeurs des collèges privés fussent munis de diplômes. J'avais fait de sa proposition un projet de loi gouvernemental, en étendant son application aux petits séminaires. Et, pour le dire en passant, ce projet, voté par la Chambre, dort depuis longtemps dans les cartons du Sénat.

〰〰〰

Il est hors de doute que, la question politique mise à part, la loi de 1850 a eu pour conséquence un abaissement très affligeant des études secondaires. Tout le monde est d'accord sur ce point.

Les partisans de la liberté avaient beaucoup vanté par avance les résultats de la concurrence qui ne pouvait manquer, selon eux, de s'établir entre les établissements privés et ceux de l'État. Enfin, l'antique uniformité universitaire allait faire place à la variété. Méthodes, matières d'enseignement, tout devait être renouvelé.

Mais ces espérances n'ont point été réalisées. Les collèges privés ont copié servilement les collèges publics. Ceux qui ont voulu montrer quelque originalité ont dû bien vite rentrer dans le sillon universitaire.

C'est qu'on avait compté sans les baccalauréats. Ces terribles examens, demeurés la seule preuve que l'État ait admise d'une bonne instruction secondaire, sont devenus le point de mire unique vers lequel se sont obstinément orientés les élèves, puis les parents et enfin les professeurs. Tout leur a été sacrifié.

La liberté d'enseignement n'a plus été qu'un vain mot. On avait bien le choix des routes à suivre pour arriver aux fourches caudines des baccalauréats, mais il fallait y passer, et la route tracée par l'Université était encore la meilleure.

Dans les établissements de l'État, les élèves, que ne retenait plus la nécessité d'accomplir le cycle total des études pour obtenir le certificat, n'ont plus eu comme préoccupation dominante que l'acquisition du bagage nécessaire pour affronter le plus tôt possible l'examen.

Et alors on a cessé d'apprendre, pour avoir plus tôt l'air de savoir.

D'ailleurs, l'institution elle-même des baccalauréats est mauvaise, et le retour au certificat d'études ne la rendrait pas meilleure.

Il existe aujourd'hui trois baccalauréats. C'est-à-dire que les 150,000 enfants qui peuplent les collèges privés ou publics sont coulés dans trois moules. L'enseignement consiste à multiplier les effigies de trois types : le bachelier ès lettres, le bachelier ès sciences, le bachelier d'enseignement spécial. Qui oserait soutenir qu'on peut ainsi donner satisfaction aux besoins d'une grande nation ?

Je crois inutile d'insister davantage sur ces considérations; elles rencontrent si je ne me fais illu-
sion, un assentiment à peu près unanime, au dehors
comme au dedans de l'Université.

J'ai donc pensé à profiter de la discussion sur la
proposition Marcou pour demander la suppression
des baccalauréats. Loin de restreindre la liberté de
l'enseignement, je lui accorde son plein développement, sa sanction. C'est là l'objet de l'article 1ᵉʳ
du contre-projet que j'ai soumis à la Chambre.

Mais il est parfaitement légitime — et j'ajoute qu'il
est absolument nécessaire — que l'État décerne aux
élèves de ses établissements des témoignages de satisfaction qui puissent leur servir de preuve qu'ils
ont profité de l'instruction reçue. Tout chef d'établissement en peut, du reste, faire autant.

Ces *satisfecit*, je les appelle du vieux nom de « certificats d'études. » Mais ce ne seront pas des certificats en bloc, constatant d'une manière vague l'instruction générale de l'élève. Tout au contraire, ils
seront spéciaux à chacune des branches de l'enseignement et feront preuve d'une connaissance suffisante de chacune d'elles.

Ainsi, tel élève pourra recevoir des certificats d'é-
tudes en langues anciennes, en histoire, en sciences
naturelles; tel autre en littérature française, en
philosophie, en mathématiques. Et ainsi de suite. Il
en sera d'eux comme des mentions jadis inscrites sur
les brevets supérieurs de l'enseignement primaire.

Ces certificats seront décernés à la suite d'exa-

mens subis à la fin des études, et auxquels ne pourront concourir que les élèves qui auront passé les
trois dernières années dans les collèges et lycées de
l'État. Le jury sera composé de personnes étrangères à l'établissement d'enseignement secondaire. Il
devra être tenu grand compte, le texte même de l'article 2 de mon contre-projet l'exige, des notes et récompenses obtenues pendant ces trois années. Le
hasard et la mauvaise chance sont donc réduits au
minimum.

La suppression des baccalauréats a pour conséquence nécessaire l'institution d'examens probatoi-
res à l'entrée des établissements d'enseignement supérieur et des administrations de l'État.

Les facultés doivent, en effet, exiger que les élèves
qui s'inscrivent pour leurs cours soient capables d'en
profiter.

Les baccalauréats leur donnaient cette certitude;
il faut bien les remplacer. Ainsi, pour prendre un
exemple, la faculté de droit fera subir à ses futurs
élèves un examen constatant, je suppose, qu'ils sont
instruits en latin, en histoire, en littérature française.

Ici, les certificats d'études joueront un rôle important. Les examens sont nécessaires pour s'assurer
de la capacité d'élèves que l'État ne connaît pas.
Mais à quoi bon les faire subir à ceux qui en réalité
les ont déjà subis, et dans de bien meilleures conditions, dans des établissements publics, devant un
jury d'État? Ce serait taquinerie pure. Aussi, devant

la faculté. l'élève présentera ses certificats, et il devra être dispensé de l'examen pour les parties cor-
respondantes. C'est ce qu'indique mon article 3.

. Ainsi, l'obtention des certificats d'études constitue
un avantage notable, et cela est bien juste. Mais ils
ne sont rien de moins qu'un monopole. Les élèves des
institutions privées et ceux de l'État qui n'auront
pas mérité de certificats pourront se présenter devant les facultés ; seulement, ils subiront l'examen
dans son intégrité.

~~~~~~~

Je crois que tout le monde tirerait profit de ces dispositions si elles étaient acceptées par les Chambres :
les institutions privées, qui pourraient en toute liberté modifier et leurs méthodes et les matières
qu'elles enseignent, puisqu'il suffirait que leurs élèves pussent subir les examens professionnels ; les
établissements de l'État, où une variété analogue,
sinon égale, pourrait s'introduire, et où les élèves
auraient avantage, pour profiter des certificats, à
pousser jusqu'au bout leurs études ; les élèves et les
professeurs, également débarrassés du cauchemar
de l'examen unique et n'ayant plus d'autre souci
que les uns d'enseigner, les autres d'apprendre.

J'espère que ces avantages frapperont les esprits
non prévenus.

(5 *novembre* 1884.)

LA SUPPRESSION DES BACCALAURÉATS

(Suite)

Ma proposition de loi sur la suppression des baccalauréats et l'article que j'ai consacré à en indiquer les principaux motifs m'ont attiré quantité de lettres, émanant de pères de famille, de professeurs, de candidats, voire de refusés.

Ceux-ci mis à part, je suis heureux de dire que la grande majorité de mes correspondants est très favorable à la mesure que je propose. Tous reconnaissent que la préoccupation de l'examen fatal abaisse les études et stérilise l'esprit. Que de jeunes hommes a dévorés ce sphinx à l'interrogatoire subtil et compliqué ! Car ceux qui ne répondent pas sont bien morts pour la plupart des carrières auxquelles devait les rendre aptes l'instruction secondaire.

« Vous ne pouvez vous figurer, m'écrit un profes-
» seur, le mal que nous fait cette épée de Damoclès.
» L'élève a sans cesse les yeux fixés sur elle. Il sait
» par cœur son programme. Aussitôt que nous lui
» paraissons en sortir, il cesse d'écouter et, systéma-
» tiquement, demeure étranger à tout ce que nous
» disons.
» Or, il va contre son but, parce qu'il est incapable
» d'apprécier ce dont il a besoin pour bien connaî-
» tre et comprendre les matières du programme lui-

9

» même. Nos excursions dans le domaine de la lit-
» térature générale, nos lectures d'auteurs non ins-
» crits sur la liste officielle, nos comparaisons entre
» anciens et modernes, nos études sur les rapports
» des milieux historiques avec les œuvres littéraires,
» restent pour lui lettre morte, parce qu'il sent bien
» que l'examen ne peut porter sur d'aussi délicates
» questions. Faire des versions, celles surtout — et
» ils en ont le relevé — qu'on a données au bacca-
» lauréat, c'est là tout ce qu'ils nous demandent.

» Et si nous insistons, si nous nous plaignons,
» voici que les parents viennent se plaindre à leur
» tour. Moi qui vous écris, j'ai eu cette mauvaise
» chance que plusieurs de ceux que j'appelais mes
» meilleurs élèves ont été refusés au baccalauréat.
» On m'en a fait un gros reproche, et le proviseur
» lui-même n'a pu s'empêcher de me faire observer
» que je passais — il a eu la bonté de ne pas dire
» perdais — bien du temps à des études *qui ne sont pas*
» *dans le programme.*

» Il m'a parlé, non sans une pointe d'amertume,
» des succès obtenus par l'établissement des jésuites,
» qui nous fait ici concurrence. Des parents avaient
» retiré leurs enfants pour les placer à cette école,
» *qui préparait bien mieux que nous.*

» Tous les ministres nous ont répété, avec mille
» variantes, le mot de Duruy : — Faites des hommes,
» et non des bacheliers. — Cela est très bien ; mais
» le malheur veut qu'il y a un examen pour être ba-
» chelier et qu'on n'en a pas institué un prouvant
» que l'élève, dont l'éducation représente tant d'ar-

» gent et de temps, est apte à devenir un homme.

» Ce que je vous dis, moi, professeur de lettres,
» mes collègues d'histoire, de sciences, de philoso-
» phie, vous le diraient également. Et cette maladie
» commence à prendre les élèves dès les basses clas-
» ses ! Les gamins de cinquième pensent déjà au
» baccalauréat.

» Délivrez-nous de ce cauchemar ! Rendez-nous la
» liberté des allures ; faites que nous ne soyons pas
» de plus en plus réduits au triste rôle de prépara-
» teurs d'examen, répétant chaque année les mêmes
» lieux communs, n'ayant pas le droit ou du moins
» la possibilité de donner à notre enseignement un
» caractère original, de faire des élèves incomplets,
» mais personnels, et condamnés à frapper un cer-
» tain nombre annuel de monnaies, or ou billon, à
» l'effigie du baccalauréat ! »

Tous les rédacteurs de programmes pour les baccalauréats — *quorum pars parva fui* — se sont trouvés
dans le même embarras. Deux systèmes se sont présentés devant eux, qu'ils ont alternativement suivis.

L'examen portera-t-il sur l'ensemble des matières
professées pendant tout le cours de l'enseignement
secondaire ? Interrogera-t-on l'élève, par exemple,
sur toute l'histoire générale, depuis l'Égypte et la
Chaldée jusqu'à la révolution de 1848 ?

Certains programmes ont été ainsi conçus. Et
alors, devant l'immensité de l'effort de mémoire
exigé du malheureux candidat, il a fallu se restreindre dans la pratique à des notions élémentaires, à de

sèches énumérations de faits, et accepter en toutes
matières la preuve d'une médiocrité, pour ne pas
dire d'une faiblesse, de laquelle on n'exigeait que
d'être convenablement harmonisée.

C'était l'égalité de la misère universitaire.

C'était aussi le triomphe du Manuel, du résumé
synoptique à apprendre par cœur ; et l'on en faisait
sur tout, depuis la classification des mammifères
jusqu'à celle des facultés de l'âme, jusqu'aux preuves de l'existence de Dieu. Le répétiteur, manuel
vivant ; le « colleur, » la « boîte à bachots » pros-
péraient et vivaient en joie.

On essaya alors de l'autre système. Cette fois, on
allait se mettre à l'abri des perroquets bien stylés.
On n'interrogerait plus sur toutes les matières de
l'enseignement, on se restreindrait aux deux dernières années, rhétorique et philosophie. La mémoire
ne suffirait plus, il faudrait comprendre et savoir
réellement. En ce domaine restreint, l'examinateur
aurait le droit d'être exigeant.

Fort bien ; mais qu'est-il arrivé ? C'est que l'élève
chassait avec soin de son esprit, quand il en avait
été quelque peu hanté, tout ce qu'on avait essayé de
lui apprendre dans les classes antérieures à la rhétorique. En histoire, par exemple, le résultat était
des plus curieux.

L'interrogatoire ne pouvait porter en histoire de
France que sur les temps modernes, et les candidats
étaient en droit d'ignorer tout ce qui s'était passé
auparavant.

En vain le professeur essayait, par une voie dé-
tournée, de s'éclairer sur leur instruction générale ;
leur vigilance énergique le ramenait bien vite à l'observation stricte du programme.

J'ai entendu un élève, qui venait de décrire avec
de minutieux détails la bataille de Navarin, déclarer
qu'il n'avait jamais entendu parler de celle de Lé-
pante, et prouver qu'il était dans son droit.

Aujourd'hui, où ce système prévaut, le candidat
ne peut être examiné sur la géologie, que son professeur s'est bien inutilement évertué à lui enseigner
en troisième. Mais, en revanche, il est tenu de répondre à tous les détails d'un programme de physiologie dont je ne dirai pas de mal, ayant trop travaillé
à sa rédaction, mais qui dans ma pensée n'aurait
jamais dû être un programme d'examen.

〰〰〰

Ainsi, à quelque système qu'on se rattache, le baccalauréat est absolument incapable de faire la preuve
d'une éducation bien conduite.

Bien plus, son existence nuit à cette éducation,
lui enlève toute originalité, la rétrécit en la dominant.

Enfin, et c'est peut-être là le plus grave de ses inconvénients, le baccalauréat étant devenu un but,
ce but atteint, tout semble terminé. On a tant travaillé, on s'est tant fatigué, tant ennuyé surtout,
pour y arriver, qu'on se jure bien de ne plus songer
à tout ce qu'il a fallu entasser! Combien, pour cent,
de bacheliers ès lettres relisent les *Géorgiques;* de
bacheliers ès sciences s'inquiètent de trigonomé-

trie ? Et, si nous prenons la réciproque, quelle horreur le bachelier ès sciences ne professera-t-il pas,
sa vie entière, pour la version latine ; l'ès lettres,
pour la chimie ?

Et tandis que les bacheliers témoignent ainsi de
leur mépris secret pour les causes efficientes de leur
promotion, ils en tirent en public vanité, exigeant,
non sans apparence de raison, que la société tienne
grand compte de ce diplôme si péniblement acquis.

Et la société leur obéit. La plupart des administrations publiques exigent le baccalauréat à l'entrée de la carrière. Les établissements privés suivent l'exemple, et déjà, dans le monde même où les
prétendues preuves d'instruction données par les
bacheliers sont le plus inutiles, dans l'industrie, l'a-
griculture, le commerce, on regarde comme inférieurs ceux qui ne présentent pas le parchemin.

Ainsi, de plus en plus, tous ceux qui aspirent, et
légitimement, à diriger la nation, se soumettent aux
exigences des baccalauréats. « Je sais bien, m'écrit
» un père de famille, que la plus grande partie de
» ce qu'apprend mon fils ne lui servira de rien dans
» la vie et que toute cette peine amènera peu de
» profit. Mais que voulez-vous ? Il faut être bache-
» lier; on n'arrive à rien sans cela. »

Il en résulte que, de plus en plus, tous ceux qui
ont passé par ces épreuves se ressemblent, étant des
copies plus ou moins réussies d'un type idéal : le bachelier.

On dirait d'un magasin de confection, d'une sorte

de « Belle Jardinière » intellectuelle, fournissant à tous ses clients le même « complet ». Car, malgré l'apparente diversité des opinions et des caractères, il est facile de voir que la plupart d'entre eux se meuvent dans le même cercle d'idées, raisonnent suivant les mêmes méthodes, ignorent et savent les mêmes choses. Il semble que notre race française, au génie si souple et si varié, tende vers l'uniformité.

~~~~~~~

Sans doute, il ne faut pas accuser de tout le mal le seul baccalauréat; l'enseignement secondaire, dans son ensemble, en est responsable, et je m'expliquerai prochainement là-dessus.

Mais l'institution du baccalauréat aggrave tous les inconvénients dont se plaignent tant de pères de famille. Il les rend en quelque sorte obligatoires. Il paralyse les meilleures volontés parmi les éducateurs.

Maintes circulaires ministérielles ont autorisé, parfois même prescrit des réunions de professeurs dans chaque lycée; elles doivent former une sorte de conseil de perfectionnement, dont certains avis peuvent être directement exécutoires, d'autres ayant besoin de l'approbation ministérielle.

Mais qui ne voit que cette excellente innovation ne peut donner aucun fruit tant qu'existera le baccalauréat? Son programme, c'est le: « Belle marquise, vos yeux me font mourir d'amour, » de M. Jourdain. Le maître de philosophie aura beau s'escrimer, il ne pourra rien changer à la formule du Bourgeois bachelier.

⁓⁓⁓

Mauvais pour les études, dangereux pour l'état social, en horreur aux professeurs, aux élèves, aux pères de famille, maudit de tous, des examinateurs surtout, et sans un défenseur, comment se fait-il que le baccalauréat vive encore ?

Lui-même s'est sauvé en imprégnant dans les esprits le respect des habitudes, des conventions. Il s'est glissé dans tous les règlements, il est devenu une puissance bureaucratique; et devant celle-là toutes les autres s'inclinent. Que mettre à sa place ? nous disent avec effarement des gens qui ont vu sans sourciller tomber les royautés et les empires.

Mais, rien du tout, si vous voulez ! Des examens spéciaux, à l'entrée de toutes les carrières, suffiraient peut-être. Cependant, j'ai proposé l'institution de certificats d'études. Ici, beaucoup de mes correspondants élèvent des critiques. Mais la place me manque pour les exposer et surtout pour y répondre aujourd'hui.

(12 *novembre* 1884.)

LES CERTIFICATS D'ÉTUDES

Je n'ai pas ouï dire que ma proposition de supprimer les baccalauréats ait soulevé d'objections dans la presse ni dans le monde universitaire, et mes nombreux correspondants sont d'accord pour l'approuver.

Si la commission du projet de loi Marcou l'a repoussée, ce n'est pas qu'elle attribue au baccalauréat une influence utile sur les études secondaires. Elle se place à un point de vue tout politique, et cet examen tant décrie doit devenir, selon elle, un certificat de civisme. Nul ne l'obtiendra, dit-elle, qui ne sera pas élève des collèges de l'État, et elle suppose évidemment qu'il ne sort de ces établissements que des serviteurs dévoués de la République et de la démocratie.

Mais l'institution des certificats d'études et celle des examens professionnels n'ont pas eu la bonne fortune d'un assentiment aussi unanime.

Je rappelle d'abord le texte de ma proposition :

Article 1er. — Sont supprimés les baccalauréats décernes par les facultés des lettres et des sciences.

Art. 2. — Des certificats d'études pour chacune des branches de l'enseignement pourront être décernés aux élèves qui auront suivi, pendant les trois dernières années d'études, les cours des lycées et des collèges communaux de plein exercice.

Ces certificats seront donnés en tenant compte, à la fois, des notes et des récompenses obtenues par l'élève pendant les trois années, et d'un examen subi à la fin des études devant un jury étranger à l'établissement.

Art. 3. — Ces certificats ne seront pas obligatoires pour l'inscription aux facultés de droit et de médecine ou aux licences ès sciences et ès lettres.

Des décrets détermineront les avantages qui leur seront

attribués dans les examens préparatoires à l'admission aux facultés, aux écoles de l'État, aux diverses administrations publiques.

Passons maintenant en revue les objections principales.

~~~~~~~

C'est une chose bien compliquée, ont dit quelques-uns, que ces certificats d'études. Aujourd'hui, on est bachelier ou on ne l'est pas ; cela se dit et se comprend en un mot. Mais qui s'y reconnaîtra parmi ces « certifiés » en latin, en histoire, en physique, etc. ?

J'avoue que l'ancienne étiquette est plus simple, bien que sa prétention de diviser la nation en deux catégories : l'une supérieure, les bacheliers ; l'autre inférieure, les non-bacheliers, soit particulièrement bizarre et impertinente. Mais l'intérêt de la question n'est pas là. L'important, c'est que l'élève puisse se servir de ses certificats pour les occasions où il en aura besoin. Et les principales, mais non les seules, seront : l'inscription aux facultés professionnelles, l'entrée dans les grandes écoles de l'État, l'accès aux diverses administrations publiques. Rien de plus simple alors que l'usage à en faire.

~~~~~~~

Ces certificats disent les autres, ne sont en somme qu'un baccalauréat « inférieur ». Ils seront donnés dans le collège par un jury composé de personnes étrangères au collège, et, sauf le lieu, le baccalauréat actuel n'est pas autre chose.

J'ai été un peu étonné de l'objection. En effet, ce que je propose est juste l'inverse du baccalauréat ! Actuellement, un programme venant d'en haut est imposé à l'élève ; il faut le subir et tâcher d'obtenir, en y répondant, un certificat d'universelle médiocrité plus ou moins heureusement harmonisée. Dans mon système, c'est l'élève qui fait lui-même son programme, qui désigne les matières sur lesquelles il demande à être interrogé, et à faire la preuve — à laquelle concourent ses notes de trois années — d'une instruction sérieuse.

Rien de comparable, en vérité.

~~~~~~~~

Avec votre organisation nouvelle, m'a-t-on dit encore, les « fours » à chauffer les jeunes gens auront bien plus beau jeu qu'avec l'ancienne. Et voici comme on raisonne :

L'élève est sorti du collège avec un certain nombre de certificats ; mais il lui en manque un, deux, pour pouvoir se présenter à la faculté de médecine, par exemple ; alors il ira se confier à un de ces orthopédistes experts à redresser les déviations de l'éducation première ; il passera plusieurs mois, toute affaire cessante, à piocher sa chimie ou ses mathématiques, et le « colleur » s'en donnera à cœur joie.

Je ne puis m'empêcher de répondre d'abord que tel n'est pas l'avis des « colleurs ». Dans l'accord unanime qui a accueilli la proposition de supprimer les baccalauréats, une seule note discordante s'est fait entendre ; elle est sortie de leur bouche plaintive. Loin de se réjouir du nouveau système, ils s'

lamentent, à l'excès peut-être, mais enfin ils s'en
montrent navrés. Et, l'autre jour, le chef d'une des
institutions les plus réputées en ce genre, aux mu-
railles de laquelle des centaines de bacheliers devraient suspendre des *ex voto*, comme on en voit aux
chapelles miraculeuses, s'écriait pour se consoler :
« Heureusement, ils n'oseront pas ! Le baccalauréat
rapporte tant d'argent ! »

Mais je réponds à l'argument en lui-même : il y
aurait une différence immense entre le candidat
bachelier, qui aujourd'hui s'efforce de se mettre en
tête *omnem rem scibilem*, avec le ferme propos de
« se ventiler l'esprit » aussitôt que le président du
jury aura prononcer la formule sacramentelle, et
l'élève qui sentira la nécessité d'apprendre, pour
subir un examen professionnel, une ou deux matières spéciales dont il voit qu'il aura besoin pendant
sa vie entière.

Celui-ci, d'ailleurs, a obtenu des certificats en
d'autres matières. Il sait ce que c'est que de savoir,
chose inconnue des Pics de la Mirandole de pacotille
qu'on fabrique à la grosse sur les hauteurs du quar-
tier latin. Il mettra, à étudier ce qui lui manque
et ce dont il comprend l'utilité, le sérieux et l'application qui lui ont déjà valu ses autres succès.

Le grand art du préparateur au « bachot » — et
hélas ! il n'y en a pas que dans les usines spéciales,
— c'est de surveiller son élève de manière à l'empêcher de « s'emballer ». Il faut que le pauvre garçon
sache jusqu'à un certain point, jusqu'aux limites

des exigences du programme. Au delà, c'est peine perdue, temps perdu surtout ; l'examinateur n'ira pas si loin ; sa pierre de touche ne peut apprécier, n'a le droit d'apprécier que les surfaces. A quoi bon l'or, où le doré suffit ?

Ainsi ne raisonnera pas le vrai professeur auquel se confiera l'élève qui aura à compléter ses certificats d'études. Il comprendra que celui-ci a intérêt à aller au fond des choses, à savoir véritablement, puisqu'il s'agit de nécessités professionnelles. La pénible et fâcheuse besogne à laquelle sont condamnés aujourd'hui tant de jeunes professeurs intelligents deviendra œuvre agréable et utile.

~~~~~~ .

Soit, me dit-on. Vous supprimez le baccalauréat pour les élèves de l'État qui ont obtenu leurs certificats au complet. Mais pour les autres, et pour les élèves de l'enseignement privé, vous le rétablissez tout entier.

Que sont, en effet, ces examens préparatoires à l'inscription aux facultés professionnelles ? N'est-ce pas tout simplement, à la faculté de droit, le baccalauréat ès lettres ; à la faculté de médecine, le baccalauréat ès sciences ?

Pas le moins du monde. Je proteste. Ces examens seront professionnels, en ce sens qu'ils ne porteront que sur des matières dont la connaissance est nécessaire à la profession enseignée dans la faculté.

Prenons comme exemple la faculté de médecine. On n'y entre aujourd'hui que muni du baccalauréat ès lettres et du baccalauréat ès sciences « restreint »,

— ainsi nommé, par parenthèse, parce qu'il com
prend des matières sur lesquelles on n'interroge pas
au baccalauréat ès sciences « complet ».

Mais croyez-vous que jamais on exigerait, dans
l'examen préparatoire, l'ensemble encyclopédique
que représentent ces deux baccalauréats ? Se trou-
verait-il un ministre pour rédiger un programme de-
mandant au futur médecin ou au futur pharmacien
de savoir le latin et de connaître les guerres du Pé-
loponèse ? C'est quand la question est ainsi posée
qu'on aperçoit l'énormité — et l'inanité — des prétentions actuelles. Certes, la connaissance du latin
suppose des études qui pourront, au cours de la vie
du médecin, lui procurer mille satisfactions et lui
donner, aux yeux du monde, un certain brillant ;
mais elle est de pur luxe, car on n'écrit plus en
latin, et il est aussi inutile de lire Celse (si toutefois
un docteur sur cent l'a lu) dans le texte latin qu'Hip-
pocrate dans le texte grec, ce à quoi bien peu
prétendent.

Ce qu'on a le droit d'exiger de l'étudiant en médecine, c'est qu'il soit capable de suivre les cours,
de profiter de l'enseignement. Pour tout le reste, on
peut souhaiter qu'il l'ait, on ne peut le lui imposer.

Ainsi, l'examen d'entrée serait bien loin de repré-
senter un baccalauréat.

~~~~~~~~

La véritable objection, je m'étonne qu'on ne me l'ait
point faite : c'est que cette réforme dans le procédé
de constatation de la valeur des études secondaires

entraîne nécessairement une réforme profonde dans l'organisation de ces études elles-mêmes.

Mais, cette réforme, on y est aujourd'hui acculé. Le système actuel ne peut pas durer plus longtemps sans constituer un véritable danger public. Les tentatives timides de 1879 se sont montrées insuffisantes pour donner satisfaction aux besoins d'une nation démocratique. Mal appliquées du reste presque partout, sans confiance ni de l'administration ni des professeurs. Leur échec a occasionné, chose curieuse, un mouvement de recul ; l'esprit de réaction paraît l'emporter dans les conseils de l'Université. Les hommes avisés s'en effrayent, non sans raison, et maints systèmes sont proposés par eux pour remédier à une situation intenable.

L'adoption de ma proposition pourrait accélérer le mouvement, elle ne le créerait pas.

(19 *novembre* 1884.)

LE MONOPOLE
DE L'ÉCOLE POLYTECHNIQUE

Il est très probable que les conditions défavorables dans lesquelles va s'ouvrir la discussion du budget ne me laisseront pas le temps de combattre devant la Chambre les monopoles attribués aux élèves de l'École polytechnique pour le recrutement de

divers services publics, et d'indiquer les remèdes à
apporter une situation qui n'a que trop duré.

Je veux du moins faire juge le public de mon sentiment à ce sujet, persuadé que toute discussion ne
peut qu'être favorable à la thèse que je soutiens.
Aucun monopole, comme aucune idole, ne peut supporter l'examen au grand jour.

⸺⸺⸺

Lorsqu'on parle à des étrangers des conditions
dans lesquelles se recrutent, par exemple, nos ingénieurs des mines et des ponts et chaussées, on est
généralement accueilli par des marques d'incrédulité.

Comment? Ces fonctions qui demandent tant de
science et d'expérience, où pratique et théorie doivent, sous peine de coûteux mécomptes, se faire un
juste équilibre, ne peuvent être exercées que par de
tout jeunes hommes qui à vingt ans, non plus tard,
auront fait preuve d'une certaine somme de connaissances purement dogmatiques?

Quoi! l'homme le mieux doué, le plus apte à rendre dans ces professions le plus de services à son
pays, sera fatalement rejeté parce qu'à vingt ans il
aura échoué au concours d'entrée à l'École polytechnique, parce qu'à vingt-deux ans une indisposition
lui aura fait perdre deux ou trois rangs dans le concours de sortie?

Comment! l'État se prive, de gaieté de cœur, des
services de tant d'hommes chez qui la vocation s'est
déclarée un peu tard, ou, pour parler plus exactement, qui n'ont pas, dès l'âge de quinze ou seize ans

consacré tout leur temps et tous leurs efforts à la
préparation du concours de l'École polytechnique ?
Car les difficultés engendrées par le nombre des candidats, par l'habileté des « colleurs », par la répéti-
tion des interrogatoires, sont devenues telles que
cette préparation est aujourd'hui une gymnastique
qui frise l'acrobatisme intellectuel. Les temps ne
sont plus où un homme de génie, un Arago ou un
Poisson, pouvaient, par leurs études personnelles et
solitaires, se mettre à eux seuls en état de lutter
et de triompher.

Et cela dans une démocratie, alors que quantité
de jeunes esprits, tardivement éveillés pendant les
dernières années de l'école primaire, ne pourront
pas, quelque diligence et quelque énergie qu'ils y
mettent, arriver en ligne pour un concours, à l'entrée
duquel, par surcroît, on exige le baccalauréat !

Je le répète, quand on dit tout cela à des étrangers, ils refusent de vous croire. Et je me souviens
d'avoir eu, à ce propos, dans le pays de Watt et de
Stephenson, — qui n'auraient pas pu, chez nous,
être ingénieurs, — à Aberdeen, une scène très vive
et très curieuse.

〰〰〰

Je voudrais demander aux ministres compétents,
pour les services des mines, des ponts et chaussées,
des manufactures de l'État, des poudres et salpêtres,
etc., de mettre fin à cet injustifiable monopole. Et
voici comment je comprendrais la réforme :

Prenons comme exemple le plus important de ces
services au point de vue du nombre des employés,

celui des ponts et chaussées. Actuellement, ne peuvent être nommés élèves de l'École des ponts et chaussées que des jeunes gens sortis dans les premiers rangs de l'École polytechnique. Je ne parle pas, bien entendu, des élèves externes, qui sont, suivant les termes du programme, destinés à « l'industrie privée » ; je parle des futurs ingénieurs.

On a voulu ainsi recruter ceux-ci dans l'élite d'une élite. On s'est dit : les jeunes gens qui se préparent à l'École polytechnique sont l'étite de la nation ; ceux qui sont reçus sont l'élite de cette élite ; ceux qui sortent dans les premiers sont une élite à la troisième puissance. C'est un raisonnement qui n'est pas sans analogie avec celui de Cyrano de Bergerac, disant : « la France est le plus beau pays du monde, Paris la plus belle ville de France, la rue Saint-Honoré la plus belle rue de Paris, mon hôtel le plus beau de la rue, ma chambre la plus belle de l'hôtel, moi le plus bel homme de ma chambre... donc, je suis le plus bel homme du monde. »

Je crois, tout au contraire, qu'il y a parmi les jeunes gens qui ne pensent pas à temps à l'École polytechnique, voire parmi ceux qui y échouent, des intelligences qu'il est imprudent de dédaigner ; je crois que le 41ᵉ au classement de sortie n'est pas séparé par un abîme du 40ᵉ, bien qu'il puisse arriver que celui-ci seul soit admissible dans les services civils.

Aussi, à ce jeu du hasard, je propose de substituer l'organisation suivante :

L'entrée à l'École des ponts a lieu par voie de concours ; la limite d'âge est fixée à vingt-six ans.

Pourront prendre part au concours : 1° les élèves sortis de l'École normale supérieure, de l'École polytechnique, de l'École centrale, dans un rang à déterminer par décret ; 2° les jeunes gens munis des deux diplômes de licencié ès sciences mathématiques et de licencié ès sciences physiques.

Le recul de la limite d'âge permettrait de réserver accueil aux vocations tardives, et de réparer les injustices des classements aux concours précédents. L'exigence de preuves d'une solide éducation antérieure a pour but de restreindre l'influence du hasard dans l'épreuve d'admission à l'école. Le concours aurait ici réellement lieu entre candidats d'élite.

Ma proposition diffère notablement de celles sur lesquelles M. Ménard-Dorian vient de déposer un rapport. Celles-ci ne s'occupent que des conducteurs des ponts et chaussées, et elles ont pour but de leur permettre d'arriver au grade d'ingénieur.

Pour le dire en passant, les dispositions adoptées par la commission sont moins favorables à la masse des conducteurs que celles de la loi de 1850, encore actuellement en vigueur. En effet, elles ne leur réservent qu'un douzième des places, et ils ne pourront les obtenir qu'à l'âge de cinquante-sept ans, c'est-à-dire trois ans avant leur mise à la retraite.

Nous avons cependant un point de contact : d'après la proposition de la commission, certains conducteurs, âgés de vingt-huit à trente-cinq ans, pourront être admises au concours de l'École des ponts et chaussées. Ces conducteurs seront eux-mêmes une élite, formée de jeunes gens déjà munis de grades et de diplômes, sortant de grandes écoles scientifiques.

Il y a là une question secondaire à étudier de plus près. L'important, c'est d'être d'accord pour enlever aux élèves de l'École polytechnique un monopole qui les amène fatalement à une sorte de canonicat. Et cela non seulement dans le service des ponts et chaussées, mais dans les autres : mines, salpêtres, tabacs, postes, etc.

Quelles conséquences en résulteraient pour le bon service de l'État et le développement intellectuel de la nation, c'est ce qu'il serait trop long d'étudier à la fin de cet article,

(3 *décembre* 1884.)

LE MONOPOLE
DE L'ÉCOLE POLYTECHNIQUE
(*Suite*)

Vous vous êtes trompé complètement dans votre dernier article, m'écrit un correspondant anonyme et fort peu bienveillant. Il n'y a pas de « monopole de l'École polytechnique » dans les ponts et chaussées ; une loi de 1850 assure aux conducteurs une part considérable, le sixième, des places d'ingénieur vacantes chaque année.

Oh ! je la connais bien cette loi, votée sur la proposition de M. Latrade et du colonel Charras ! Elle est excellente d'intention. « A l'avenir, dit son article 1er, le corps des ingénieurs se recrutera en partie parmi les conducteurs embrigadés. » « Un sixième des places sera réservé », dit l'article 3 ; mais à qui ? A ceux, répond l'article 2, qui auront subi un concours et des examens publics.

C'est fort bien, — en théorie. Mais en pratique, qu'est-il arrivé ? C'est que les conditions du concours ont été établies sur de telles bases que les conducteurs n'ont pas osé les affronter. Comme conséquence, de 1850 à 1880, en trente ans, douze conducteurs seulement, — je dis bien *douze*, — ont été admis au grade d'ingénieur. Six cents nominations avaient eu lieu pendant ce temps ; donc les conducteurs auraient pu en obtenir cent, si les intentions du législateur de 1850 avaient été respectées.

~~~~~~~

Mon honorable collègue M. Cantagrel a démontré de la manière la plus saisissante que ce résultat est dû au mauvais vouloir du corps des ponts et chaussées.

Il a donné la liste, longue et instructive, quoique nécessairement très incomplète, des conducteurs qui, sortis de l'administration pour des causes diverses, se sont fait un nom dans la science de l'ingénieur et ont occupé de hautes situations, soit dans les établissements privés, soit à l'étranger. Brunnel, si célèbre en Angleterre ; Bourdaloue, précurseur du percement de l'isthme de Suez, étaient des con-

ducteurs. M. Tollet, l'inventeur du système nouveau
et si apprécié de construction des hôpitaux, lycées
et casernes, conducteur ; conducteurs, tant d'employés supérieurs de nos chemins de fer, ayant rang
et titre d'ingénieur, de directeur, de chef de service ;
conducteur, M. Nordling, directeur général des chemins de fer de l'empire d'Autriche, etc., etc.

Comment se fait-il que ces hommes éminents
n'aient pu conquérir des positions de cette importance qu'à la condition de quitter le corps des ponts
et chaussées ! Ici, nul salut : conducteurs à perpé-
tuité, fatalement inférieurs à quiconque est sorti, en
rang voulu, de l'École polytechnique ; autre espèce
d'hommes voués à l'obéissance. Là, avancement rapide, domination même sur l'espèce supérieure, —
comme M. Tollet, qui fut en 1871 désigné pour com-
mander le corps du génie de l'armée de l'Est, où se
trouvaient des ingénieurs et des officiers sortis de
l'École polytechnique.

La réponse est si évidente, qu'il semble inutile de
la formuler.

Les conséquences du monopole sont connues de
tout le monde. La pire de toutes, peut-être, a été la
constitution d'un esprit de corps vraiment redoutable, avec ses deux aspects, la bienveillance exagérée
pour quiconque fait partie de la corporation, et la
hauteur dédaigneuse vis-à-vis du reste du monde.

Nul n'aura de savoir, hors nos chers camarades.

Combien de fois les populations et les corps élus se
sont-ils plaints de cette souveraine indifférence pour

les observations des « pékins ». On s'en est vengé par des « mots ». On a parlé de « congrégation laïque », d'infaillibilité, et un homme d'esprit a pu dire : « La France est un pays conquis par l'École polytechnique. »

L'esprit de corps engendre l'irresponsabilité. Elle est à peu près complète dans le corps des ponts et chaussées, comme dans celui des mines, et ses consé-. quences se font fâcheusement sentir sur la fortune publique. Je n'aurai pas l'impertinence de dire avec mon compatriote M. Raudot, qu' « il n'y a pas un seul ingénieur dont l'apprentissage n'ait coûté à l'État ou aux départements des centaines de mille francs ». M. de Janzé disait plaisamment en 1867 : « Si l'on faisait passer des examens pratiques à tous les ingénieurs, il est certain qu'ils ne seraient pas tous reçus conducteurs. C'est aux frais des contribuables que ceux qui passeraient l'examen auraient acquis l'expérience nécessaire. On n'en est plus à compter les fautes lourdes, les erreurs énormes qui ont, dans tant de circonstances, renversé toutes les prévisions budgétaires d'une entreprise. A-t-on jamais vu un ingénieur rendu responsable, sinon dans sa fortune, au moins dans sa position ? »

L'habitude du commandement infaillible a, du reste, d'étranges retours. Si l'inspecteur général consent à couvrir les bévues d'un débutant inexpérimenté, il pardonne parfois moins facilement les marques d'une originalité personnelle et créatrice. Si celle-ci n'est pas soufferte d'un simple conducteur, elle est malaisément admise d'un simple ingénieur.

« Jamais, dit un proverbe arabe, **le cheval** d'un caïd
n'a battu celui d'un agha. » On **pourrait raco**nter de
curieuses histoires sur la peine **qu'ont eue de** jeunes
ingénieurs de grand mérite à faire **accepter par** les
grands chefs des idées que ceux-ci n'avaient **point**
eues.

~~~~~~

Ce que je viens d'écrire est bien connu de tout **le**
monde. Tout cela a été dit, écrit cent fois, avec preuves à l'appui, et souvent dans des termes bien **plus**
énergiques.

Mais le monopole que je combats à mon tour **a,**
sur l'éducation publique, un retentissement des plus
fâcheux, et c'est là une conséquence qui a été moins
généralement aperçue.

Je comparais fort irrévérencieusement, l'autre
jour, l'Université à une sorte de « Belle Jardinière »
intellectuelle, forçant tous ses clients à revêtir l'un
de ces trois « complets » : baccalauréats ès lettres, ès
sciences, spécial. Il faut en ajouter un quatrième : le
programme de l'École polytechnique.

En effet, dès l'âge du quinze ou seize ans, les élèves qui aspirent au titre de « pipo » sont soumis à
un entraînement spécial des plus serrés, des plus
pénibles et, ce qui est le plus grave, bien exactement le même pour tous. Le moindre écart de discipline, la moindre velléité d'indépendance sont soigneusement réprimés ; et cela s'explique, tant le
programme est chargé, tant l'imagination des examinateurs est fertile en difficultés renaissantes. L'important est moins de former un esprit véritablement

scientifique que de préparer au classement favorable dont dépendra l'avenir. Ainsi, les sciences naturelles et des régions tout entières des sciences physiques ne font point partie du programme. Or, j'ai toujours été étonné et attristé du manque de curiosité des « taupins » pour ce qui ne devrait rester indifférent à aucun esprit scientifique.

Les élèves que leur vocation ou, ce qui devient de plus en plus fréquent, que la profession de leurs parents n'a pas fait entrer dans cette filière avant dix-sept ou dix-huit ans, restent à peu près étrangers à toute culture scientifique. Les « taupins » eux-mêmes que la fortune n'a point élevés au rang souhaité, abandonnent presque tous des études mathématiques et physiques qui « ne mènent à rien ». Il y a là une énorme déperdition de forces intellectuelles.

Supposez que la réforme que j'ai formulée dans mon dernier article ait force de loi. Supposez que puissent concourir, jusqu'à vingt-six ans, pour les fonctions d'ingénieur des divers services civils, ceux qui ont obtenu les deux licences ès sciences mathématiques et ès sciences physiques, et voyez quelle transformation dans l'enseignement public.

L'élève chez qui le goût des sciences exactes et de leurs applications ne se sera éveillé que tard, ou qui n'aura été mis que tard en situation de le satisfaire, ne renoncera pas à sa vocation véritable parce qu'il aura dix-neuf ans ? Dix-neuf ans, âge fatal, qui fait frémir de terreur l'apprenti polytechnicien. Non ; il se mettra résolument au travail. Il viendra, sur les

bancs de nos facultés des sciences, acquérir une
instruction solide et variée, et, devant le concours
de l'école des ponts, il tâtera les côtes du camarade
plus heureux qui aura bénéficié de l'enseignement
admirablement organisé à l'École polytechnique.

Un grand mouvement d'études scientifiques s'opé-
rera par suite dans la jeunesse de dix-huit à vingt-
cinq ans, et cela au bénéfice incontestable de la vigueur intellectuelle de la nation.

~~~~~~~

Si le corps, jusqu'ici fermé, des ingénieurs des
ponts et chaussées, que j'ai pris comme exemple,
et si les autres corps constitués comme lui s'ou-
vraient à toutes ces recrues nouvelles, quels avantages pour la variété des œuvres et l'émulation des
esprits !

Anciens conducteurs, licenciés des quinze facultés
des sciences, élèves de l'École normale supérieure
qui auraient préféré les applications des sciences à
la théorie pure, tous ces éléments divers et nécessairement rivaux s'exciteraient, s'entr'aideraient, se
compléteraient.

Plus d'infaillibilité, plus d'infatuation, plus de
congrégation laïque. Il ne resterait de l'esprit de
corps que ce qui est légitime et utile en lui, le respect de la fonction, la dignité professionnelle. Plus
de routine, car l'esprit créateur aurait été respecté
et se développerait même par le contact, le choc de
tant d'intelligences également, mais différemment
préparées.

Et tant d'avantages en faisant œuvre de justice, en

supprimant un monopole! En vérité, c'est trop beau.

(10 *décembre* 1884.)

LA PROTECTION

ET L'INSTRUCTION PUBLIQUE

L'un des arguments les plus puissants que les libre-échangistes opposent aux réclamations protectionnistes des agriculteurs et des industriels est une accusation sévère. « Vous portez, leur dit-on, la peine de votre inertie et de votre ignorance ; vous n'avez pas su tirer parti des découvertes de la science ; vous n'avez pas même su imiter, copier, les progrès qu'ont faits vos concurrents étrangers ; si ceux-ci vous écrasent jusque sur votre marché naturel, ne vous en prenez qu'à vous-mêmes ; un tarif protecteur ne serait autre chose qu'une prime d'assurance contre les effets de votre propre incurie, prime que vous payerait la nation. »

L'argument est malheureusement très fort, si fort qu'on l'emploie en toute occasion, sans voir que sa généralisation même en combat les conséquences. Car si tous nos industriels et tous nos agriculteurs sont ainsi coupables, l'impôt protecteur s'universalisant, l'assurance serait payée par la Nation à la Nation elle-même tout entière.

Mais laissons ce paradoxe et allons au fond des choses.

Cette ignorance, ce retard des producteurs français sur leurs rivaux est malheureusement un fait constaté par les enquêtes les plus variées.

Insuffisance d'outillage, dédain ou ignorance des nouvelles méthodes, résistance générale aux innovations, alors même qu'elles ont fait ailleurs leurs preuves : ces reproches se retrouvent partout et souvent même ne sont que des aveux.

D'ailleurs, l'histoire est là pour montrer que, si la plupart des grandes inventions modernes sont dues à des Français, elle n'ont pu cependant prendre droit de cité en France qu'après un stage à l'étranger. Nous créons, nous n'appliquons pas. Le capitaliste, l'usinier, le grand agriculteur se refusent à des tentatives coûteuses et hasardées sans doute, mais derrière lesquelles peut se trouver la fortune.

Pourquoi cette hardiesse dans l'idée et cette timidité dans le fait? Est-ce un caractère de race, et serions-nous fatalement condamnés à donner au monde ce triste spectacle d'un peuple inventeur qui se refuse à reconnaître ce qu'il a créé — comme un père reniant son enfant — et qui se refuse également à adopter les créations des autres ?

Ce serait bien grave, car en toutes choses, dans les arts de la paix comme dans ceux de la guerre, la puissance de l'initiative individuelle, invention ou courage, le cède de plus en plus à celle de l'organisation et de l'outillage.

Mais je ne crois pas que nous soyons ainsi condamnés. Je crois, tout au contraire, que le mal incontestable dont nous souffrons tient non à notre
race, mais à notre éducation, et j'en fais hardiment
remonter la responsabilité à tout notre système
d'enseignement.

Prenons l'ouvrier d'abord, l'ouvrier des ateliers
comme celui des champs. Certes son ignorance est
un des gros facteurs de notre infériorité productrice,
d'autant plus que l'ouvrier des champs est très souvent à la fois ouvrier et patron, c'est-à-dire proprié-
taire.

Mais cette ignorance, avec sa compagne la routine, qui aurait le triste courage d'en faire un reproche à l'enfant du peuple ? Où aurait-il appris ce qui
lui fait défaut ? A l'école ? Mais d'abord, l'école lui a
souvent manqué. Et les privilégiés qui pouvaient en
profiter, qu'y ont-ils appris ? A lire et à écrire, ce
qui est à la connaissance ce que la fourchette et le
couteau sont à la nourriture. Mais l'aliment, quel
était-il, quel est-il encore ?

Jusqu'à la loi de 1882, le catéchisme et l'histoire
sainte occupaient, surtout à la campagne, le meilleur
temps des classes. Quelque peu de calcul et de grammaire, avec de vagues notions de géographie et
d'histoire de France, complétaient le bagage des
meilleurs élèves. Dans un petit nombre d'écoles privilégiées, l'instituteur donnait à ses enfants quelques
notions d'agriculture, toutes théoriques et doctrina-
les, partant sans efficacité réelle. Et, dans cette tâche
supplémentaire, il était très souvent mal vu par ses

chefs, qui avaient en bien plus haute estime l'analyse
grammaticale, et toujours combattu par celui qu'un
secret instinct avertissait des dangers de l'esprit
scientifique. Çà et là, dans les grandes villes, quelques écoles professionnelles ou d'apprentissage pré-
paraient réellement l'ouvrier.

Aujourd'hui, la loi donne à l'enfant plus de temps
pour l'école. L'enseignement industriel et agricole
est inscrit dans les programmes, avec les éléments
scientifiques qui lui servent de base.

Mais dans combien de temps ce mouvement portera-t-il ses fruits? Et, d'ailleurs, comment est-il
servi dans trop d'écoles? Soit ignorance, soit direction insuffisante, soit influences mauvaises, le véritable esprit de cet enseignement nouveau n'est trop
souvent ni compris ni appliqué. La métaphysique de
la grammaire a pris la place de celle du catéchisme,
les détails de l'histoire de France celle de l'histoire
des tribus d'Israël. L'école d'aujourd'hui ne forme
guère plus que celle d'autrefois des ouvriers et des
cultivateurs conscients des difficultés et amoureux
de leur métier. En revanche, elle prépare quantité
de dédaigneux du travail manuel, aspirants employés, dont les meilleurs et les plus réussis se
feront instituteurs.

Et l'enseignement secondaire? Si l'enseignement
primaire a si peu fait jusqu'ici pour préparer les
soldats de l'industrie et de l'agriculture, qu'a fait
l'enseignement secondaire pour en préparer les officiers? Ils paraissent avoir pris pour tâche et pour

but de fabriquer, l'un des instituteurs, l'autre des professeurs. Faire recevoir un élève à l'école normale, ici primaire, là supérieure, semble être la gloire suprême ; ainsi pensent du reste les chefs, de qui dépend l'avancement.

Or, nos bacheliers sont aussi ignorants des conditions dans lesquelles se livre le combat de la vie entre les hommes et entre les nations que les titulaires du certificat d'études primaires. Et, qui pis est, ils n'ont nul goût pour l'apprendre.

Coulés dans un moule qui sert à la fois à 150,000 adolescents, habitués au culte de l'uniformité, et avançant de classe en classe l'esprit tourné vers le passé, ils s'effrayent aisément de ce qui est original et nouveau. Il en est qui jettent une sorte de gourme révolutionnaire pendant quelques années ; ceux-là rentrent un peu échaudés et plus dociles que jamais sous la férule de dame Routine.

Quelle éducation pour des commerçants, pour des industriels, pour de riches agriculteurs, et comment s'étonner que l'esprit d'initiative fasse défaut aux chefs comme aux subordonnés ?

~~~~~~~

Et quelle conclusion tirer de ceci ? Elle est double :

D'abord, faire que l'enseignement public se préoccupe un peu plus des réalités et prépare des combattants plutôt que des contemplateurs, des producteurs plutôt que des consommateurs.

Ensuite, et c'est ce qui explique le titre de cet article, faire en sorte, à quelque doctrine qu'on appartienne, que les industries et l'agriculture ne sombrent pas pendant qu'on leur prépare un personnel nouveau.

(29 *octobre* 1884.)

LES MAISONS D'ÉDUCATION
DE LA LÉGION D'HONNEUR

On sait que les chevaliers et dignitaires supérieurs de la Légion d'honneur peuvent faire donner à leurs filles l'éducation aux frais de l'État dans trois maisons connues sous les désignations de Saint-Denis, Ecouen, les Loges. Elles sont sous la direction du grand-chancelier de la Légion d'honneur.

Mon honorable collègue et ami M. Audiffred a présenté la semaine dernière à la Chambre un amendement budgétaire tendant à supprimer ces trois établissements et à employer en bourses dans les lycées et collèges de filles, au profit des filles de légionnaires, la somme ainsi supprimée du budget. J'ai, dans un second amendement, demandé que l'administration de ces établissements fût transférée au ministère de l'instruction publique.

La Chambre, que l'époque très tardive à laquelle elle discute le budget rend à juste titre assez indifférente aux réformes qui ne font pas varier les chiffres à voter, a repoussé nos deux amendements. Mais leur bien fondé me paraît si évident qu'il me semble probable qu'ils l'emporteront au prochain budget.

~~~~~~~

La création d'établissements dans lesquels seraient élevées, aux frais de l'État, les filles des décorés de la Légion d'honneur, était bien en rapport avec l'idée fondamentale de cette institution nouvelle. Napoléon caressait le rêve de la création d'une noblesse moderne ; les grades de la Légion d'honneur devaient conférer des privilèges héréditaires. Il espérait que cette « aristocratie du courage, du talent, de la vertu », comme on disait alors, serait fraternellement accueillie par l'ancienne, qu'elles fusionneraient ensemble et que le nouveau Charlemagne serait ainsi entouré, servi et protégé par des leudes ayant le double prestige des services récemment rendus et des patronymies historiques.

Dans ces conditions, il fallait donner à ces jeunes filles une instruction et surtout une éducation qui les élevassent au niveau de leurs destinées. Ces futures épouses de gentilshommes ou d'officiers devaient être soigneusement préparées au rôle aristocratique qu'elles seraient appelées à remplir.

On sait que le nouveau Charlemagne n'a pas été plus heureux dans sa conception d'une noblesse moderne que le nouveau Constantin dans celle d'un clergé d'État. La Légion d'honneur est restée une distinction personnelle ; les filles des légionnaires n'ont pas été considérées comme hors de pair en raison de leur origine, et l'éducation mondaine de Saint-Denis a trop souvent donné des résultats tout

à fait contraires aux espérances du fondateur de la
Légion d'honneur.

En dehors de ce rêve, l'institution des maisons de
la Légion d'honneur avait sa raison d'être jusqu'à
ces dernières années. Malgré les abus qu'on a faits
de la décoration, il est juste de dire que les membres
de la Légion, surtout les militaires, ont rendu pour
la plupart de grands services au pays, et il est légitime qu'ils soient aidés dans leur famille comme
ils sont récompensés dans leur personne.

Aussi, l'État accorde volontiers à leurs fils des
demi-bourses et des bourses dans ses collèges et ses
lycées. Mais, pour les filles, il n'existait pas d'établissements publics jusqu'à une époque toute
récente. De là l'utilité de ces institutions ; ce sont de
véritables lycées de filles, groupés tous les trois, et
cela fort à tort, autour de Paris.

Mais la situation n'est plus la même aujourd'hui.
Des lycées, des collèges, des écoles primaires supérieures, des écoles professionnelles sont ouverts aux
jeunes filles en nombre chaque jour croissant. Ces
établissements sont disséminés sur toute la surface
de la France, et bientôt chaque département possé-
dera le sien.

Alors, à quoi bon cette centralisation de 875 jeunes
filles, venues de tous les points de la France ? Quel
avantage y peut-on bien trouver ?

Donnez à un légionnaire père de famille, officier
en activité de service ou surtout officier en retraite,
habitant Bordeaux, Montpellier, Greno ble, etc

donnez-lui à choisir entre l'un de ces deux partis à prendre : ou bien envoyer sa fille bien loin de chez lui, la perdre de vue pendant six ou sept années, sauf quelques semaines de vacances pendant lesquelles il n'aura que le temps de refaire connaissance avec elle, sans pouvoir influer sur son éducation et la formation de son esprit ; ou bien la garder près de lui, au foyer maternel, au moyen d'une bourse de famille, s'il a la bonne fortune de vivre dans une ville où soit établi un collège de l'État ; ou tout au moins ne l'envoyer qu'à quelques lieues de distance, avec communications faciles et conservation de cette influence morale dont il doit être jaloux, de ces relations fréquentes qui doivent lui être si chères. La réponse ne sera pas douteuse.

Je suis certain que si l'on consultait les légionnaires qui ont des filles à placer dans les maisons de la Légion d'honneur, et peut-être ceux-là mêmes dont les filles y sont déjà pensionnaires, la grande majorité dirait : Donnez-moi une bourse d'État et laissez-moi ma fille auprès de moi.

Je sais bien — et je m'en réjouis — que la plupart des collèges et lycées de filles n'ont pas d'internat en charge de l'État. Comment feront, m'a-t-on objecté, les légionnaires qui n'habiteront pas la ville où se trouve la maison d'éducation? Mais comme font aujourd'hui les pères de famille non légionnaires. Des pensionnats laïques existent ou se fondent ; de respectables dames rassemblent autour d'elles de petits groupes de jeunes filles qu'elles logent et nourrissent, et auxquelles elles donnent

cette part de l'éducation qu'il me paraît bien difficile
de donner au nom et sous la responsabilité de l'État;
ou encore le père de famille confie son enfant à un
parent, à un ami habitant la ville. Et tout ce monde
d'élèves va suivre à titre d'externes les cours de
l'établissement public.

Ainsi feront les filles des légionnaires. Et ce ne
sera pas un bénéfice moral et matériel à négliger
que cet afflux d'un millier de jeunes filles, bien élevées déjà, appartenant à de bonnes familles, dans
nos lycées et collèges de l'État.

~~~~~~

L'institution des maisons de la Légion d'honneur
présente, en outre de la centralisation excessive,
d'autres inconvénients.

Malgré les efforts de l'illustre grand-chancelier Fai-
dherbe, les anciennes habitudes aux trois quarts sé-
culaires, ou, pour mieux dire, les anciens abus n'ont
pas entièrement disparu. Peut-être même ne peu-
vent-ils disparaître, car ils sont le vestige de la
conception primitive.

Tout d'abord, le prix de revient est, par élève,
singulièrement élevé. Il est, tout compte fait, et pour
l'ensemble des trois établissements, de 1,259 francs.
Si je compare ce prix à celui des bourses pour le
collège d'Auxerre, par exemple, qui est de 600 francs
pour les bourses d'internat et de 400 francs pour
les bourses familiales, je trouve une différence
énorme. On pourrait, au prix des établissements de
province, augmenter d'un tiers au moins le nombre

des jeunes filles qui profitent ainsi des libéralités de l'État.

Une conséquence très fâcheuse de ce haut prix de la pension et aussi de l'uniformité nécessaire dans chaque établissement doit être ici signalée. Les nouvelles élèves ne sont plus admises quand elles ont passé l'âge de onze ans. Cela est fort bien imaginé pour diminuer le nombre des légionnaires qui demandent à placer leurs filles dans les maisons de la Légion d'honneur. C'est, en effet, le plus souvent, après cet âge que le père de famille sent la nécessité de faire donner à son enfant une instruction plus complète. Souvent aussi les jeunes filles ont plus de onze ans quand le père quitte le service actif, et c'est à ce moment que le besoin d'avoir recours à l'État se fait pour lui sentir. Mais il est trop tard. Or, une bourse lui permettrait d'obtenir ce qu'on lui refuse aujourd'hui.

Mais le plus grave défaut des maisons de la Légion d'honneur, c'est leur organisation aristocratique. A Saint-Denis, dit le règlement (art. 7), sont reçues les filles d'officiers généraux et supérieurs et de capitaines ; à Écouen, les filles de lieutenants et sous-lieutenants ; aux Loges, celles de sous-officiers et de soldats. On classe ainsi ces enfants de la manière la plus fâcheuse en trois catégories, en trois castes.

Puis, à chacune d'elles on donne une instruction différente. A Saint-Denis, la préparation au brevet supérieur ; à Écouen, le brevet simple ; aux Loges, l'enseignement professionnel. Il peut y avoir quelques exceptions, mais c'est la règle officielle. Quoi de plus étrange et de plus faux ? Et quel effet dans notre société démocratique produit ce legs du passé ?

~~~~~~~

La suppression dans le délai d'un an des trois maisons de la Légion d'honneur, comme le demandait M. Audiffred, m'a paru présenter des inconvénients. Beaucoup de parents préféreraient sans doute que les habitudes actuelles ne fussent pas aussi brusquement transformées. On a parlé à ce propos d' « orphelinat », et l'on a exagéré beaucoup la portée de cet argument ; mais enfin il y a deux cents orphelines sur huit cent soixante-quinze élèves, et il pourrait être embarrassant de savoir qu'en faire.

J'ai mieux aimé demander le transfert au ministère de l'instruction publique. En théorie, la mesure est excellente, car tout ce qui est enseignement général et sans attache professionnelle doit ressortir à ce ministère. En pratique, le ministre de l'instruction publique peut seul tenir compte de toutes les difficultés, s'entendre avec les parents pour la transformation de la pension en bourse, fusionner progressivement les trois établissements de plus en plus réduits.

En faisant ce que j'ai proposé, ou mettrait fin à des catégorisations fâcheuses, en même temps qu'on donnerait satisfaction à un bien plus grand nombre d'intérêts.

(17 *Décembre* 1884.)

QUESTIONS RELIGIEUSES

RÉCEPTION DE L'ADMINISTRATION
DES CULTES

En prenant possession du Ministère des Cultes, M. Paul Bert a adressé au personnel l'allocution suivante :

MESSIEURS,

Dans les conditions où j'arrive aux affaires, devant les attaques passionnées dont je suis l'objet, attaques où le ridicule est mêlé à l'odieux, cet entretien doit être autre chose qu'un simple échange de démonstrations de dévouement d'un côté, et de bienveillance de l'autre. Certes, mes explications sont ici nécessaires, pour vous, pour moi, pour ceux qui les liront.

On a fait grand bruit autour de mes sentiments personnels : ceux qui ignorent le plus ce qui se passe en moi sont ceux qui en ont parlé avec le plus d'insistance. Le ministre des cultes ne doit être, dans ses fonctions de ministre, ni religieux ni antireligieux. Son ministère n'est point affaire de doctrines. Si ceux qui m'attaquent avaient été inspirés par un véritable souci de la critique et non par une pensée politique, ce n'est pas mon arrivée ici qui eût pu les effrayer ; c'est mon arrivée au ministère de l'édu-

cation nationale. Quant à celui-ci, c'est simplement
— en donnant au mot « police » son acception la
plus élevée, — un ministère de police générale des
cultes. C'est à ce point de vue, non à celui des doctrines, que je me placerai.

Par « police générale des cultes » j'entends la surveillance de l'exécution des lois qui règlent les rapports des Églises avec l'État. Le manifeste du gouvernement aux Chambres a formulé cette tâche en
ces termes : « la stricte exécution des lois concordataires. »

Au commencement de ce siècle, — ce n'est pas
pour vous, messieurs, que je rappelle ces principes
élémentaires, — un contrat fut librement consenti
entre le représentant de la nation française et le
chef d'une Eglise immuable, pour qui une distance
de quatre-vingts ans n'est qu'un instant dans le passé :
c'est le Concordat. Puis annexés à ce Concordat, faisant corps avec lui et acceptés comme la condition
nécessaire du vote parlementaire, furent établis les
Articles organiques. Ces articles sont lois de l'Etat ;
à leur sujet, les représentants de l'Eglise n'élevèrent
sur l'heure que des réclamations sans énergie. Ainsi
se trouvaient stipulées les conditions d'existence de
l'Eglise catholique au sein de la société civile. A ce
prix elle échappait à un schisme — je ne dirai pas
quasi triomphant, par égard pour elle, — mais à
coup sûr redoutable.

Depuis cette époque, profitant des événements,
parfois même de nos désastres nationaux, et toujours
des faiblesses gouvernementales, l'Église a réussi

à superposer au contrat primitif, des lois, des décrets, des ordonnances qui sans cesse ont augmenté
ses privilèges, et sans cesse restreint les droits de la
société et de l'État. Bien plus, cette législation même
ainsi modifiée, le gouvernement, dans la pratique,
l'abandonnait encore.

Sous ce dernier rapport, messieurs, l'administration a récemment ramené les choses à l'état
légal et a rétabli l'exécution des lois actuelles.
Aujourd'hui, nous avons, au point de vue politique, à faire davantage : il ne s'agit plus d'une
jurisprudence à reconstituer. Il faut remonter ce
courant où s'en allaient à la dérive les droits de
l'État; il faut dépouiller le pacte concordataire de
ces additions, qui n'ont jamais été qu'au bénéfice
d'une des parties contractantes. Il s'agit enfin de
revenir au Concordat lui-même et aux Articles organiques, qui en font partie intégrante.

Ce n'est pas, messieurs, quoi qu'on en dise, que
nous ayons pour le Concordat une espèce de fétichisme : nous n'examinons pas si Bonaparte a eu ou
non raison de régler, comme il l'a fait, les relations
de l'État avec l'Église. Ici nous ne faisons ni de la
théorie ni de l'histoire : nous faisons de la politique.
Seulement nous voyons dans le Concordat la garantie la plus sûre contre les envahissements de l'Église
catholique qui marche constamment en avant. Nous
voyons dans sa stricte exécution la ressource la plus
certaine pour ajourner à son temps ce grand mouvement qui commence dans le pays et qui nous porte
vers la séparation de l'Eglise et de l'Etat, mouve-

ment qui a eu pour principale raison d'être le spectacle des faiblesses des uns et des intempérances des autres.

Nous ne projetons pas non plus la constitution d'un clergé national ; ce fut là un rêve‿de Bonaparte, rêve dont on trouve dans son œuvre bien des traces, telles que le « catéchisme napoléonien ». Nous ne voulons pas nous faire de l'Eglise un instrument de règne, et de ses ministres une espèce de gendarmerie sacrée chargée de ramener les âmes dans le giron du gouvernement. Nous ne voulons pas nous immiscer dans les relations des prêtres entre eux, en dehors de ce qui est réglé par le pacte concordataire.

Et même, s'il y a à abandonner dans la pratique quelque chose des lois concordataires, c'est ce qui touche à la discipline intérieure et aux dogmes de l'Eglise, c'est ce qui peut porter atteinte à la liberté des consciences.

Tels sont nos principes, messieurs. Dans la pratique, nous nous tiendrons à l'abri de deux excès, dont l'un est odieux et l'autre ridicule : la violence et la taquinerie. Tout ce qui s'est dit à cet égard à propos de mon nom s'évaporera : on verra que je ne suis pas un révolutionnaire brouillon, mais un homme élevé dans le culte de la science et de la loi.

Pour mener à bien ma tâche, j'ai besoin de vous. Non que je vous demande une approbation secrète pour tout ce que je pourrai faire ; je n'exige de vous que l'accomplissement des devoirs du fonctionnaire, qui n'engagent point l'intimité de la conscience. La Nation, au nom de qui, si chétif que je sois, j'ai l'honneur de parler ici, m'a donné les pouvoirs nécessaires pour faire obéir sa volonté souveraine. J'espère que je n'aurai pas besoin de m'en servir.

(24 Novembre 1881.)

LETTRE A M. CASTAGNARY

Au lendemain de la chute du Ministère Gambetta, M. Castagnary, conseiller d'État, chargé de la direction générale des cultes, ayant envoyé sa démission à M. Paul Bert, celui-ci a répondu par la lettre suivante :

Paris, le 27 janvier 1882.

Mon cher conseiller d'État,

Je vous accuse réception de la lettre par laquelle vous me demandez de vous « relever d'une mission désormais sans objet. » Je vous donne immédiatement toute satisfaction, en vous priant de rester à votre poste pour l'examen des affaires courantes aussi longtemps que je resterai au mien.

Mais je ne puis me séparer de vous sans vous remercier doublement. D'abord, pour avoir consenti à quitter momentanément les calmes régions où

délibère le conseil suprême pour vous mêler .aux
luttes ardentes et livrer votre nom aux injures des
deux camps ennemis; ensuite et surtout — car il
importe de ne pas trop insister sur un acte de courage — pour m'avoir apporté le concours d'une
science générale profonde, et de connaissances spéciales des plus précieuses en ces délicates matières.

Aussi, après avoir réorganisé les bureaux, où ré-
gnait un esprit hostile, nous avons pu nous mettre
utilement à la tâche, et si court qu'ait été notre passage aux affaires, il n'a pas laissé que de produire
quelques résultats.

Dans le domaine des cultes non catholiques, nous
avons envoyé au conseil d'État un décret qui devra
ramener, au sein de l'Église protestante de Paris,
une paix troublée depuis vingt ans par les conséquences d'un décret illégal.

Dans les questions bien autrement nombreuses et
difficiles que soulèvent les relations avec le clergé
catholique, nous avons été fidèle à l'engagement pris
par le gouvernement « d'appliquer strictement les
lois concordataires. »

Ressaisissant les rênes trop longtemps relâchées,
nous avons exigé et obtenu l'obéissance à des prescriptions justifiées par le respect des droits de l'État,
et cependant presque abandonnées, sans jamais
tomber, malgré les sollicitations, les railleries, les
menaces, les outrages, dans la taquinerie ridicule
ou la persécution odieuse.

Je n'oublierai jamais ce spectacle d'une presse
affolée et cynique, inventant chaque jour avec force

injures, au compte du ministre des cultes, une sot-
tise nouvelle : aujourd'hui, défense de porter en
public le costume ecclésiastique; demain, nomination d'un évêque grotesque, interdiction des prédications de l'Avent, que sais-je? puis huit jours après,
s'exclamant en triomphe, — et toujours l'injure à la
bouche, — que nous n'avions pas osé !

Rien de tout cela ne nous a ébranlés, ni même
indignés ou surpris, et, sans daigner répondre, nous
avons continué notre travail.

Je ne pourrais tenter d'énumérer la série des actes
de détail par lesquels nous avons nettement montré
aux représentants de l'Église catholique que le ministère des cultes a pour fonction principale de
défendre l'État contre leurs empiétements. Il ne s'est
guère passé de jour que nous ne leur ayons donné
occasion de constater qu'un grand changement s'était
opéré et que nous avions *aiguillé* dans une nouvelle
direction.

Il en était résulté, comme il arrive toujours quand
l'Église voit que le pouvoir civil lui tient tête, une
grande accalmie dans ses manifestations et, malgré
les grossières et ineptes injures de ses journaux, une
pacification apparente, dont les plus hauts dignitaires de l'Église nous certifiaient la sincérité en
nous offrant, pour la rendre définitive, leur actif et
tout-puissant concours.

Nous ne nous sommes pas laissé séduire par cette
mise en scène, et nous avons placé notre confiance pour
l'avenir non dans des dispositions pacifiques variables
avec les circonstances, mais dans la législation même.

11.

Revenant au pacte concordataire, nous avons préparé un projet de loi considérable, qui contient deux ordres de dispositions. Les unes dépouillent l'Église catholique de privilèges et d'immunités que lui a successivement accordés la faiblesse des gouvernements, à commencer, dès 1809, par celui du premier empire (exemption du service militaire ; honneurs extraordinaires ; traitement des chanoines ; bourses de séminaires ; logement des évêques, des séminaires ; imposition d'office sur le budget des communes ; monopole des pompes funèbres, etc.).

Les autres ajoutent des sanctions pénales aux prescriptions qu'en outre de l'article premier du Concordat les Articles organiques ont édictées dans l'intérêt de la « tranquillité publique » (appels d'abus ; attaques dans l'exercice des fonctions contre des particuliers, des fonctionnaires, des administrateurs ; absences non justifiées ; publications non autorisées d'actes émanants de la cour de Rome, etc.).

Ce projet, longuement étudié et mûri, n'a pu être porté au nom du gouvernement devant le Parlement. Je le présenterai en mon nom et le défendrai devant la Chambre. Sans lui, le Concordat continuerait à rester, sur bien des points, lettre morte ; sans lui, l'Église catholique continuerait non seulement à recueillir tous les avantages du pacte sans en subir l'autorité, mais encore elle accroîtrait d'une manière indéfinie sa puissance en profitant, pour augmenter Ses privilèges, de toutes les oscillations politiques auxquelles elle a jusqu'à ce jour toujours gagné sans rétrograder jamais.

Les personnes qui pensent qu'en doctrine générale
on ne peut concevoir au sein d'un grand État catholique l'Église disposant en toute liberté des forces
extraordinaires que lui donnent son organisation,
son ancienneté, ses affirmations infaillibles, ses menaces et ses promesses, et jusqu'à je ne sais quelles
dispositions héréditaires d'un peuple par elle guidé
depuis des siècles, tous les partisans d'une politique
concordataire, en un mot, devront voter ce projet
de loi, parce qu'ils ne peuvent vouloir que le Con-
corcat soit un vain mot.

Ils devront en voter aussi les dispositions principales, ceux qui aspirent à voir se réaliser la logique
conception de la séparation de l'Église et de l'État,
parce qu'ils ne peuvent qu'applaudir à des mesures
qui diminueront des dangers sur lesquels il est impossible de s'aveugler. Car aux forces immanentes à
l'Église que je viens d'énumérer, il semble que l'État
ait pris plaisir à ajouter des forces d'ordre séculier,
provenant des avantages concédés en honneurs,
richesses ou privilèges. Ils considéreront notre
projet de loi comme une préparation à la séparation
totale.

Quant à moi, je le défendrai avec toute l'énergie
que donne une conviction profonde, doublée de ce
sentiment qu'en dehors de lui, s'il échoue, il faut en
venir fatalement, et alors le plus rapidement possible, à la séparation.

Car il n'est pas possible d'admettre que l'Église
continue à accumuler, grâce à la complicité de l'État,
les forces avec lesquelles elle tente de l'asservir. Et

j'avoue que cette perspective de la séparation immédiate m'effraye tellement, me montre des inconnus
si redoutables, que je sens redoubler mon courage à soutenir un projet de loi qui peut conjurer
tous les dangers.

Je devais, au moment de livrer cette œuvre considérable à la discussion publique, vous rendre
justice, mon cher conseiller d'État, et vous remercier de votre collaboration. Quelque jour, peut-être,
nous reprendrons ensemble et plus librement la tâche
si brusquement interrompue.

Nous nous entendrons toujours. Car à une appréciation semblable des droits imprescriptibles de
l'État, c'est-à-dire de la société laïque, nous joignons
l'un et l'autre un profond respect pour la liberté de
la conscience, jusque dans ses aberrations les moins
justifiables aux yeux de la raison.

Cordialement vôtre

PAUL BERT.

LA SÉPARATION DE L'ÉGLISE
ET DE L'ÉTAT

C'est une chose étonnante que la facilité avec laquelle les gens d'opinions les plus diverses s'enten-
dent pour faire campagne à l'abri d'une devise commune qui fait croire à la communauté d'idées.

Depuis les molinistes, thomistes et sorbonnistes condamnant les jansénistes pour ne pas croire au « pouvoir prochain, » jusqu'aux droitiers du 24 Mai 1873 renversant M. Thiers parce qu'il n'a pas voulu se dire « résolument conservateur, » jusqu'à la Ligue sur la « révision de la Constitution, » les exemples abondent dans notre histoire.

Entendons-nous sur les mots, dit-on à l'imitation du « disciple de M. Le Moine » immortalisé par Pascal, mais « demeurons d'accord pour ne point les expliquer, et pour les prononcer de part et d'autre sans dire ce qu'ils signifient. »

Comment ce vice d'esprit provient d'une séculaire imprégnation catholique et d'une éducation purement littéraire, c'est ce que j'essaierai quelque jour de démontrer. Le temps me manquerait aujourd'hui; et je veux seulement mettre en lumière un exemple nouveau de cette méthode de combat qui prépare, au lendemain de la victoire, une lutte nouvelle entre les alliés d'un jour.

La séparation de l'Église et de l'État me fournit cet exemple. On ne lit plus guère de profession de foi sans que ces mots fatidiques n'y apparaissent flamboyants. Mais allez au fond des choses, interrogez ces candidats qui ont cherché un abri derrière cette populaire formule, et vous verrez quelle étrange variété de solutions cache une commune devise.

Les uns soutiennent que le budget actuel des cultes est une simple indemnité allouée par l'État lors de la confiscation des biens de l'Église, en 1790. Il faudra donc, selon eux, accorder à celle-ci, par l'acte législatif qui abrogera le Concordat, soit une rente égale à son budget actuel, soit une dotation dont le revenu équivaille à cette rente, avec la jouissance des édifices religieux.

D'autres, tout au contraire, refusent à l'Église tout droit à une indemnité, à un traitement consolidé. Avec eux, elle ne pourra compter sur aucune mesure de bienveillance ; elle devra perdre immédiatement l'usage même des édifices où elle célèbre aujourd'hui son culte.

Entre ces deux extrêmes se placent la foule des amoureux des demi-mesures : ceux-ci parlent de précautions, d'atermoiements, d'équité, de dédommagements.

« Il y a là, dit dans son rapport mon honorable collègue M. Steeg, des mesures de transition, d'apprentissage... Ce n'est pas un câble à trancher, mais un nœud à dénouer. Le changement pourrait être imperceptible dès l'abord... »

Quelques-uns, partisans ou non de l'indemnité de l'État ou des mesures de bienveillance, reconnaissent aux communes le droit de disposer des deniers et des édifices communaux en faveur de l'Église. Ennemis du Concordat d'État, ils acceptent des concordats communaux.

D'autres, plus logiques, interdisent aux communes de donner un appui officiel quelconque à l'Église, et même de lui louer un bâtiment pour le service du culte.

Mais ce n'est pas tout.

~~~~~~

Le budget des cultes supprimé, le Concordat dé-
noncé, il est des philosophes qui croient tout fini.
Du jour où elle est séparée de l'État, l'Église n'existe
plus pour eux. Ils ferment les yeux pour ne pas voir
ses prêtres et ses moines. Ne leur parlez pas de sa
puissance politique et de ses envahissements financiers : ils habitent un empyrée où leurs purs esprits
ne s'inquiètent pas de ces misères. La liberté, le droit
commun, répondent à tout dans la bouche de ces sages. L'Église pourra, comme toute autre association,
librement enseigner, prêcher et acquérir sans limites
des biens meubles et immeubles.

Ne leur dites pas que le prêtre n'est qu'un servi-
teur passionné et désintéressé d'une cause imper-
sonnelle et éternelle ; qu'il est à la fois isolé du
monde par l'absence de famille et agrégé à un ensemble merveilleusement hiérarchisé. Ils ne voient
en lui qu'un citoyen comme les autres, devant posséder les mêmes droits qu'un père de famille qui
soutient seul pour lui et les siens le combat de la vie.

Ne leur dites pas que le mourant crédule, au moment où il voit, comme le héros de la fable, les deux
routes fatales s'ouvrir devant lui, n'a rien à refuser
à l'aiguilleur habile qui le dirige en gare du Paradis.
Ne leur dites pas que, maître par le confessionnal
des secrets et de l'honneur de ses ouailles, le prêtre
peut faire ce qu'il veut de leur fortune. Ne leur dites
pas que l'Église est comme une nasse où tout entre
et d'où rien ne sort, jusqu'au jour où la colère popu-

laire vient la mettre en pièces. Ne leur dites pas qu'il ne peut y avoir liberté sans égalité, et que la partie n'est pas égale entre un citoyen isolé et cette immense machine à dompter les consciences et à accumuler les millions. Leur philosophie ne s'abaisse pas à ces prosaïques préoccupations.

Mais à l'inverse, s'indignant contre cette école qui paraît n'avoir en vue que la satisfaction de principes abstraits, d'autres partisans de la séparation ne peuvent se résoudre à laisser à l'Église la moindre liberté. La formule historique « l'Église libre dans l'État libre » n'est qu'un leurre à leurs yeux ; il faudrait sûrement la traduire bientôt par « l'Église maîtresse dans l'État asservi. »

Ce qu'ils veulent, c'est l'Église domptée, surveillée, dominée par l'État triomphant. Aucune mesure de protection ne leur paraît assez efficace ; aucun moyen de compression assez énergique. Et ils en arrivent à dire, par la bouche de mon cher et vénéré collègue Madier de Montjau, que l'Église, ayant ses lois propres, doit être mise « hors la loi civile. »

Il s'en faut de beaucoup que tous ceux qui s'enrôlent sous la bannière séparatiste, se rallient à l'une ou à l'autre de ces solutions extrêmes. Et ici, chacun prend position suivant l'énergie de son tempérament.

Les uns, effrayés de la reconstitution possible de la main-morte, essayent de restreindre pour l'Église la libre acquisition des immeubles. D'autres veulent même limiter ses richesses mobilières.

Il en est qui, considérant que les congrégations religieuses sont en contradiction flagrante avec les principes de notre droit civil, par l'abandon qu'elles exigent de leurs membres de la liberté personnelle et du droit de propriété, dissolvent ces congrégations sans se préoccuper davantage des réclamations de l'Église qu'ils veulent rendre libre, et qui se prétend atteinte par ces mesures dans sa liberté.

En sens contraire, d'autres reconnaissent aux congrégations, ainsi qu'aux paroisses et diocèses, le droit de posséder des biens, mais le refusent à l'Église considérée dans son ensemble, parce qu'elle s'étend au delà de la juridiction territoriale de l'État.

D'autres, enfin, veulent interdire à tout prêtre le droit d'enseigner même dans une école privée, créent des délits spéciaux pour les paroles du prédicateur et les écrits des ministres du culte.

⁓⁓⁓⁓

Voilà bien des différences de fait. Les différences d'intention ne sont pas moins considérables.

Certains catholiques, en effet, de Lamennais au père Curci, voient dans la séparation, quelles qu'en soient les conditions matérielles, une situation moralement très avantageuse à l'Église.

D'autres, sans se préoccuper spécialement de l'Église catholique, croient que la séparation peut seule ranimer la foi dans les âmes, et, selon la mystique expression de M. Minghetti « faire jaillir de la conscience libre et spontanée, l'étincelle de vie destinée à rendre aux générations avides de croire, un symbole autour duquel l'humanité puisse se grouper. »

D'autres, au rebours, pensent y trouver la plus puissante des armes de guerre contre une Église à laquelle ils espèrent enlever ainsi d'un seul coup les honneurs, la fortune et la puissance.

D'autres, enfin, semblent n'y rechercher que la philosophique satisfaction d'un principe théorique réalisé.

~~~~~~

Je reviens, en conséquence, à l'observation par laquelle j'ai débuté. N'est-il pas étonnant qu'entre tant de solutions si diverses, inspirées par des intentions si différentes, un accord apparent ait pu s'établir ? N'est-il pas étrange de voir marcher derrière le même drapeau des troupes plus hostiles les unes aux autres qu'à l'ennemi qu'elles vont combattre ?

Mais, sans insister davantage sur ce côté de la question, tâchons de tirer une morale de cette étude faite à la façon des naturalistes. Cette morale, c'est qu'il ne faut pas se contenter de la vague formule : « Séparation de l'Église et de l'État ; » c'est qu'il faut demander à ceux qui la proclament ce qu'ils veulent en faire. Car quiconque s'en déclare partisan sans indiquer immédiatement dans quel but il la demande et quelle forme il veut lui donner, leurre ceux auxquels il s'adresse et trop souvent se leurre lui-même.

(3 *Août* 1883.)

LE CONCORDAT

ET LES ARTICLES ORGANIQUES

Les partisans de la séparation de l'Église et de l'État ont coutume d'attribuer au Concordat la responsabilité de tous les excès qui ont suscité contre le clergé catholique un si vif mouvement d'opinion. A les entendre, le Concordat est la création d'une Église officielle, la violation du principe sacré de la liberté de conscience, l'abandon des conquêtes révolutionnaires, l'abdication de l'État laïque devant la souveraineté pontificale.

Il est vrai que, d'autre part, ils déclarent que la loi de germinal an X est l'œuvre d'un tyran qui voulait arriver par l'asservissement des prêtres à l'asservissement des consciences, et rêvait de transformer le clergé en une gendarmerie sacrée. Et ils s'indignent ou se moquent, suivant qu'il s'agit du serment concordataire ou de la prescription faite aux évêques de porter le frac à la française avec des bas violets.

Enfin, ils confondent dans une attaque commune et le pacte concordataire, et les nombreuses lois qui, depuis 1801, ont augmenté dans une proportion redoutable la puissance de l'Église catholique. C'est là une confusion regrettable, et qu'il ne faut pas se lasser de combattre.

Les dispositions du Concordat lui-même peuvent

être résumées en peu de mots. En voici les points principaux.

Le gouvernement français s'engageait à protéger le libre exercice de la religion catholique, dont le culte serait public en se conformant aux règlements de police que le gouvernement jugerait nécessaires pour la tranquillité publique (art. Ier). Il « assurait un traitement convenable aux évêques et aux curés » (art. 14), et remettait à la disposiiton des évêques toutes les églises non aliénées pendant la période révolutionnaire, et nécessaires au culte art. 12).

De son côté, le Saint-Père déclarait qu'il ne devait « troubler en aucune manière les acquéreurs des biens ecclésiastiques aliénés, la propriété de ces biens, les droits et revenus y attachés, devant demeurer incommutables entre leurs mains (art. 13).

Il donnait au premier consul la nomination des évêques, s'en réservant seulement l'institution canonique (art. 4 et 5) ; les curés, nommés par les évêques, devaient être agréés par le gouvernement (art. 10).

Enfin, le pape reconnaissait dans le premier consul de la République française les mêmes droits et prérogatives dont jouissait auprès de lui l'ancien gouvernement (article 16). Bien plus, il enjoignait aux évêques et aux curés, à leur entrée en fonctions, de prêter un serment de fidélité dont il n'est pas sans intérêt de reproduire le texte, qui paraît aujourd'hui bien étrange.

« Je jure et promets à Dieu, sur les saints Évan-
« giles, de garder obéissance et fidélité au gouverne-

« ment établi par la Constitution de la République
« française. Je promets aussi de n'avoir aucune intel-
« ligence, de n'assister à aucun conseil, de n'entrete-
« nir aucune ligue, soit au dedans, soit au dehors, qui
« soit contraire à la tranquillité publique. Et si, dans
« mon diocèse ou ailleurs, j'apprends qu'il se trame
« quelque chose au préjudice de l'État, je le ferai sa-
« voir au gouvernement. »

~~~~~~~

Mais Bonaparte ne promulgua le Concordat et ne
le fit loi de l'État qu'en y annexant 77 articles par
lui rédigés. Ceux-ci furent votés simultanément avec
la Convention du 26 messidor an IX, et le tout forma
la loi unique du 18 germinal an X.

Parmi ces *Articles organiques*, il en est d'ordre
purement transitoire ; d'autres sont tombés immédiatement en désuétude, soit comme ridicules, soit
comme absolument contraires aux lois de l'Église.

L'article 24 présente un grand intérêt. Il ordonne
qu'on prendrait pour base de l'enseignement dans
les grands séminaires la déclaration du clergé de
1682. On sait que cette déclaration, rédigée par
Bossuet, proclamait ce qu'on a appelé les « libertés
de l'Église gallicane ». Cette prescription fut suivie
assez généralement jusque vers le milieu du règne
de Louis Philippe. Mais depuis un certain nombre
d'années, l'enseignement ultramontain, qui devait
préparer le clergé français à accepter sans discussion
la proclamation de l'infaillibilité papale, fut partout
substitué aux doctrines gallicanes.

La désobéissance aux diverses injonctions des

Articles organiques devait être punie par la « déclaration d'abus », formule empruntée à l'ancien régime. L'ecclésiastique coupable devait être solennellement blâmé par le conseil d'État.

~~~~~~~

La cour de Rome protesta contre les Articles organiques. Mais ses réclamations n'obtinrent que quelques satisfactions de détail, et elle n'insista pas. Si, comme elle le prétend hardiment aujourd'hui, ces Articles eussent été une violation flagrante de la convention concordataire, elle n'eût pas dû se borner à ses platoniques remontrances. La dénonciation du Concordat aurait dû être de sa part la conséquence logique de sa violation par l'autre partie contractante.

Elle s'en garda bien. Elle prit selon son habitude, le mal en patience, espérant des jours meilleurs. Mais en attendant, elle eut soin de conserver, sans protester cette fois, tout ce qu'elle considéra comme avantageux dans ces articles par elle condamnés.

Et je ne veux pas parler seulement du salaire de ses prêtres et des autres avantages d'ordre matériel, mais de prescriptions qui touchaient à ce domaine réservé de la discipline ecclésiastique dont sur d'autres points elle se montrait si jalouse.

La plus importante de ces infractions aux canons, est la situation misérable faite en France aux desservants de campagne, pour qui toute garantie de sécurité et de dignité a disparu, révocables qu'ils sont *ad nutum*, et sans aucun recours aux officialités, par la volonté souveraine de Monseigneur, qui peut les réduire à la misère et au déshonneur. Les évêques ont accepté l'instrument de tyrannie que Bonaparte avait mis dans leurs mains. Mais, trompant les calculs du despote, ils ont voulu s'en servir dans l'intérêt de leur puissance, et non dans celui de l'Empire. Or, ni l'Église ni l'État n'ont rien gagné à des mesures qui ont eu la conséquence de toutes les tyrannies, l'abaissement des intelligences et des caractères.

Mais pourquoi Rome a-t-elle subi patiemment les Articles organiques et signé la convention concordataire qui, en somme, lui accordait si peu ?

Le pape, en reconnaissant la République française, enlevait au parti royaliste sa plus grande force. Les citoyens qui avaient acheté aux enchères des biens de l'Église, voyaient disparaître à la fois et les craintes de revendication et les scrupules religieux de leurs familles. Le premier consul, par la nomination directe des évêques et indirecte des curés, tenait en son pouvoir le recrutement du clergé. Enfin, les prêtres s'engageaient par serment à surveiller pour ne pas dire à espionner leurs ouailles et à révéler au gouvernement tout ce qu'ils pouvaient apprendre dans l'exercice d'un ministère qui compte parmi ses fonctions la confession auriculaire.

C'étaient là, pour le pouvoir civil, des avantages sérieux. En échange, que recevait le Pape? Pas grand'chose, ce semble. La publicité du culte ? Il en jouissait déjà. Le libre exercice de la religion ? Il existait en fait et même en droit. Le « traitement convenable des évêques et des curés! » C'était moins de deux millions par an.

Mais c'est qu'en réalité le Concordat sauvait l'Église romaine du plus terrible des schismes.

~~~~~~~~

On croit volontiers qu'en 1801, après les lois révolutionnaires et la Terreur, l'exercice du culte catholique n'avait plus lieu que dans les bois, les lieux écartés, au fond des retraites mystérieuses. Le nom donné à Bonaparte par ses flatteurs et par les prêtres eux-mêmes, de « restaurateur des autels », a contribué à entretenir cette erreur.

En réalité, dès 1796, un grand nombre d'églises avaient été rouvertes au culte. « Plus de 40,000 paroisses ont repris l'exercice du culte de leurs pères », disait l'évêque Lecon au Concile national de 1797.

Mais — et ceci est le nœud de la situation — les fidèles se partageaient à peu près par moitié entre les prêtres assermentés et les prêtres réfractaires. L'Église schismatique disposait de forces au moins égales à celles de l'Église romaine. Et toutes deux se disaient catholiques, séparées seulement aux yeux des populations par le serment civique prêté par l'une refusé par l'autre. La faveur du premier consul devait décider de la victoire.

Et il était temps. Un grand concile national réunissait à Paris le 29 juin 1801, près de 100 évêques gallicans. Le pape se hâta, le 15 juillet, de signer le Concordat. Sans doute, il n'en tirait pas grand avantage immédiat. Mais le schisme était étouffé. Pour le reste, on pouvait, comme dit le cardinal Caprara, tout attendre du temps.

Ce temps, Rome sut l'utiliser avec une merveilleuse habileté. Il n'y a qu'à ouvrir les yeux pour voir combien sa situation diffère en ce pays de ce qu'avait stipulé le Concordat. De 2 millions, son budget est monté à 50. Les honneurs, l'argent lui ont été prodigués. Elle a obtenu ou pris l'autorité directe ou indirecte sur maints services publics. Combien serait stupéfait Bonaparte s'il voyait ce qu'on a fait, sous prétexte de Concordat !'

Ce qu'on a fait, il faut le défaire. J'essaierai de montrer dans un prochain article que ce n'est pas une petite besogne.

(30 *Août* 1883.)

L'ÉGLISE CATHOLIQUE

DEPUIS LE CONCORDAT

J'ai tenu à rappeler dans un précédent article les traits principaux de la législation concordataire, parce que trop de personnes la rendent responsable de la situation extraordinairement privilégiée dont jouit actuellement l'Église catholique.

Or, il n'en est rien. Le Concordat, en échange des avantages sérieux consentis par le pape, n'accordait à l'Église que la jouissance des édifices du culte, et « un traitement convenable » pour les évêques et les curés de canton, c'est-à-dire un budget de moins

de deux millions. Seulement, en le débarrassant de
l'Église gallicane, « du plus terrible des schismes »,
comme disait Portalis, il lui laissait le champ libre,
et elle pouvait, suivant l'expression du cardinal Caprara, « tout espérer du temps ».

Ce temps, elle a su merveilleusement le mettre à
profit. Elle s'est servie tour à tour de la faiblesse des
gouvernements naissants, des mouvements révolutionnaires et des grands désastres nationaux.

Le jour où les ambitieux desseins de Napoléon
soulèvent contre lui l'Europe, elle lui fait sentir et
payer chèrement le prix de son concours. Cependant
elle l'abandonne sans hésitation lorsque l'invasion
des armées alliées lui ramène le gouvernement de
son choix, de qui elle obtiendra tout ce qu'elle désire, jusqu'à l'odieuse loi du sacrilège. Elle profite
des faiblesses sentimentales de la Révolution de
1848, qui lui demande de bénir les arbres de liberté,
et de la terreur des journées de Juin pour arracher
la loi sur la liberté de l'enseignement primaire et
secondaire, qui livre à sa direction souveraine les
enfants du peuple et de la bourgeoisie. Après le
2 Décembre, l'Empire paie d'une soumission absolue
la lessive de son linge sanglant dans le bénitier
sacré. Les désastres de 1870 lui donnent une Assemblée dévouée qui, pour lui plaire, ne reculera même
pas devant les menaces de guerre civile.

Voyons ce qu'elle a su tirer de tant de complai-
sances.

⁓⁓⁓

Au point de vue financier d'abord, elle a bientôt

fait transformer en traitements fixes les pensions viagères accordées par l'Assemblée constituante aux prêtres chargés de desservir les succursales. Elle a fait payer de même ses vicaires, ses chanoines, ses vicaires généraux. Elle a fait rétablir au budget les chapitres du Panthéon et de Saint-Denis. Elle a obtenu l'entretien pour des bourses de ces grands séminaires dont le Concordat disait expressément que « le gouvernement ne s'engageait pas à les doter ». Une loi de 1821 a créé 30 sièges épiscopaux nouveaux, que le budget paie comme ceux qu'a établis le Concordat.

Il résulte de tout ceci que le budget du culte catholique, qui était en 1802 de 1,250,000 francs, et que l'Empire avait laissé à 17 millions, s'était, en 1877, élevé à 52 millions.

Encore n'y comprend-on pas les traitements des vicaires imputés sur les budgets communaux, qu'a en outre lourdement grevés la construction de presbytères rendue obligatoire, à l'encontre de l'art. 72 des Organiques.

Ce n'est pas tout : le Concordat avait simplement autorisé les conseils de département à loger les évêques. Aujourd'hui ceux-ci occupent des palais appartenant à l'État. Les grands et les petits séminaires ont été installés de même dans des édifices publics.

Mon rapport du 20 juin 1881 évalue à une centaine de millions la valeur des bâtiments appartenant à l'État, qui ont été ainsi concédés.

Il faudrait ajouter encore toutes les allocations

aux fabriques d'anciens biens d'Église, et quantité d'autres sources de richesses, comme par exemple, le monopole des pompes funèbres.

━━━━

Mais les trois conquêtes les plus importantes et les plus inquiétantes de l'Église sont : l'exemption du service militaire, le rétablissement des congrégations religieuses, la liberté d'enseignement.

L'exemption du service militaire pour les jeunes ecclésiastiques n'était pas au nombre des conditions exigées par Pie VII; il n'en est pas question dans le Concordat. Bonaparte l'accorda à titre gracieux, sans disposition législative ferme; et l'on sait comment il ne se gêna point pour faire incorporer dans les troupes actives les élèves du grand séminaire de Gand dont les opinions lui avaient déplu. Il serait puéril d'insister sur l'importance immense de cette concession. Il suffit, pour s'en convaincre, d'écouter les protestations des évêques les plus modérés contre les projets de loi qui tendent à rétablir l'égalité entre les jeunes citoyens, devant le premier des services publics.

L'exposé des motifs lu par Portalis au Corps législatif, dans la séance du 15 germinal an X, dit textuellement : « Toutes les institutions monastiques ont disparu. » Et Lucien Bonaparte, trois jours après, s'écriait pompeusement : « On ne verra plus ces ordres nombreux qui dévoraient sans avantage la substance du peuple et qui ne servaient qu'à entretenir dans l'État un esprit étranger et funeste. »

Or, à l'heure actuelle, il existe en France près de

3,000 congrégations et communautés religieuses. Leurs propriétés territoriales occupent une superficie de plus de 40,000 hectares et ont une valeur de plus de 700 millions de francs. Quant à leur fortune mobilière, elle est immense.

Parmi ces congrégations, un tiers tout au plus a daigné profiter de la faiblesse des lois qui autorise leur existence à certaines conditions. La grande majorité s'est audacieusement établie au mépris de la législation concordataire elle-même.

Bien plus, l'État a fait de ces moines et de ces religieuses des fonctionnaires publics, leur donnant à diriger ses écoles primaires et les dispensant des brevets de capacité qu'il exigeait des instituteurs laïques.

Enfin la liberté de l'enseignement, conquise en 1850 et 1875, et qui était si loin de la pensée des signataires du Concordat, a rendu l'Église souveraine maîtresse de l'éducation des femmes, et lui a permis de façonner à son gré les enfants de la bourgeoisie riche. Et par une sorte de défi, c'est à des congrégations non autorisées qu'elle a confié le soin de lui préparer des partisans décidés à tout faire pour elle et par ses ordres.

L'augmentation des privilèges de l'Église catholique se retrouve dans toutes les branches de l'administration. Des lois récemment abrogées lui avaient donné la police des cimetières et le monopole des pompes funèbres. Elle a la haute main, sinon l'autorité absolue dans les conseils de fabrique. La loi municipale de 1837 a chargé les communes de maintes dépenses dont il n'est nullement question dans les lois concordataires.

L'Église a imposé ses emblèmes à la place d'honneur dans les prétoires de la justice, dans les salles des établissements d'instruction publique et de bienfaisance. Elle a placé ses aumôniers dans les casernes, les lycées, les écoles normales, les hôpitaux.

Elle a obtenu de devenir religion d'État au sein de l'Université, dont « l'enseignement doit prendre pour base les préceptes de la religion catholique (art. 38 du décret organique de 1808). » Les instituteurs ont été chargés de servir de répétiteurs à ses prêtres. Ceux-ci ont eu logiquement droit d'inspection sur les écoles, et ont fait partie de droit des conseils de l'enseignement et des jurys d'examen, prenant ainsi sur les jeunes esprits une double autorité par l'École et par l'Église.

Les décrets de l'an XII et de 1866 ont conféré aux membres du clergé des honneurs extraordinaires. Le canon tonne à l'entrée de Monseigneur dans sa ville épiscopale. Les évêques ont été placés au même rang que les princes du sang dans les cérémonies publiques.

Telles sont les principales concessions que la faiblesse des gouvernements a successivement accordées à l'Église.

Ajoutons que les départements, les communes, les conseils coloniaux, toutes les grandes administrations plus ou moins officielles, ont cru devoir imiter l'État.

Or, le Concordat n'avait ni exigé ni même prévu, et certes n'eût souvent pas autorisé de tels avantages.

~~~~~~~

D'autre part, les obligations auxquelles l'Église avait déclaré devoir se soumettre sont restées pour la plupart lettre morte, et l'État a renoncé volontairement à se servir des armes qu'il avait dans la main.

Qu'est devenu, et dans ses termes et dans son esprit, le serment concordataire?

L'État a débarrassé les évêques et les curés de l'indigne engagement d'espionner leurs ouailles· Mais eux-mêmes n'ont-ils jamais rien « tramé contre le gouvernement? »

La nomination des évêques et des curés permettait d'exercer sur l'esprit du clergé une influence puissante et légitime. M. de Bismarck a tout tenté pour obtenir du pape une semblable autorité, et il a fait les lois de mai pour la prendre. Or, bien rares ont été les cas dans lesquels l'État français a réellement exercé son droit; presque toujours il a consulté le pape, et, depuis de longues années, c'est le Nonce qui, en réalité, fait les nominations.

. Les infractions aux « règlements de police » édictés par les articles organiques n'ont été punies, quand elles l'ont été, que de la dérisoire « déclaration d'abus », la forme la plus agréable du martyre, et dont ceux qui l'encouraient se raillaient dans les salons.

Enfin, les prédications, les mandements, ont pu attaquer impunément les ministres, les lois, les gouvernements même, et les rigoureux articles 201 à 208 du Code pénal sont restés lettre morte.

Ajoutons que les lois avaient créé des délits spéciaux pour toute attaque aux principes enseignés par l'Église. Les menaces de condamnation pour « outrage à la morale religieuse » protégeaient la religion non seulement contre toute injure, mais, pour peu que le gouvernement y prêtât les mains, contre toute discussion.

〜〜〜〜〜

Dans ces conditions, les agents de l'État eux-mêmes ont appris à redouter et, par suite, à ménager l'Église dont ils étaient chargés de surveiller les empiétements. Les ministères et les gouvernements passent, l'Église reste, avec sa situation de tous côtés privilégiée, et elle se montre aussi reconnaissante envers ceux qui l'ont servie qu'implacable contre ceux qui l'ont combattue.

L'innombrable armée des fonctionnaires a constaté par expérience que les retours offensifs de l'esprit laïque ont été, jusqu'à ces derniers temps, suivis de réactions où ceux qui avaient soutenu les intérêts de l'État ont trop souvent payé bien cher leur dévouement.

La conséquence a été que l'Église a progressivement pris dans tous les services publics une influence prépondérante, et qu'elle a fini par réduire à sa dévotion jusqu'à l'arbitre suprême des destinées d'un pays libre, c'est-à-dire la magistrature.

Il n'y a vraiment pas lieu de s'étonner que l'Église catholique, recevant sans mesure argent, honneurs, autorité, protection spéciale, d'un État qui, d'autre part, se désarme devant elle, ait pris dans ce pays l'influence redoutable dont se plaignent tant de patriotes.

Seulement, il est tout à fait injuste d'en accuser le Concordat qui n'avait rien stipulé de semblable. Il serait donc illogique de le dénoncer pour corriger un mal qui provient précisément de ce qu'on ne lui a pas obéi. La vérité, à mon sens, c'est qu'il faut revenir, abolissant ce qui a été fait depuis, aux dispositions du pacte de 1802. L'Église a alors demandé et obtenu tout ce qui est nécessaire et suffisant pour l'exercice de sa liberté.

(13 *Septembre* 1883.)

L'ÉGLISE ET L'ÉTAT

LE PROJET DE LOI DE M. JULES ROCHE

L'étendue du pouvoir officiel et de l'influence secrète qu'exerce l'Église catholique dans ce pays, les dangers qui peuvent en résulter pour notre état social et politique frappent l'attention de tous les serviteurs dévoués de la République et de la démocratie. A vrai dire, en ce temps la question maîtresse est celle-ci : Comment hâter la victoire définitive de l'esprit de la Révolution, à savoir la pleine possession de la liberté pour l'individu et le triomphe de la justice, dans la société, sur l'esprit de l'Église,

qui est l'absorption de la volonté humaine et le règne de la grâce, c'est-à-dire du caprice ?

Avant de songer à combattre l'esprit de l'Église,
nous dit-on, vous devriez commencer par ne plus
venir à son aide, par ne plus lui reconnaître des
privilèges spéciaux, par ne plus payer des prêtres
dont vous considérez les doctrines comme dangereuses. Si vos craintes sont sincères, demandez d'a-
bord la suppression du budget des cultes, la séparation immédiate et complète de l'Église et de l'État.

J'ai relevé, il y a quelque temps les contradictions
des hommes politiques qui se réclament de la formule que je viens d'énoncer. Je n'insisterai pas sur
cette analyse intéressante au point de vue polémique,
et je me placerai en face de ceux qui comprennent
la séparation comme je la comprendrais moi-même
et dont, à vrai dire, je ne diffère que par une question de temps.

Je laisse de côté les philosophes qui ne voient
dans cette formule célèbre qu'une satisfaction de
leurs théories, et qui veulent, pour l'harmonie générale des choses, laisser à l'Église la même liberté
qu'aux simples associations laïques. Je ne veux tenir compte que des vrais politiques, des hommes
pratiques, de ceux qui sentent qu'il est absurbe de
comparer des associations d'hommes libres, réunissant leurs efforts pour un but déterminé et pendant
un temps fixé, en vue d'en recueillir des avantages
personnels qui contribueront au bien-être général
de l'État, avec une Église qui absorbe les individua-

lités et fait servir ses membres, astreints au triple
vœu d'obéissance, de pauvreté et de chasteté, à une
œuvre de domination et d'accaparement à laquelle
elle ne reconnaît aucune limite ni aucune fin.

Ceux-ci se gardent bien de croire qu'ils ont tout
fait en dénonçant le Concordat, supprimant le budget des cultes, et abrogeant toutes les lois qui éta-
blissent des rapports quelconques entre l'Église et
l'État.

Ils se préoccupent du lendemain : ils surveillent
cette Église puissante, et s'efforcent de prendre les
mesures nécessaires pour combattre son influence
redoutable et mettre un frein à cette absorption de
richesse et à cette usurpation d'autorité qui inquié-
taient déjà nos gouvernants du temps de Grégoire
de Tours.

La formule de Montalembert adoptée par Cavour :
« l'Église libre dans l'État libre » leur paraît un péril et un leurre.

Au premier rang de ces politiques chez qui la hardiesse n'exclut pas la prudence, il convient de placer, de nos jours, mon collègue et ami M. Jules Roche. Ce travailleur intrépide ne s'est pas contenté de
développer en beau langage les arguments philosophiques en faveur de la séparation de l'Église et de
l'État, mais il a proposé une loi dont l'application
devrait, selon lui, conjurer les dangers que ferait
courir à l'État l'Église laissée en pleine liberté.

Sa proposition a les plus grands rapports avec la
loi du 3 ventôse an III et avec la loi mexicaine de

1874. Après avoir supprimé le budget des cultes, aboli les congrégations religieuses, et liquidé la situation actuelle. M. J. Roche, déclare que « les Français pourront s'associer librement dans un but religieux. »

Ces associations pourront être reconnues par une loi et jouir ainsi de la personnalité civile. Dans ce cas, elles ne pourront posséder chacune que les immeubles strictement nécessaires à l'exercice du culte et dont la contenance ne dépassera pas un hectare.

Si elles ne sont pas reconnues, elles seront régies par les articles 815 et suivants du code civil, c'est-à-dire que le partage des biens pourra toujours être provoqué par l'un des associés, nul n'étant tenu de rester dans l'indivision.

Enfin, et ceci est la disposition la plus originale, et en quelque sorte la clef de voûte du système, ces associations, reconnues ou non, ne pourront jamais « se syndiquer entre elles, sous peine de dissolution immédiate. »

Ainsi, plus d'Église catholique possédant directement par l'intermédiaire de ses couvents et de ses menses de biens illimités. Mais une foule de petites associations paroissiales, plus ou moins analogues à nos fabriques actuelles, fondées par les fidèles, et ne pouvant posséder que des immeubles restreints.

M. Jules Roche espère arrêter par ces mesures la reconstitution des richesses de l'Église. Moi, je ne le crois pas.

~~~~~~

L'espace me manquerait ici pour énumérer les motifs de mon appréciation. Au reste, ils procèdent tous de cette raison fondamentale : tant que vous serez en présence de l'état mental et social actuel de la nation, vos efforts seront vains, et si vous trouviez moyen de les rendre légalement efficaces, ils deviendraient dangereux.

Je crains que ces efforts ne soient vains, parce que, lorsque le prêtre, dépouillé de son traitement, renvoyé de son presbytère et de son église, viendra demander à ses paroissiens, ou à leurs femmes, ce dont il a besoin pour vivre et pour continuer à dire la messe, à baptiser, marier, enterrer, il trouvera rapidement, dans les plus petits villages, l'équivalent, sinon plus, de ce qu'il aura perdu. A voir ce que produisait le denier de Saint-Pierre, jugez ce que produirait le *denier du curé.*

Songez que le budget des cultes représente actuellement environ 1 fr. 25, par tête d'habitant. Et dans les grandes villes, qui peut mesurer ce que donneraient des quêtes faites, cette fois, non plus pour enrichir quelque couvent ou racheter d'hypothétiques petits Chinois, mais pour permettre aux fidèles, de recevoir les sacrements et d'assister aux offices sacrés ?

Et quelle puissance sur l'esprit du mourant que de pouvoir lui présenter sa libéralité non plus seulement comme utile à quelque œuvre pieuse secondaire, mais comme nécessaire à la liberté même de la religion dont l'intervention va tout à l'heure lui donner le salut éternel !

Sans doute vous pourriez limiter la propriété immobilière et vous opposer à la reconstitution de la mainmorte. Mais quelle est l'étendue actuelle des biens de l'Église, en dehors de ceux des congrégations, sur lesquels je suis absolument d'accord avec M. Jules Roche? Les séminaires et les fabriques possèdent quarante-sept mille hectares : ce n'est pas beaucoup plus que ce que leur laisserait, à raison d'un hectare par paroisse, la proposition de loi. Quant aux églises, aux cathédrales même, elles seraient certes rachetées avant les cinq années pendant lesquelles M. J. Roche permet qu'on les loue pour l'exercice du culte.

L'interdiction aux diverses paroisses de « se syndiquer » paraît triomphante. Mais avec quelle facilité elle pourra être tournée ! Et Dieu sait si l'Église excelle dans les manœuvres tournantes ! On ne pourra plus acquérir en commun de biens immeubles, soit; mais l'argent, les valeurs au porteur ne sont-ils pas bien plus commodes à manier, à dissimuler, à faire circuler?

Ces paroisses, vous avez beau faire, sont syndiquées par la hiérarchie ecclésiastique. Sur un ordre du pape, répété par les évêques, les excédents de recettes par quêtes et dons manuels seront recueillis et centralisés. Entre les mains de qui? de la personne ou de l'association laïque qu'il plaira au pape de désigner, entre ses mains peut-être. Et on aura ainsi constitué à l'étranger une caisse noire où viendront s'accumuler des richesses que l'Église fera servir, quand et comme elle le voudra, à ses desseins politiques.

J'ai dit que ces mesures seraient non seulement inutiles, mais dangereuses pour la paix publique. Car ces dons faits au curé n'iront pas toujours tout seuls. A chaque foyer domestique naîtra la querelle religieuse, et sous sa forme la plus aiguë : faut-il donner, et combien ? Le lendemain, le village est divisé en deux camps : ceux qui donnent, ceux qui ne donnent pas au curé.

Désormais, toutes les discussions publiques, les élections, vont perdre leur caractère laïque pour prendre, comme aux plus mauvais jours de notre histoire, le caractère religieux. Eh! qu'on le remarque bien, le curé va y jouer, et légitimement cette fois, le rôle dominateur. Oui, cette fois, il est entièrement libre. Il ne doit plus rien à l'État ; il n'a plus à redouter la suppression de son traitement. Dans cette église qui lui appartient, dont il pourra fermer la porte, il dira ce qu'il voudra, car il est bien chez lui.

Entre les deux clans créés dans le village, la haine religieuse va creuser sans cesse l'abîme. Les enfants de ceux qui contribuent aux frais du culte seront dès le premier âge élevés dans le mépris de leurs camarades fils d'incrédules, qu'aucun sacrement n'aura touchés. Or, ceux-ci seront en minorité, on peut l'affirmer, et bien faible, car la classification nouvelle aura entraîné dans le parti du prêtre, bien des citoyens libres naguère, mais qui ne peuvent se résoudre à laisser leurs enfants sans baptême et à empêcher leur femme d'aller à la messe. C'est à bref délai, presque partout, la commune livrée aux mains du curé.

Et quand cette guerre et ses résultats se seraient généralisés, que deviendrait la République, ou plutôt que deviendraient sous une République cléricale les principes de la Révolution française ? Au lendemain d'une défaite électorale, la France se trouverait entre les mains de l'Église triomphante, libre cette fois des liens concordataires, et seule juge de la limite de ses exigences. Ce serait la réalisation du rêve par elle depuis si longtemps caressé.

~~~~~~

Je ne saurais insister davantage. Je crois que les mesures proposées par M. Jules Roche seraient insuffisantes, et je ne crois pas qu'on en ait proposé de meilleures et de plus efficaces.

Mais, dira-t-on, vous repoussez donc en fait la séparation que vous avez admise en principe ? Les dangers pratiques vous font donc reculer devant les conséquences d'une philosophie que vous approuvez ? Quand finira cette contradiction ?

Quand ! je l'ai déjà dit : lorsque seront changées les conditions de milieu, comme nous disons en physiologie — la plus opportuniste des sciences, — lorsque les modifications qu'il est facile de signaler dans notre état mental et social seront plus accentuées, lorsque par suite auront disparu, ou tout au moins diminué, les dangers qui, je l'avoue sans détours, me font peur aujourd'hui.

Mais comment accélérer ce changement, comment hâter la solution logique, la séparation ? Les lecteurs du *Voltaire* me permettront de répondre à cette question dans mon prochain article qui sera le dernier de cette série.

(*4 octobre 1884.*)

LES PRÉLIMINAIRES DE LA SÉPARATION

J'ai indiqué dans mon dernier article les motifs pour lesquels la séparation de l'Église et de l'État, dont je suis en principe partisan, me paraît présenter aujourd'hui de graves dangers. Ils s'appuient, disais-je, sur la considération de l'état actuel de la France, de l'autorité qu'y exerce l'Église sur les esprits, du rôle qu'elle y joue dans la société.

Mais il est de notre devoir de hâter l'accomplissement du mouvement progressif qui, depuis le temps de la Renaissance, conduit les nations et les gouvernements à l'indépendance absolue vis-à-vis des pouvoirs religieux. Il faut donc rechercher les sources de cette influence dont nous redoutons les effets, et agir sur elles, en tant qu'elles peuvent être atteintes par la législation et le gouvernement.

A entendre l'Église, sa seule force réside dans la foi, sa puissance n'est que le résultat du consentement docile des fidèles.

Il est incontestable que la foi, sous ses aspects et

avec ses degrés très divers, en vertu de laquelle le
croyant incline sa raison devant d'inexplicables
mystères, est le plus puissant soutien d'une institution qui se sert de la religion pour faire triompher
ses desseins politiques. Il est incontestable en outre
que cette foi est sincère chez un très grand nombre
d'individus, qui sont alors tout disposés à se soumettre sans discussion aux ordres du prêtre, c'est-
à-dire du pape. C'est donc là l'origine d'une partie
de la force dont l'Église dispose dans notre pays,
origine qui paraît légitime et inattaquable.

Mais pour qu'elle le fût en réalité, il faudrait que
cette foi eût été enseignée et eût pris ascendant sur
les âmes dans des conditions de pleine et entière liberté. Il faudrait qu'elle eût subi l'épreuve des discussions contradictoires. Il faudrait qu'elle n'eût pas
été imposée dès l'enfance aux jeunes et malléables
esprits, et cela jusque dans l'école publique, où son
enseignement primait tous les autres, ou le professeur était le plus souvent un religieux, où toujours
le prêtre pénétrait en maître. Il faudrait que les lois
ne l'eussent pas protégée contre les critiques, incri-
minées aussitôt et durement punies comme attaques
sacrilèges et outrages à la religion.

L'épreuve se fait en ce moment. L'enseignement
religieux n'est plus inscrit au programme de l'école;
celui de l'histoire, des sciences naturelles et expérimentales, des droits et des devoirs civiques y prépare
des esprits libres et des citoyens ; des établissements
publics commencent à s'ouvrir où les jeunes filles
de la bourgeoisie pourront recevoir l'instruction

qu'elles sont obligées aujourd'hui d'aller chercher dans les couvents.

D'autre part, la liberté de la presse a fait disparaître les anciennes craintes, et l'Église catholique s'entend dire chaque jour de dures vérités.

Le résultat de cette nouvelle éducation de l'esprit public est certain, et c'est pour cela que l'Église a lutté en désespérée pour empêcher de voter les lois qui la devaient préparer. Seulement, ce n'est pas au bout de quelques mois qu'il est possible d'en constater les effets. Il faudra des générations, mais on commencera à s'en apercevoir dès que les élèves actuellement sur les bancs seront devenus citoyens actifs, car il est démontré que dans le suffrage universel les jeunes dominent et dirigent les vieux.

~~~~~~~~

Mais il est une autre source de l'autorité exercée par l'Église sur la société, qu'il sera plus facile d'atteindre et qu'on pourra tarir plus rapidement. C'est la situation que lui ont faite dans ce pays, par faiblesse, incurie ou complicité, les gouvernements qui se sont succédé depuis le Consulat.

J'ai énuméré plus haut les plus importantes des faveurs à elle concédées, et que n'avait ni stipulées ni prévues le Concordat.

La première chose à faire doit être de l'en dépouiller, et de la ramener aux conditions d'existence jugées suffisantes en 1802 par son chef infaillible.

Cette œuvre est déjà commencée. La direction de l'instruction publique lui a été enlevée, et ceux de

ses agents qui exercent encore les fonctions d'instituteurs ont perdu les scandaleux privilèges de la
lettre d'obédience ; bientôt, si la Chambre vote la
loi que je lui ai soumise, ils auront tous quitté les
écoles publiques.

La commission dont j'ai l'honneur d'être le président et le rapporteur, a indiqué d'autres progrès.
Sa proposition de loi réduit le budget des cultes,
retire aux évêques la jouissance des palais et autres
bâtiments appartenant à la nation, et régularise les
conditions dans lesquelles le prêtre qui a violé le
pacte concordataire devra être privé des avantages
concordataires.

Mais il y a plus à faire. Et parmi les nombreuses
mesures à prendre par voie législative, j'indiquerai
seulement ici les deux principales.

En premier lieu, l'exemption du service militaire,
pour les jeunes séminaristes et les novices des congrégations religieuses, devra disparaître. C'est le
plus précieux parmi les privilèges de l'Église ; c'est
celui auquel elle tient le plus, et les plus modérés
parmi ses évêques poussent des cris de désespoir
quand on parle soit de le supprimer, soit de le modifier. A les entendre, c'en est fait du recrutement
de l'Église s'il ne fait plus concurrence au recrutement de l'armée. Les jeunes lévites, quelles que
soient leur ardeur et leur foi, refuseront la robe
sacrée et déserteront le saint ministère, lorsque leur
tonsure aura repoussé sous le képi militaire.

Selon certains d'entre eux, il suffira qu'ils mettent
le pied dans la caserne pour fuir à tout jamais l'é-

glise. Je demandais un jour à un haut dignitaire ecclésiastique quelle différence il y aurait à ses yeux, au
point de vue du recrutement du clergé, entre le
service d'un an, et celui de 3 ou de 5 ans « Oh, me
» répondit-il, quelle différence cela fait-il pour un
» morceau de sucre d'être trempé dans l'eau pen-
» dant une, trois ou cinq minutes? Une fois trempé,
» il est fondu ! »

Peut-être l'Église voit-elle les choses un peu trop
en noir. Sans doute elle perdrait ce personnel, assez
misérable en somme, de couards qui ne voient dans
le service des autels qu'un moyen d'échapper à celui
de la Patrie. Mais ceux qui lui resteraient ou qui
lui reviendraient auraient une bien autre autorité
morale; mais ceci ne me regarde pas.

La seconde réforme à accomplir, la plus grave par
ses conséquences et aussi la plus difficile, c'est la suppression des institutions monastiques, le retour au
décret de l'Assemblée constituante :

« La loi constitutionnelle du royaume ne reconnaîtra plus de vœux monastiques solennels des personnes de l'un ni de l'autre sexe. En conséquence les
ordres et congrégations régulières dans lesquels on
fait de pareils vœux sont et demeurent supprimés en
France, sans qu'il puisse en être établi de semblables à l'avenir. (Décret du 13 fév. 1790, art. 1.) »

Sur ce point, tous les philosophes et les juriscon-
sultes du XVIIIᵉ siècle ont été d'accord. Le décret de
1790 fut voté par les hommes les plus modérés de la
Constituante : « La nation, disait Dupont de Ne-

« mours, peut et doit supprimer les corporations re-
« ligieuses, qui ne sont qu'un grand crime contre
« la nature et contre la société. »

Les principes n'ont pas changé depuis, et cependant aujourd'hui les ordres religieux sont plus nombreux et plus riches qu'avant la Révolution. Si le
gouvernement est institué, comme le portait la *Déclaration des droits*, « pour garantir à l'homme la jouissance de ses droits naturels et imprescriptibles, » il
est de son devoir de supprimer des institutions dont
Barnave disait avec raison qu'elles sont « incompa-
tibles avec les droits de l'homme. » La morale publique lui en fait à elle seule un devoir. Le souci des
intérêts matériels de la nation envahie par la main-
morte, rend tout à fait impérieuse l'exécution de ce
devoir. La valeur des biens immeubles, possédés par
les 3,000 congrégations actuellement existantes n'est
pas éloignée d'un milliard, et leur superficie égale
celle du département de la Seine. Et tout cela acquis en soixante ans, les cinq sixièmes depuis trente
ans !

Je partage là-dessus complètement les idées de
M. Jules Roche, et je crois que les mesures qu'il
propose de prendre sont à la fois justes et efficaces.
Justes, parce que, tout en attribuant les biens des
congrégations au service de l'instruction publique,
elles restituent aux donateurs et aux religieux les
biens qu'ils ont apportés, et attribuent des rentes
viagères aux moines et aux nonnes dont les couvents ont été supprimés. Efficaces, parce qu'elles
évitent la faute commise récemment en Italie, où

suivant le témoignage du *Français*, « les ordres reli-
« gieux se relèvent peu à peu de l'abattement où
« les avaient jetés les lois injustes de suppression et
« de spoliation. »

En résumé, les lois d'instruction, l'abolition de
l'exemption du service militaire, la suppression des
congrégations, telles sont les principales mesures
législatives par lesquelles pourra être combattue
l'influence politique de l'Église.

Il, reste bien d'autres lois à faire, bien d'autres
décrets et arrêtés à prendre, dont l'énumération serait trop longue, et qui se résument, du reste dans
la formule : « l'exécution stricte du Concordat. »

Leur résultat direct se ferait immédiatement sentir par la diminution de l'autorité et des privilèges
de l'Église. Et l'on ne tarderait pas à constater un
résultat indirect, mais non moins important.

La puissance actuelle de l'Église en ce pays tient
pour une très grande part à l'habile étalage qu'elle
a fait de sa force aux yeux de la classe hier encore
dirigeante. Ce n'est point par crédulité que le bourgeois de 1830 a quitté Voltaire pour Nonotte, acheté
un livre de messe, livré son fils aux jésuites, et bu
de l'eau de Lourdes dans ses accès de goutte ; c'est
parce qu'il a cru que là était son intérêt et surtout
celui des siens, parce que l'Église lui a promis pour
son fils un avancement rapide, parce qu'elle lui a
montré les gouvernements soumis et obéissants devant elle.

Que la politique des gouvernements change, non

plus seulement dans l'attitude et la mise en scène, et les réflexions de la classe qui fournit les fonctionnaires prendront un autre cours. La bourgeoisie finira par s'apercevoir qu'en réalité ce n'était pas l'Eglise qui la protégeait, mais elle dont la docilité faisait la force de l'Eglise.

Quand ce résultat sera obtenu, quand les lois que j'ai indiquées seront votées, quand l'éducation publique aura été modifiée par le jeu des institutions nouvelles, alors il sera possible, sans danger, de donner satisfaction complète aux principes, de décider légalement l'indépendance complète du domaine civil et du domaine religieux, de prononcer en un mot la séparation de l'Église et de l'État.

Plus tôt, il y aurait, à mon sens, grand péril pour la République et la libre-pensée.

Et cependant, si les gouvernements et les Chambres refusaient d'entreprendre résolument, à l'abri du pacte concordataire, l'œuvre législative et administrative dont j'ai esquissé les principaux traits ; si l'Église devait continuer à augmenter sa puissance à la fois par les moyens que lui accorde et par ceux que lui refuse le Concordat, j'avoue que, le terrain du combat devenant chaque jour plus mauvais, je préférerais la lutte ouverte avec toutes ses chances et ses dangers, et que je me rallierais aux partisans de la séparation immédiate.

(18 *octobre* 1883).

LES FACULTÉS DE THÉOLOGIE

Le 10 mai 1879, je demandais par un amendement au budget la suppression des Facultés de théologie catholique. Le 7 février 1882, je renouvelais cette demande devant la Chambre actuelle. La discussion prochaine du budget va sans nul doute remettre sur le tapis cette importante question. Il n'est donc pas sans intérêt d'appeler dès aujourd'hui l'attention sur elle.

Il existe cinq Facultés de théologie catholique (Paris, Aix, Bordeaux, Lyon, Rouen), et deux Facultés de théologie protestante (Paris, Montauban). Elles figurent au budget de l'instruction publique, les premières pour une somme totale de 162,700 francs, les autres pour 90,200 francs.

Beaucoup de personnes se sont étonnées de me voir demander un traitement différent pour les Facultés catholiques et pour les protestantes. Elles ont cru voir là une antithèse voulue, la preuve d'une prédilection particulière pour les Églises réformées, et d'une hostilité systématique contre l'Église catholique. Elles se trompent. Voici les vraies raisons.

Tout d'abord, les Facultés protestantes font ce qu'elles sont chargées de faire, rendent les services

spéciaux qu'on attendait de leur établissement : elles
ont des élèves, elles décernent des diplômes. Depuis
leur installation, en 1811 et en 1818, jusqu'en 1881,
elles ont conféré 1,626 grades de bachelier, licenciés
et docteurs.

Quant aux cinq Facultés catholiques, elles n'ont,
de 1808 à 1881, décerné que 621 diplômes. En 1876,
par exemple, à Paris même, il n'y a eu qu'un docteur ; pas de licencié, pas de bacheliers.

Si l'on compare le nombre des grades avec la population des fidèles de l'une et l'autre religion, on arrive à ce curieux résultat que les protestants prennent juste cent fois plus de diplômes théologiques
que les catholiques.

Pourquoi cette différence ? Tout simplement parce
que les Églises protestantes reconnaissent la valeur
des grades donnés dans les Facultés de l'État, tandis
que l'Église catholique leur refuse toute autorité
canonique.

Ainsi, la circulaire ministérielle du 30 mai 1820,
qui exige le diplôme de bachelier en théologie pour
être ministre ou pasteur, est strictement appliqué.

Au contraire, en vain la loi du 13 ventôse an XII
avait-elle décidé que « à l'avenir nul ne pourra être
nommé évêque, vicaire général, chanoine ou curé de
première classe, sans avoir un des certificats de capacité » ; en vain l'ordonnance du 25 décembre 1830,
avait-elle édicté des dispositions analogues : « nul ne
pourra être nommé archevêque ou évêque, vicaire-
général, dignitaire ou membre du Chapitre, curé
dans un chef-lieu de département ou d'arrondisse-

ment, s'il n'a obtenu le grade de licencié en théologie..; nul ne pourra être nommé curé de chef-lieu de canton, s'il n'est pourvu du grade de bachelier en théologie » : tout cela était resté lettre morte.

~~~~~~

C'est que, suivant la juste expression du cardinal Pie, évêque de Poitiers, dans sa remarquable lettre au ministre des cultes en date du 2 avril 1880, « des grades qui ne sont pas conférés canoniquement ne sont pas des grades. »

Or, l'Église a toujours refusé d'accorder aux Facultés de l'État l'investiture nécessaire pour que leurs grades aient une valeur canonique ; ceux-ci n'existent donc pas à ses yeux. Il en résulte que, lorsqu'un candidat à l'une des fonctions pour lesquelles le droit canon exige tel grade déterminé n'a que le grade de l'État, le pape se croit obligé de le dispenser de produire le diplôme qu'il possède réellement.

En voici un exemple récent et curieux. M. Roche, professeur à la Faculté de Paris, fut en 1879, nommé évêque de Gap. La bulle d'institution canonique, en date du 22 septembre, dit en commençant : « Ayant l'espoir que *vous, docteur en sacrée théologie* de la Sorbonne de Paris, qui avez été jusqu'à présent professeur à la Faculté de théologie de l'Université de Sorbonne... » Mais à la fin : « Bien que vous ne soyiez pas pourvu du grade de docteur en théologie et en droit canonique, néanmoins... nous vous donnons dispense... *malgré le défaut du grade de docteur...* »

Non content de se refuser à reconnaître les Facultés de l'État, le Saint-Siège a accordé l'institution canonique à des Facultés libres fondées en France, depuis la loi de 1875 sur la liberté de l'enseignement supérieur. Une lettre apostolique, signée de Pie IX, et datée de « Rome, près de Saint-Pierre, l'an de l'incarnation du Seigneur, mil huit cent soixante-seize, le XVII° des Kalendes de janvier, de notre Pontificat l'année XXXI° » porte « érection canonique de l'Université catholique de Lille. »

Le morceau est curieux pour quiconque n'a pas l'habitude de ce style et de ces idées, immuables depuis le moyen âge : « Assis au gouvernail de l'Église catholique, dit le pape, sans aucun mérite de Notre part, mais par un mystérieux dessein de la volonté divine...., à la prière de nos Vénérables Frères R. F. Régnier, cardinal-prêtre de la S. E. R. du titre de la T. S. Trinité au mont Pincius, par Notre grâce archevêque de Cambrai, et J. B. Lequette, évêque d'Arras, qui ont saisi l'occasion pour eux offerte par la restitution enfin obtenue — en partie du moins — de la liberté d'enseigner... en vue de fonder et d'instituer une université catholique à Lille, ville illustre, très peuplée et florissante par le commerce, rendez-vous d'un grand nombre d'étrangers... »

Ainsi la situation est des plus nettes. La France entretient des Facultés de théologie catholique ; le gouvernement en nomme les professeurs ; ceux-ci prennent rang — le premier rang par préséance — dans l'Université nationale, et font partie de ses conseils dirigeants, et le pape non seulement refuse de les connaître, mais leur cr´... ...˜is dans la même ville, comme à Lyon, des concurrences auxquelles il délègue toute autorité.

~~~~~~

Que l'on s'étonne après cela que les jeunes prêtres fuient ces Facultés mal vues en cour de Rome, conspuées par les intransigeants catholiques — devenus les gouvernants — suspectes aux évêques, et subodorant l'hérésie! Peut-être si le gouvernement eût tenu strictement la main à l'exécution de l'ordonnance de 1830, s'il n'eût nommé d'évêque et agréé de curé que sur le vu des diplômes de ses propres Facultés, il eût pu leur rendre la vie. Mais il éût fallu pour cela une vigueur dont nul ne s'est senti capable.

Tout ce qu'on a osé faire, c'est négocier avec Romè, c'est supplier le pape de donner aux Facultés l'investiture sacrée, la reconnaissance canonique. Les pourparlers les plus récents ont amené, en 1857 et 1858, un projet de bulle d'institution discuté en dernier lieu en 1874, sous le ministère de M. de Fourtou, et en 1875, sous celui de M. Wallon. Lorsque je présentai mon premier amendement, M. Jules Ferry, ministre de l'instruction publique, déclara, en pleine commission du budget, que ces négociations étaient reprises et allaient aboutir sous quelques mois. Quatre ans se sont écoulés depuis, et les choses sont encore en l'état.

Il n'en pouvait être autrement, et jamais l'accord ne pourra s'établir. Il est clair, en effet, que le chef de l'Église ne peut donner l'investiture à une Faculté, accorder valeur canonique aux grades qu'elle dé-

cerne, que s'il est maître absolu de son enseignement, nommant et révoquant les professeurs, ayant
en un mot sur l'établissement une autorité sans partage, qui lui donne toute garantie au point de vue
du dogme.

C'est en effet ce qu'il a toujours exigé. Mais d'autre
part, de pareils établissements n'auraient plus aucun
rapport avec ce qu'on entend en France par une
Faculté de l'État, et il n'y aurait aucune différence
appréciable entre eux et les Facultés dites libres,
sinon que leurs dépenses seraient soldées par le
Trésor public.

Il y a donc antinomie absolue entre ces prétentions contraires et également justifiées de l'Église et
de l'État. Il serait donc inutile et peu digne de
reprendre des négociations condamnées à un échec
certain.

Dans ces conditions, l'État peut-il continuer à dé-
corer du titre de Faculté de théologie catholique des
établissements auxquels le chef infaillible de l'Église
catholique le dénie absolument ? Quelle idée se peut-
on faire d'un enseignement théologique non reconnu
par l'Église même dont il a la prétention d'être l'or-
gane ? Si les fonctionnaires que l'État charge de professer dans cet établissement hybride se soumettent
respectueusement aux exigences dogmatiques de
leurs chefs ecclésiastiques, la dénégation persistante
de l'Église à leur reconnaître une existence légale
rend pour le moins ridicule le rôle de l'État qui
paye sans avantage aucun. S'il en est autrement, si

cet enseignement cache quelque entreprise secrète et exhale quelque odeur de schisme, la prétention de l'État de le soutenir, au nom de l'Église qu'il combattrait, joint au ridicule ce quelque chose d'odieux qui accompagne toutes les entreprises contre la liberté de conscience.

La dignité de l'État est donc intéressée à se dégager d'une situation fausse, et il ne nous serait pas difficile de montrer, si nous avions le droit de nous intéresser à ce côté de la question, qu'il en est de même pour la dignité de l'Église.

Le pape semble du reste le comprendre ainsi, et j'ai les meilleures raisons d'affirmer que la suppression des Facultés de théologie catholique de l'État ne serait l'objet d'aucune critique de la part de la cour de Rome.

Il est même des personnes que cet acquiescement tacite du Saint-Siège inquiète et incline à se défier. Ces Facultés dont l'État nomme les professeurs, sont, disent-elles, le dernier refuge d'un enseignement théologique en rapport avec les nécessités sociales de notre temps, respectueux des pouvoirs issus de la volonté nationale, d'un catholicisme libéral, pour ne pas dire gallican. En les supprimant, vous faites la joie des ultramontains, vous forcez nos jeunes prêtres à aller prendre leurs grades, soit aux universités étrangères de Louvain ou de Rome, soit aux universités ennemies déguisées sous le nom de « libres ». Vous perdez ainsi toute espérance de maintenir dans le haut clergé français un esprit de tolérance religieuse et de modération politique si désirable pour la tranquillité publique.

Les personnes qui parlent ainsi prennent évidemment leurs désirs pour des réalités.

En fait, d'abord, la statistique nous l'a montré, les jeunes ecclésiastiques ne prennent pas leurs grades dans nos Facultés, dont les cours ne sont suivis, — quand ils ont même des auditeurs, — que par des curieux laïques. Et ce fait prime tout.

Mais il vaux mieux se demander si ces espérances sont en elles-mêmes légitimes et si l'on doit continuer à faire des efforts pour les réaliser. Or, nous n'hésitons pas à dire non. Le dernier concile du Vatican a dû faire tomber toutes les illusions. Sans parler des déclarations de 1682 dont l'énoncé fait aujourd'hui sourire, toute velléité d'indépendance a dû disparaître devant le dogme, désormais incontesté dans l'Église, de l'infaillibilité papale. Un homme respectable entre tous et qui, par l'étendue de ses connaissances, la hauteur de ses vues, la modération de son esprit, la dignité de son caractère, réalise le type cher aux amis des Facultés théologiques de l'État, M. Maret, doyen de la Faculté de Paris, a dû s'incliner vaincu. Une plus longue résistance eût été rébellion, aventure schismatique. Et ce serait là ce que l'État prétendrait encourager ? Les Facultés auraient pour but secret d'entretenir une sorte de sourde révolte, de schisme inavoué, dissimulé derrière les mensongères épithètes de libéral, gallican, national ?

D'ailleurs, une telle conception est une injure pour la société moderne. Les temps ne sont plus où les rois, oints du Seigneur, et fils aînés de l'Église, pouvaient prétendre à avoir une opinion sur la discipline intérieure et les dogmes. L'État moderne envisage la religion comme un organisme dans le fonctionnement intérieur duquel il ne s'ingère pas, se bornant à surveiller, prévenir ou réprimer des empiétements qui menaceraient ses propres droits et la liberté des autres organismes sociaux.

Si donc l'Église demandait à l'État de venir matériellement en aide à des établissements par elle reconnus, où, sous sa garantie et son autorité, seraient enseignées en toute leur pureté ses propres doctrines, l'État n'aurait qu'à examiner s'il est de son propre intérêt de satisfaire à cette requête. Mais on ne peut comprendre l'État entretenant, en dehors de l'Église et presque malgré elle, des Facultés dites catholiques, dont le but serait de modifier par leur influence l'esprit même de l'orthodoxie catholique.

L'argumentation des défenseurs des Facultés de théologie catholique de l'État n'a donc pas de bases sérieuses.

La conséquence à tirer de toutes ces considérations, est la suppression des Facultés de théologie catholique. Pour les Facultés protestantes, les mêmes raisons n'existent pas, puisqu'elles sont reconnues et encouragées par leurs Églises, et leur conservation me paraît justifiée.

(14 novembre 1883.)

LA SUPPRESSION DES FACULTÉS

DE THÉOLOGIE CATHOLIQUE

Les facultés de théologie catholique ont vécu. La Chambre a, malgré le gouvernement, rayé du budget le crédit qui leur était affecté. Ce n'est pas que le ministre de l'instruction publique ait combattu à fond la proposition de suppression. Il s'est borné à soutenir qu'une pareille décision ne pouvait pas être prise par voie budgétaire, et il a demandé que la Chambre attendît, pour prendre un parti, la discussion des deux propositions de loi déposées, il y a bien longtemps déjà, par M. Boysset et par moi.

Je ne nie pas qu'il eût été préférable de procéder de cette sorte. On aurait pu alors régler convenablement le sort des honorables professeurs dont le traitement va être brusquement supprimé le 1er janvier 1885. Mais la Chambre était absolument dans son droit, et ce n'est pas la première fois que, par un simple refus de crédit, elle « détruisait — pour prendre l'expression de M. Fallières — des institutions qui reposaient sur des lois. » Tout récemment, par exemple, elle supprimait, d'accord avec le ministre de la guerre, l'aumônerie militaire, constituée cependant par la loi des cadres.

Les déclarations du ministre de l'instruction publique n'ont pas permis, malgré mon insistance à lui demander des explications précises, de faire apprécier son opinion sur le fond de la question. Mais de son discours on peut du moins retenir ceci qu'il a perdu la confiance qu'avaient ses prédécesseurs dans la réussite de négociations ouvertes avec Rome en vue d'obtenir, pour les facultés catholiques, l'investiture canonique, c'est-à-dire la reconnaissance de la valeur des grades qu'elles confèrent.

Je me souviens qu'en 1879, lorsque je déposai le premier amendement tendant à la suppression de ces facultés, M. Jules Ferry, alors ministre de l'instruction publique, affirma devant la commission du budget, présidée par M. Brisson, que la fausse situation dans laquelle elles se trouvaient allait bientôt cesser. Le pape se montrait, à l'en croire, disposé à accorder au gouvernement de la République anticléricale ce qu'il avait refusé à M. de Mac-Mahon et au second empire.

Je me déclarai absolument sceptique, et M. Fallières a reconnu l autre jour que j'avais bien raison.

Je n'avais vraiment pas grand mérite à cela. Il est bien évident, en effet, que le pape ne peut attribuer de valeur canonique aux grades que s'il est maître absolu de l'enseignement ; sans quoi il risquerait de reconnaître comme bons et savants théologiens des hommes imbus de doctrines fleurant plus ou moins l'hérésie. Aussi subordonne-t-il l'investiture à cette condition, à laquelle il lui est impossible de renoncer, qu'il nommera et révoquera lui-même, et souverainement, les professeurs et les examinateurs.

D'autre part, comment un établissement ainsi sous la dépendance de Rome pourrait-il prendre le nom de faculté? A quel titre ferait-il partie de l'Université, dont la discipline ne pourrait plus l'atteindre? De quel droit ces professeurs pourraient-ils s'asseoir dans les conseils de l'enseignement, rédiger les programmes laïques, juger les professeurs? Ce ne seraient en réalité que des grands séminaires ayant des cours publics, et le gouvernement ne pouvait accepter une condition qui lui enlèverait toute autorité sur des fonctionnaires.

On n'a donc pas pu, on ne pouvait pas s'entendre, et les choses sont restées en l'état. Les conséquences en sont des plus bizarres. D'une part, le pape accorde l'investiture à des facultés libres, comme celles de Lyon, à la barbe de la faculté de l'État siégeant dans la même ville, frappée ainsi d'une véritable indignité. Ces facultés sont, comme il est logique, sous la dépendance absolue de Rome. « L'Université catholique de Lille fait avant tout profession d'être dévouée à la chaire infaillible de Pierre et fidèle à ses enseignements. » Article 1er des statuts de Lille.

Et l'on ne s'en fie pas aux évêques. « Un chancelier nommé par le Saint-Siège est spécialement chargé de la maintenir dans cet esprit. » (Article 2.)

D'autre part, les licences et les doctorats décernés par les facultés de l'État sont considérés comme nuls et non avenus par le Saint-Siège, ce qui donne lieu aux plus curieuses et aux plus impertinentes contradictions. J'ai cité le fait de l'abbé Roche, nommé évêque de Gap en 1879. « Vous qui, dit en commençant la bulle d'institution, *docteur en sacrée théologie* de la Sorbonne de Paris, avait été jusqu'à présent professeur à la faculté de théologie de l'université de Sorbonne... » Puis en terminant : « *Bien que vous ne soyez pas pourvu du grade de docteur en sacrée théologie... néanmoins nous vous donnons dispense... malgré le défaut du grade de docteur.* »

Quel rôle bizarre pour l'État ! Payer 200,000 francs par an pour se faire railler de la sorte, c'était vraiment trop cher.

L'un des arguments qui ont le plus influé sur la détermination de la Chambre est l'inutilité de ces institutions, leur manque d'élèves, le nombre infime de grades qu'elles décernent. Cette pauvreté est évidemment la conséquence de la défiance de la cour de Rome et des évêques. A Lyon, par exemple, où existent faculté de l'État et faculté libre (celle-ci, par parenthèse, installée dans les bâtiments du grand séminaire, qui est la propriété de l'État!) les jeunes prêtres sont envoyés par leurs chefs à l'établissement papalin.

Il en résulte que les élèves sont dans les facultés catholiques juste cent fois moins nombreux, toute proportion gardée, que dans les facultés de théologie protestante. M. A. Dubost, rapporteur de la commission du budget, a dit : « Il y a un élève inscrit à la faculté de Paris, un à celle de Bordeaux, aucun à celle de Lyon. » D'où cette conclusion « que ces facultés ne correspondent en réalité à aucun service public. »

Mais l'enseignement lui-même, quand même la curiosité y amènerait un certain nombre d'auditeurs, pourrait-il être considéré comme un « service public ! »

J'en douterais volontiers en feuilletant un petit livre qui résume un cours de feu M. Delaporte, professeur de dogme à la faculté de Bordeaux. Ce rarissime volume (Paris, C. Dillet, 1864) a pour titre : « *Le Diable existe-t-il ? Que fait-il ?* » Et les dissertations sont des plus réjouissantes. « XIII : *Le Diable* » *est-il médecin ?* Si, pour faire un médecin, il faut » ces trois choses : science, habileté, dévouement, » Satan ne fut jamais médecin. Nous ne lui contes- » tons pas la science et l'habileté : mais il manque » absolument (!) de dévouement (page 48). »

Encore une fois, payer 200,000 francs par an pour faire enseigner de pareilles billevesées, c'était vraiment trop cher.

~~~~~~~

Je sais bien que, dans le programme des facultés de théologie, certains titres de chaires indiquent des enseignements plus sérieux. L'hébreu, par exemple ; le droit ecclésiastique, l'exégèse, l'histoire religieuse. On peut les transporter dans les facultés des lettres ou de droit, et il y aurait tout avantage à ce que ces matières fussent professées par des laïques indépendants.

L'histoire des religions a déjà, sur ma proposition, pris place au Collège de France. Il faudrait multiplier ces chaires de *mythologie comparée*. Rien de plus intéressant, que dis-je ? de plus passionnant. Rechercher par l'étude des monuments historiques, linguistiques, archéologiques, les premiers linéaments de l'idée religieuse. Les comparer avec ce que nous montre aujourd'hui le fétichisme des tribus sauvages. Voir comment l'homme, en lutte avec les phénomènes naturels, les a divinisés pour essayer de les utiliser ou de les conjurer, car ce n'est pas seulement la crainte, mais l'intérêt qui a fait les dieux. Après le fétichisme, dont, par une sorte d'atavisme, nous retrouvons la trace jusque dans la religion la plus jalouse de sa perfection ; après le polythéisme, qui renaît aussi dans son sein, faire l'histoire de la constitution des religions proprement dites. Suivre dans leurs conceptions les Védas, les Zend, la Bible, Bouddha, Zoroastre, les prêtres d'Égypte et de Chaldée, et les chefs des religions plus modernes. Retrouver, par une sorte de *paléontologie morale*, dans les dogmes morts et fossiles, les ancêtres des dogmes vivants. Reconstituer, en un mot, le lien mystérieux qui unit dans l'histoire les multiples manifestations, dans son évolution aujourd'hui régressive, du sentiment le plus obscur, le plus profond, le plus puissant qui ait ébranlé l'âme humaine, je ne sache pas de question, de problème qui doive, à un plus haut degré intéresser, passionner un homme de science.

Mais il y faut un esprit libre, sans préoccupations confessionnelles et dogmatiques, en pleine critique, en un mot sans foi religieuse.

C'est sur ces études importantes que M. Freppel a particulièrement insisté, déplorant leur disparition de l'enseignement public. Mais on peut et l'on doit répondre à ses doléances en les replaçant dans le cadre de nos facultés laïques. Il leur sera arrivé ce qui est advenu de leurs aînées, les sciences historiques, philologiques, sociales, physiques. Elle se seront enfin émancipées de la domination religieuse.

M. Freppel, dans sa défense des facultés menacées, l'a pris de haut avec la science. Soutenant une institution du moyen âge, il a repris une thèse du moyen âge. Et peu s'en est fallu qu'il ne résumât sa pensée dans la formule célèbre : *Scientia ancilla theologiæ.*

C'est une servante révoltée, monseigneur, ou plutôt une esclave libérée de ses chaînes, qui, sentant chaque jour grandir ses forces, considère avec dédain et surprise la naine contrefaite qui l'a si longtemps tyrannisée.

« Le jour, a ajouté M. l'évêque d'Angers, où vous excluerez de la Sorbonne la faculté de théologie, qui lui a donné son nom, il n'y aura plus de Sorbonne. »

S'il était vrai que Sorbonne et faculté de théologie ce fût tout un, j'abandonnerais très volontiers, quant à moi, un titre qui ne rappellerait plus que d'odieux souvenirs : livres brûlés, penseurs persécutés, Helvétius et Pascal condamnés, Descartes proscrit, Étienne Dolet conduit au bûcher, Jeanne d'Arc « remise aux mains de la justice de l'Église. »

(24 *décembre* 1884.)

INDUMENT LOGÉS

AUX FRAIS DE LA NATION

Je veux parler ici des évêques et des archevêques d'abord, puis des grands séminaires diocésains, d'un certain nombre de petits séminaires et même de congrégations religieuses, qui se prélassent — le mot est de circonstance — dans des immeubles appartenant à l'État.

Et la chose n'est pas de petite conséquence. C'est d'abord de 60 millions qu'il s'agit, au dire de l'administration des domaines, et cette évaluation est à coup sûr beaucoup au-dessous de la réalité ; puis, d'une situation privilégiée, d'avantages moraux autant que matériels, que ne justifient ni le texte ni l'esprit des lois concordataires, encore moins l'attitude du clergé catholique.

J'ai demandé, par un article additionnel à la loi de finances de 1885, que l'État rentrât en possession de ses immeubles. Le long retard du budget en a empêché la discussion, et, le 20 décembre, j'ai dû renoncer à la parole, pour ne pas assumer la responsabilité d'une prolongation de ce retard. Scrupule inutile, puisque le Sénat s'est refusé à voter le budget. Mais la question va revenir sous quelques jours, et il vaut la peine de s'en expliquer clairement.

Aussi bien, voici le texte exact de l'article soumis aux délibérations de la Chambre :

Les biens domaniaux affectés, en dehors des prescriptions concordataires, à des services des cultes, seront immédiatement dé-
saffectés. Ceux qui ne pourront être utilisés pour un service public seront mis en vente dans le plus bref délai possible, et le
produit de la vente sera versé à la *Caisse des lycées et Maison^s
d'écoles*.

~~~~~~~~

J'ai publié, en 1881, la statistique des biens d'Etat
ainsi affectés à des services non concordataires.

J'y trouve d'abord les palais épiscopaux. La plus
grande partie, en effet, appartiendraient à l'Etat.
Une dizaine d'évêques seulement (Agen, Montauban,
Montpellier, Nîmes, Pamiers, Rodez, Quimper,
Saint-Claude, Tarbes, etc.) sont logés dans des bâ-
timents départementaux.

Quelques prélats ne s'en tiennent pas au palais
situés dans leur ville épiscopale. Ils ont des palais
d'été, des maisons de campagne. Celui de la Rochelle
possède une villa sur le bord de la mer, dite le cha-
let Richelieu. Celui de Bordeaux est encore mieux
doté : sa maison de campagne de Mérignac possède
un parc de onze hectares de superficie. Notez que
je ne parle ici que des biens d'État, négligeant ceux
qui appartiennent aux menses épiscopales, ou
qu'allouent gracieusement à monseigneur les villes
ou les départements.

Or, le pacte concordataire est absolument muet
sur la question du logement des évêques. Les
articles organiques, qui l'accompagnent et l'in-
terprètent, disent formellement : « Les conseils généraux des départements sont autorisés à
procurer aux archevêques et évêques un logement

convenable. » Ce qui implique bien évidemment que l'Etat entendait ne point se charger de ce surcroît de dépense. Au reste, plus de la moitié des attributions de palais épiscopaux n'ont été faites qu'après le premier empire, qui cependant s'était montré de très bonne heure désireux d'adoucir les rigueurs primitives du Concordat.

Or, si l'on examine les tableaux publiés chaque année en annexe au budget des cultes, on trouve, pour expliquer l'affectation des palais épiscopaux, cette mention invariable : « Exécution de la loi du 18 germinal an X, art. 12 » En vain ai-je réclamé et obtenu promesse des ministres de faire disparaître cette erreur volontaire. Elle est reproduite encore cette année.

~~~~~~~

Ce dédain de la vérité est encore plus évident quand on arrive aux bâtiments affecté aux séminaires diocésains. Le rédacteur officiel du Budget déclare que l'attribution en est faite en exécution de l'article 7 de la loi du 13 ventôse an XII. Or, cette loi vise les séminaires métropolitains, au nombre de dix seulement, qu'ont remplacés les facultés de théo-logie.

Quant au Concordat, il dit dans son article 11 : « Les évêques peuvent avoir un séminaire pour leur diocèse, sans que le gouvernement s'oblige à les doter. » Aussi Portalis écrivait-il en 1806 : « Les séminaires diocésains n'occasionneront aucune dépense à l'Etat. »

Ainsi, aucun droit, cela n'est pas discutable. Et

cependant plus de soixante séminaires diocésains sont installés dans des bâtiments de l'Etat. Celui de Marseille a même à sa disposition un terrain estimé 150,000 fr. ; la forêt de Maraye-en-Othe est affectée à l'entretien du grand séminaire de Troyes ; celui de Vannes n'occupe pas moins de 17 hectares.

Pour les petits séminaires et les congrégations religieuses, il ne peut y avoir l'ombre d'un doute. L'administration des cultes elle-même n'a pu arracher par torture à quelque texte de loi une apparence d'aveu.

Ce qui n'empêche pas que l'Etat loge huit petits séminaires (Belley, Embrun, Toulouse, Saint-Gaultier, Aix, Pont-à-Mousson, Luxeuil, Paris). Une partie du terrain de celui de Langres appartient à l'Etat. Enfin, une forêt domaniale de 155 hectares sert de dotation au petit séminaire d'Aire.

Il est encore plus étonnant d'avoir à constater l'installation dans des bâtiments de l'Etat d'un certain nombre de ces congrégations dont le Concordat consacrait implicitement la dissolution. Il y en a de toute sorte : congrégations enseignantes (Ursulines, à Brives ; sœurs de la Croix, à Guéret ; sœurs de la Visitation, à Valence ; Ursulines, à Redon et à Péronne ; Dominicaines, à Paris) ; congrégations hospitalières (sœurs Saint-Joseph du Puy ; sœurs de la Charité, d'Evron et de Nevers) ; missionnaires (prêtres du Saint-Esprit, à Paris ; Lazaristes, à Paris et même contemplatives (Dames du Saint-Sacrement de Romans).

Il convient d'ajouter à cette liste une congrégation industrielle, celle de la Grande-Chartreuse, qui
occupe, pour le loyer dérisoire de 500 fr., un im-
meuble valant deux millions de francs.

Les biens d'Etat affectés aux évêques sont estimés
20 millions ; aux séminaires diocésains, 35 millions ;
aux petits séminaires, 1 million ; aux congrégations,
3 millons. Soit, au total, 59 millions.

Mais cette évaluation est certainement de beaucoup au-dessous de la vérité. Ainsi, à Lyon, le
grand séminaire, placé dans une situation magnifique, n'est estimé que 1,500,000 fr., et la superficie qu'il occupe est de 24.000 mètres ! A Paris, l'ar-
chevêché n'est porté que pour 900,000 francs, et
le séminaire de Saint-Sulpice, avec ses 15,000 mètres
carrés de surface, pour 3 millions et demi.

La valeur réelle est bien supérieure à ces chiffres.
Il résulte d'une enquête, assez superficielle, je dois
le reconnaître, que j'ai faite sur cette question,
qu'on peut estimer à une centaine de millions les
propriétés que l'Etat a si bénévolement mises à la
disposition de l'Eglise.

Presque tous les actes de concession sont de simples décrets ou ordonnances. Le gouvernement
pourrait donc les rapporter sans que le Parlement
eût besoin d'intervenir. Cependant, trois évêques
(Marseille, Poitiers, la Rochelle) sont logés en vertu
de lois ; il en est de même pour deux grands sémi-

naires (Soissons, Vannes), pour un petit séminaire (Embrun) et pour trois congrégations (Annonciades de Boulogne, sœurs de la Charité de Nevers, Dominicaines de Paris).

Il est donc préférable d'agir pour l'ensemble par voie législative. Je ne mets pas en doute les intentions de la Chambre ; je crois que mon amendement sera voté par elle à une majorité qui sera très grande si le gouvernement n'y met pas d'obstacle.

J'espère que le Sénat, aujourd'hui renforcé de 20 républicains, acceptera la décision de la Chambre. Mais, s'il en était autrement, le vote de la Chambre aurait tout au moins la valeur d'un ordre du jour, enjoignant au gouvernement d'avoir à rapporter par décret les actes du même ordre qui ont consacré ces affectations abusives. Le résultat voulu serait donc obtenu, sauf pour les 9 exceptions que j'ai énumérées il y a un instant.

〰〰〰〰

L'importance de cette mesure n'est pas seulement d'ordre financier. Il ne s'agit pas seulement de mettre à la disposition des divers ministères des bâtiments facilement utilisables et de trouver en outre un nombre respectable de millions pour la construction de nos maisons d'école.

Il s'agit bien plus encore d'appliquer jusqu'au bout la « politique strictement concordataire » et d'enlever à l'Eglise à la fois des avantages matériels et des avantages moraux, le prestige qui s'attache à toutes les conquêtes, signes de force.

Cela est si vrai que, j'en suis persuadé, bien des

gens vont crier à la profanation, presque au sacrilège. En 1881, passant à Nevers, on vint m'entretenir des divers projets de reconstruction du lycée ;
les dépenses devaient être considérables, un million
et demi, si je ne me trompe. — Je pourrais, dis-je,
vous loger à bien meilleur compte. Il n'y a qu'à ins-
taller le lycée dans les bâtiments du Grand-Sémi-
naire, en les agrandissant un peu ; les enfants joueront tout à leur aise dans ce beau parc de près de
deux hectares. — Jamais je n'oublierai la physio-
nomie effarée du fonctionnaire à qui j'adressai ces
paroles. Chasser de leur palais les oints du Seigneur!
Il semblait qu'il eût en mémoire le discours de
« maistre Editue » :

« Homme de bien, frappe, fériz, tue et meurtriz
» tous roys et princes du monde, en trahison, par
» venin ou aultrement, quand tu voudras ; déniches
» des cieulx les anges, de tout auras pardon du Pa-
» pegaut : *à ces sacrés oiseaux ne touche*, d'autant
» qu'aymes la vie, le proufict, le bien, tant de toi
» que de tes parents et amys vivants et trespassez :
» encores ceuls qui d'eulx après naitroyent en
» seroyent infortunez ! »

Quand cet amendement sera voté, la première
partie de la politique concordataire, celle qui nécessitait l'intervention législative, sera terminée.

Il ne restera plus rien, en effet, de la proposition
de loi que j'avais déposée le 7 février 1882, et qui
avait été élaborée sous le ministère Gambetta. Ses
diverses prescriptions ont pris place dans la loi mu-

QUESTIONS MILITAIRES

L'ÉDUCATION MILITAIRE

La Ligue française de l'enseignement, dans le congrès tenu à Tours la semaine dernière, a été saisie par son secrétaire général, M. Vauchez, du projet de vœu suivant : « Vœu que le gouvernement prenne l'initiative d'une loi rendant obligatoire le dimanche les exercices militaires pour les jeunes gens de dix-sept à vingt ans. » Cette proposition a été adoptée — sauf quelques modifications de détail — à l'unanimité.

Cette décision est intéressante à divers points de vue. La _Ligue_, qui, fidèle à ses doctrines et pleine de confiance dans la puissance de l'initiative privée, avait décidé, l'année dernière, de susciter des « cercles d'éducation nationale ayant pour but d'or-« ganiser pour les jeunes gens sortant de l'école, « jusqu'à vingt ans, l'instruction gymnastique et mi-« litaire, au moyen d'exercices hebdomadaires et de « réunions cantonales périodiques », reconnaît im-plicitement aujourd'hui que l'intervention des pou-voirs publics est indispensable pour mener à bien l'œuvre dont elle avait senti la nécessité. Sans doute,

nicipale, la loi des fabriques, celle des inhumations, etc., ou dans les budgets de 1883, 1884 et 1885. D'un autre côté l'Eglise a perdu tout privilège et toute autorité officielle dans le domaine de l'enseignement. Enfin, la loi militaire lui enlèvera certainement et bientôt ses exemptions et dispenses. Quelques décrets pourront aisément compléter l'œuvre.

Et alors il sera possible de préparer l'avenir, la Séparation. Car décidément l'association de l'Eglise et de l'Etat n'a pas fait de bonnes affaires. Après le Condordat, voici venir la Liquidation.

(*28 janvier 1885.*)

QUESTIONS MILITAIRES

L'ÉDUCATION MILITAIRE

La *Ligue française de l'enseignement*, dans le congrès tenu à Tours la semaine dernière, a été saisie par son secrétaire général, M. Vauchez, du projet de vœu suivant : « Vœu que le gouvernement prenne « l'initiative d'une loi rendant obligatoire le diman- « che les exercices militaires pour les jeunes gens de « dix-sept à vingt ans. » Cette proposition a été adoptée — sauf quelques modifications de détail — à l'unanimité.

Cette décision est intéressante à divers points de vue. La *Ligue*, qui, fidèle à ses doctrines et pleine de confiance dans la puissance de l'initiative privée, avait décidé, l'année dernière, de susciter des « cercles d'éducation nationale ayant pour but d'or- « ganiser pour les jeunes gens sortant de l'école, « jusqu'à vingt ans, l'instruction gymnastique et mi- « litaire, au moyen d'exercices hebdomadaires et de « réunions cantonales périodiques », reconnaît im- plicitement aujourd'hui que l'intervention des pou- voirs publics est indispensable pour mener à bien l'œuvre dont elle avait senti la nécessité. Sans doute, les efforts individuels ont donné de bons résultats dans quelques villes ; mais ceux dont la spontanéité généreuse s'est ainsi manifestée ont justement bien moins besoin que les autres, restés inertes, d'excitations patriotiques et d'éducation militaire. Et la grande masse demeure indifférente aux exemples de ces hommes dévoués.

D'un autre côté, les hommes politiques qui font partie de la *Ligue* auront sans doute réfléchi aux conséquences du plan qu'elle avait accepté, si l'on parvenait à organiser, dans chaque commune, un groupe armé d'adolescent et d'adultes, se réunissant à ceux des autres communes du canton, avec hiérarchie d'arrondissement et de département, le tout sous la haute direction du conseil général de la *Ligue*. Ce ne serait rien de moins qu'une armée nombreuse, disciplinée, habile aux exercices militaires et échappant à l'autorité directe de la Nation. Or, on ne peut pas admettre l'existence d'une force armée organisée, dont le ministre de la guerre n'aurait pas seul le commandement.

Enfin, après avoir reconnu la nécessité d'une organisation de gouvernement, et par suite d'une loi, la *Ligue* a compris que l'éducation militaire des adolescents ne devait pas être seulement facultative, mais bien obligatoire pour tous. Sans quoi, pour la raison que je faisais valoir tout à l'heure, ce seraient ceux qui en auraient le moins besoin qui seuls s'y consacreraient ; je veux dire ceux pour lesquels l'éducation, au régiment, serait la plus facile à faire ; ceux qui ont déjà les aptitudes, les goûts, le sentiment du métier de soldat. Ce sont les autres, précisément, sur lesquels il y aurait intérêt à agir ; et les autres se garderaient de se créer volontairement des charges et des ennuis.

~~~~~~~

Si j'avais assisté aux séances du congrès, je n'aurais pas manqué d'appuyer le vœu de M. Vauchez, car j'ai moi-même présenté à la Chambre des députés, dès 1882, une proposition de loi sur l'*obligation de l'éducation militaire*, dont l'adoption donnerait la plus complète satisfaction aux désirs de la *Ligue*. Et les raisons sur lesquelles je m'appuyais sont précisément celles qui ont dicté sa décision.

La loi sur l'obligation de l'instruction primaire met au nombre des matières de l'enseignement pour les garçons « les exercices militaires. » Les motifs de cette disposition sont tellement évidents et tellement graves qu'elle n'a exigé ni explications ni discussions devant les Chambres. Les représentants de tous les partis politiques ont été d'accord pour reconnaître la nécessité de préparer dès l'école les futurs défenseurs de la Patrie, de leur donner d'une part la connaissance élémentaire du maniement des armes et des exercices militaires, de l'autre le respect de la discipline et la notion des devoirs du soldat.

Or, l'œuvre du Parlement est tellement incomplète sous ce rapport qu'on peut se demander si elle portera ses fruits. L'obligation scolaire est terminée à l'âge de treize ans. De treize à vingt ans, le futur soldat n'aura-t-il pas eu le temps d'oublier tout ce qu'il a appris, et de l'oublier à tel point que son éducation au régiment n'ait rien à utiliser de ces lointains souvenirs ? De plus, il s'en faut qu'à treize ans il ait reçu une éducation militaire, je ne dis pas complète, mais suffisamment avancée ; les exercices de tir, par exemple, lui seront presque inconnus. Le but que la loi s'est proposé d'atteindre semble à peu près manqué.

Après mûres réflexions, je n'ai trouvé qu'un remède à cet état de choses : prolonger jusqu'à l'âge de soldat, pour l'éducation militaire, les exigences de la loi d'obligation. D'autres nations les ont déjà prolongées bien au delà de treize ans pour les notions générales de l'enseignement ; il ne peut paraître excessif de les appliquer, alors qu'il s'agit de la partie la plus importante de l'enseignement civique, de celle d'où peut dépendre le salut de la Patrie.

J'avais en conséquence, rédigé les dispositions législatives suivantes :

ARTICLE PREMIER. — L'instruction militaire..... devra être prolongée de treize ans révolus jusqu'à l'âge du tirage au sort.

ART. 2. — De treize à seize ans, elle sera donnée dans les bataillons scolaires,..... par les soins des fonctionnaires du ministère de l'instruction publique.

Au-dessus de seize ans, elle sera donnée par des officiers, sous la direction du ministre de la guerre.

ART. 3. — Un règlement d'administration publique déterminera les lieux et les époques des réunions, ainsi que la durée et la nature des exercices militaires.

On remarquera que je divise les jeunes gens en deux catégories :

D'abord les enfants de treize à seize ans, qui restent

sous la direction du ministre de l'instruction publique et qui sont simplement tenus de se joindre aux exercices du bataillon scolaire de la localité qu'ils habitent. Puis les adolescents de seize à vingt ans, pour lesquels toute une organisation d'éducation militaire devra être créée : exercices de tir, exercices de marche et, par exemple, réunion tous les dimanches à la commune, tous les mois au canton, tous les six mois à l'arrondissement.

J'ai pris comme époque de séparation entre les deux catégories l'âge de seize ans, parce que c'est celui que le Code pénal a choisi comme limite supérieure des actes délictueux ou criminels commis sans discernement.

Or, il fallait établir pour les infractions aux ordres de la nouvelle loi des sanctions pénales, et déterminer la part de responsabilité des enfants et celle de leurs parents. La loi d'obligation de l'instruction primaire n'a eu à s'occuper que de la responsabilité des parents. Mais, pour les adolescents de seize à vingt ans, il eût été souvent très injuste de mettre en cause les pères de famille et d'innocenter les délinquants eux-mêmes. J'ai essayé de résoudre la difficulté par l'article suivant :

ART. 4. — Les pénalités sont celles qu'ont édictées les articles 13 et 14 de la loi du 28 mars 1882.

Quand l'enfant a moins de seize ans, elles frappent les parents ou les personnes responsables de la garde de l'enfant. Quand il a plus de seize ans, elles frappent soit ces personnes, soit les mineurs eux-mêmes, soit les uns et les autres.

Ainsi, aux enfants de moins de seize ans je n'impose aucune responsabilité. Ce sont les personnes que la loi sur l'obligation déclare responsables qui pourront encourir la pénalité. Au-dessus de seize ans, c'est le jeune homme qui sera responsable et puni, s'il est nécessaire ; mais ses parents peuvent l'être aussi, et cela est juste, puisqu'ils ont encore autorité sur lui et pourraient être cause qu'il n'a pas obéi à la loi. Il appartiendra aux juges de discerner les responsabilités.

Quant aux pénalités, je m'en suis référé à celles qui sont instituées par la loi sur l'obligation ; seulement, comme il ne s'agit pas d'enlever l'enfant d'une manière continue à sa famille, et qu'il n'y aurait pas aux infractions à la nouvelle loi les excuses qu'il a été nécessaire d'admettre pour l'obligation purement scolaire, je demande qu'on passe outre aux remontrances, pour arriver d'emblée aux affichages, puis, en cas de récidive, aux pénalités véritables, c'est-à-dire, au maximum, quinze francs d'amende et cinq jours de prison.

Je me suis mis d'accord avec la commission de l'armée, présidée alors par Gambetta, pour ajourner l'examen de ma proposition jusqu'après la discussion de la loi sur le recrutement. Et je n'en aurais pas parlé sans la décision que vient de prendre la *Ligue de l'enseignement*.

~~~~~~

Je me réjouis du grand appui moral que m'apporte l'adhésion de cette association, qui a déjà rendu tant de services à la cause de l'éducation nationale. Déjà son influence se fait sentir dans la presse. Des journaux qui, lors du dépôt de ma proposition de loi, l'avaient assez durement malmenée, approuvent très chaudement le vœu du congrès de Tours, qui n'en est cependant qu'une réédition. J'en ai remarqué un qui manifeste aujourd'hui un véritable enthousiasme, et qui avait traité dédaigneusement d' « enfantillages militaires » et le projet dont je parle aujourd'hui et ceux qu'élaborait la *commission d'éducation militaire* que j'avais instituée au ministère de l'instruction publique. Ce sont là les indices d'une modification favorable de l'opinion.

Elle s'accentuera sans doute, et l'on comprendra que l'éducation militaire de l'adolescent est le seul moyen de rendre sans danger pour la sécurité nationale la brièveté du service militaire. Il faut que le jeune soldat arrive au régiment connaissant les exercices, le maniement des armes, ayant l'habitude du tir, et qu'il n'ait plus qu'à s'imprégner du véritable esprit militaire, fait d'obéissance, de discipline, d'abnégation personnelle, de respect hiérarchique, d'esprit de corps, de sentiment des responsabilités redoutables. Le service de trois ans sera voté bientôt. Il est permis d'entrevoir, après quelques années d'éducation militaire des adolescents, la réduction à deux ans du séjour à la caserne. Une pareille économie de temps, de forces, d'argent, sera bien supérieure aux légers sacrifices que peut exiger l'organisation que j'ai proposée.

(24 *avril* 1884.)

DISCUSSION

DE LA LOI DU RECRUTEMENT MILITAIRE

Séance du 10 Juin 1884

M. Durand, sous-secrétaire d'État au ministère de l'instruction publique, avait présenté, au nom du Gouvernement, l'amendement suivant à l'article 20 (1) :

Art. 20 — Premier paragraphe. — Après les mots : « les élèves de l'école polytechnique », ajouter : « les élèves de l'école normale supérieure. »

Deuxième paragraphe. — Après les mots : » les élèves de l'école polytechnique », ajouter : « et de l'école normale supérieure. »

Même paragraphe. — Après les mots : « le temps passé par eux à l'ecole polytechnique », ajouter : « à l'école normale supérieure ».

Le reste comme au projet.

Art. 20 *bis*. — Ne sont astreints qu'à une année de service :

1º Les membres de l'enseignement secondaire et spécial qui, à l'âge de vingt-quatre ans accomplis, justifieront

_____

(1) L'article 20 du projet de la commission était ainsi conçu:
« Les élèves de l'école polytechnique et les élèves de l'école forestière sont considérés comme présents sous les drapeaux dans l'armée active, pendant tout le temps passé par eux dans les dites écoles. Ils y reçoivent l'instruction militaire et sont à la disposition du ministre de la guerre.

« A la sortie de ces écoles, et s'ils ont satisfait aux examens prescrits, ils sont nommés officiers de réserve, conformément au paragraphe 5 de l'article 37 de la loi du 13 mars 1875. Les élèves de l'école polytechnique et de l'école forestière qui ne satisfont pas aux examens de sortie de ces écoles, ou qui refusent les emplois mis à leur disposition dans les services publics, suivent les conditions de la classe de recrutement à laquelle ils appartiennent par leur âge. Le temps passé par eux à l'école polytechnique ou à l'école forestière est déduit des années de service déterminées par l'article 38 de la présente loi. »

du grade de licencié et contracteront, en cette qualité, l'engagement de se vouer pendant dix ans à la carrière de l'enseignement dans un établissement d'instruction publique ;

2° Les élèves de l'école nationale des beaux-arts, sous la condition d'être admis en loge avant l'âge de vingt-quatre ans accomplis ;

3° Les élèves pensionnaires de l'École des langues orientales et les élèves de l'École des chartes, nommés après examen, à la condition de satisfaire aux examens de sortie desdites écoles et de contracter l'engagement de passer dix ans dans le service public ;

4° Les élèves des Facultés de droit qui, à l'âge de vingt-sept ans accomplis, justifieront du titre d'agrégé et contracteront en cette qualité l'engagement de se vouer pendant dix ans à l'enseignement public ;

5° Les jeunes gens qui, au moment de leur inscription sur les listes de recensement de la classe à laquelle ils appartiennent, résident et prennent, en outre, l'engagement de résider jusqu'à trente ans accomplis dans certains pays étrangers à déterminer par décret.

Art. 20 *ter.* — Ne sont également astreints qu'à une année de service, et ce en qualité d'aide-major, les élèves des Facultés de médecine et des écoles de phamacie qui, à l'âge de vingt-cinq ans accomplis ou après un internal dans les hôpitaux, justifieront du grade de docteur ou de pharmacien supérieur.

M. Fallières, ministre de l'instruction publique, ayant soutenu l'amendement, M. Paul Bert monte à la tribune pour lui répondre :

M. Paul Bert. — Messieurs, en votant à une énorme majorité l'article 2 du projet de loi qui vous est soumis (1), en repoussant à des majorités sem-

(1) Cet article est ainsi conçu : « Le service militaire est obligatoire, personnel et égal pour tous. »

blables les contre-projets de M. le baron de Reille et de M. l'évêque d'Angers, vous avez nettement et fermement affirmé votre volonté de dégager la parole que plus de trois cents d'entre vous avaient donnée à leurs commettants lors des dernières élections, vous avez décidé que le service militaire serait obligatoire, égal pour tous, et, suivant les paroles de Gambetta, que tout le monde payerait la même dette pendant le même temps. (*Très bien ! très bien ! à gauche!*)

Ce principe si solennellement proclamé, un membre du gouvernement vient aujourd'hui vous demander de le violer ! Dans quelles limites et pour quels intérêts? On vous demande de le violer, et on ne vous dit pas avec une netteté suffisante jusqu'où pourra s'étendre la fissure que l'on fait au principe, et ce qui pourra passer par cette brèche ouverte.

Avant d'entrer dans la discussion de l'amendement qui nous est soumis par un ou plusieurs de ses membres, je demande tout d'abord au gouvernement si cet amendement est un amendement ferme, si c'est bien lui-même qu'il faut discuter dans ses termes, — car, enfin, il faut qu'un amendement soit ouvert ou fermé, — si cet amendement est bien le terrain sur lequel le gouvernement veut se cantonner, si c'est le maximum des concessions qu'il entend faire, et si c'est sur ce terrain seul qu'il se maintiendra non-seulement ici, mais devant la Chambre sénatoriale.

Voix à gauche. — Oh! non, bien sûr.

M. Paul Bert. — Voilà ce que je lui demande,

car s'il en était autrement, il ne vaudrait vraiment
pas la peine d'entrer dans les détails de la discussion.

Un membre. — C'est une amorce !

M. PAUL BERT. — Je suis obligé de poser cette
question, puisque ceux qui ont mené cette campagne contre le principe même de la loi, chantent victoire, annoncent leur triomphe, s'écrient que l'amendement qui vous est soumis n'est pas, tant s'en faut,
la limite extrême des concessions accordées à ce
qu'ils appellent les grands intérêts sociaux. Je vois
sur ces bancs un de nos collègues, rédacteur d'un
journal considérable, qui écrivait, il y a peu de jours,
que cet amendement est un grand triomphe, mais
qu'il ne fait qu'entr'ouvrir une porte, pour que cette
porte soit plus tard ouverte à deux battants. (*Très
bien ! Très bien ! sur plusieurs bancs à gauche*).

Eh bien, je demande s'il est vrai que ce soit l'entrebaillement d'une porte, ou si c'est réellement une
limite absolument fixée, et si, lorsque vous rendant
aux sollicitations du gouvernement, ou de quelques-
uns de ses membres, vous auriez voté l'amendement
en question, vous seriez absolument sûrs que cet
amendement deviendrait dorénavant le minimum des
concessions qui pourraient être faites ici et ailleurs.
(*Très bien ! Très bien !*)

Je suis d'autant plus obligé d'insister ainsi que
cet amendement est assez durement traité par le
journal auquel je fais allusion. Il dit en effet : « Y
a-t-il un homme de bon sens qui, à la lecture de
l'amendement ministériel, rédigé sans doute aussi

par des hommes de bon sens, nous dise que ce n'est là qu'un commencement ? »

Est-ce là seulement un commencement ?

On me fait signe au banc du gouvernement, signe que c'est une fin. Il est donc bien entendu que cet amendement est l'alpha et l'oméga des concessions qui pourront, être faites, et que nous pourrons compter sur l'éloquence des membres du gouvernement pour empêcher que ces exceptions reçoivent ailleurs une extension que le gouvernement lui-même juge d'ores et déjà dangereuse.

Examinons donc cet amendement.

M. le ministre de l'instruction publique, au début comme à la fin de son discours, nous a dit que le gouvernement avait à se préoccuper non pas seulement de l'intérêt de l'armée, mais de ces grands intérêts sociaux, dont l'atteinte pourrait compromettre à la fois la richesse intellectuelle et la richesse morale de ce pays. Il a désigné par cette formule ce que l'on exprime couramment dans la presse en parlant des hautes études, du commerce et de l'industrie.

· Et voici qu'examinant l'amendement qui doit correspondre à cette trilogie, nous n'y trouvons, en réalité, que les intérêts de l'Université, entendu dans le sens étroit qui la limite à l'enseignement secondaire et supérieure. Nous les y trouvons dissimulés, pour les rendre plus intéressants, sous le nom d'intérêts de la haute culture intellectuelle, d'intérêts des hautes études ; mais du commerce, de l'industrie, de l'agriculture ; pas un mot. (*Très bien ! sur divers bans à gauche.*)

M. Michou — Rien !

M. Paul Bert. — Cette richesse matérielle que vous voulez sauvegarder en paroles, vous ne vous en souciez plus en fait, car il ne paraît pas qu'un seul des articles qui nous ont soumis puisse lui donner la moindre protection.

Et que répondra-t-on aux réclamations si nombreuses de ceux qui, après les écoles supérieures possédant des internes, comme les écoles normales, et les écoles à externes comme les facultés de droit, de médecine et de pharmacie, veulent ajouter les écoles centrales, d'agriculture, commerciales, des arts et métiers, jusqu'aux écoles primaires supérieures, ou du moins les écoles professionnelles, car si je ne me trompe, la commission a été saisie d'une pétition de l'école de la Martinière, à Lyon, qui demande que ses élèves soient également exemptés ? Comment donnera-t-on satisfaction à des réclamations qui ont été exprimées avec le sentiment de l'intérêt personnel blessé et de l'intérêt national compromis ? Quoi ? la promesse que « les jeunes gens qui, au moment de leur inscription sur la liste du recensement de la classe à laquelle ils appartiennent, résident et prennent, en outre, l'engagement de résider jusqu'à trente ans accomplis dans certains pays étrangers à déterminer par décret » ne seront astreints qu'à une année de service !

Résider en pays étranger ! Cette formule présente déjà quelque difficulté : les pays européens y seront-ils compris ? L'Amérique et les pays civilisés extra-européens seront-ils portés sur cette liste ; ou

ne devra-t-elle comprendre que les pays demi-sau-
vages et de conquête récente, ou enfin que les colonies ?

S'il ne s'agit que des colonies, je demande qu'il
n'en soit pas question dans la présente loi.   Car
rien ne sera plus simple que de dire, lorsque nous
arriverons à la constitution de l'armée coloniale :
Les jeunes gens qui habitent les colonies seront in-
corporés dans la portion de l'armée du pays qu'ils
habitent. (*Très bien ! Très bien !*)

L'amendement déclare que la détermination du
pays sera faite par décret. J'entrevois dans ceci bien
des abus, bien des difficultés, mais enfin j'admets
que vous résolviez ce problème difficile ; votre décret pourra être étendu par vos successeurs, s'ils ne
partagent pas votre réserve. Mais que devra-t-on
faire dans ce pays...

M. CAMILLE PELLETAN — Monte-Carlo, par exemple ! (*On rit.*)

M. PAUL BERT... pour n'être astreints qu'à une
année de service ?

Je suppose que l'amendement est, comme le disait
le collègue que je citais tout à l'heure, rédigé par
des hommes de bon sens et de bonne volonté, et par
conséquent l'hypothèse de M. Camille Pelletan peut
être éliminée de nos préoccupations.

Mais quel engagement prend-on ?

Qu'y fera-t-on dans ces pays ? Y résider ?

Et c'est avec ces mots : « Y résider, » que vous
avez la prétention de donner satisfaction aux agriculteurs, aux commerçants, aux industriels qui de-

mandent une situation particulièrement favorable pour les jeunes hommes qui s'en vont à l'étranger soutenir le bon renom de la production française et recueillir des connaissances utiles pour l'époque où ils reviendront dans notre pays?

Résider, mais c'est vraiment à la disposition du premier voyageur venu ; il suffira de s'aller promener pendant dix ans pour être censé résider en pays étrangers !

Non, dites-vous ? nous exigerons que l'on fasse du commerce ! comment le constaterez-vous ? Faudra-t-il, pour être dispensé, ouvrir une boutique dans l'Amérique du Sud ou en Australie, et y être inscrit sur un registre spécial? Non. Il suffira d'avoir un certain certificat qu'on montrera aux agents consulaires. Alors, toutes les maisons de Paris pourront essaimer, sous le prétexte de commis-voyageurs, tous les jeunes gens qui jugeront utile et agréable de se dispenser du service militaire. (*Applaudissements à gauche.*)

Mais, si vous ne donnez pas satisfaction aux intérêts du commerce, de l'agriculture, et de l'industrie, je vois bien quel intérêt vous protégerez sans le vouloir peut-être, et ici avec une satisfaction complète : c'est l'intérêt des missionnaires. (*Très bien ! à gauche*). Il est clair que ceux-là devront, avant tout, bénéficier de votre amendement, car ce sont ceux-là qui résident aux pays étrangers, et souvent dans les pays non civilisés, où il y a quelques périls à courir. Direz-vous qu'il suffira d'être revêtu d'une robe de moine pour ne pas être placé sous le bénéfice de votre amendement ? J'aurais voulu que vous l'affirmiez vous-même, mais il me parait un peu excessif de préjuger de vos sentiments...

M. RAOUL DUVAL. — Ces missionnaires ont été toujours et partout les précurseurs de l'influence française et des intérêts français.

M. PAUL BERT. — M. Raoul Duval me donne la raison pour laquelle ils devraient, dans son sentiment et peut-être dans celui du gouvernement, rester sur la liste d'exemption. Mais je dis que l'amendement, qui semble, en effet, rédigé pour eux, n'a aucune raison d'être. Et je répète qu'il ne peut en rien servir à sauvegarder les intérêts du commerce, de l'agriculture, de l'industrie, et qu'il ne profitera, en réalité, qu'aux missionnaires. (*Très bien ! à gauche.*)

M. GEORGES ROCHE. — Cela peut, cependant, servir aux colonies, d'y avoir des missionnaires. On a décoré l'évêque du Tonkin : cela sert donc à quelque chose ?

M. CLÉMENCEAU. — Faites attention ! monsieur le président du conseil, voilà la coalition ! Nous la voyons fonctionner.

M. GEORGES ROCHE. — Vous vous trompez, mon cher collègue, je ne suis inscrit à aucun groupe.

M. CLÉMENCEAU. — Mais vous siégez à droite !

M. LE PRÉSIDENT. — Monsieur Roche, vous ne pouvez pas dialoguer ainsi avec vos collègues.

M. GEORGES ROCHE. — Mon collègue me dit que je représente une coalition. C'est, dans tous les cas, une coalition de la droite et du centre.

M. LE PRÉSIDENT. — N'interrompez pas !

M. PAUL BERT. — Qu'on ne me fasse pas dire ce que je ne dis pas. La question est assez grave pour que nous ne perdions pas notre temps dans des incidents sans valeur. Je reviens à la discussion sérieuse. Je dis que ce paragraphe est inutile et dangereux, par les raisons que j'ai données et par cette autre encore, que vous régularisez un état de choses qui, malheureusement, existe à l'heure qu'il est, à l'encontre de la loi, et malgré les peines graves qui menacent ceux qui se laisseraient surprendre à la violer.

Tout le monde sait qu'il est telle région, l'Amémérique du Sud, où s'en vont un grand nombre de Français sans grand espoir de retour, pour échapper au service militaire. Ils spéculent sur une amnistie que tous les dix ans environ les Chambres ne leur marchandent pas, pour des raisons que je ne veux pas discuter ici. Dorénavant, vous leur ouvrez la porte. Vous déclarez que l'émigration sans esprit de retour est une chose bonne, régulière et qu'il convient d'encourager.

Je ne crois donc pas que ce paragraphe, à quelque point de vue qu'on le considère, puisse supporter l'examen.

La partie de l'argumentation de M. le ministre relative aux élèves de l'Ecole normale supérieure prend un caractère quelque peu spécieux à cause de l'assimilation qu'il a faite de l'exception qu'il propose à d'autres exceptions que consacre la loi. La loi place les élèves de l'Ecole polytechnique et de l'école forestière dans une situation particulière, et M. le ministre nous dit : Accordez cette situation favorisée aux élèves de l'Ecole normale supérieure ; ils en sont tout aussi dignes, ils la méritent tout autant, et ils n'en abuseront pas d'avantage.

Mais — M. le ministre l'a senti lui-même — il est véritablement excessif d'assimiler les élèves de l'école normale à ceux de l'Ecole polytechnique. A l'Ecole polytechnique, tout est militaire, l'uniforme, la discipline, le costume, les surveillants, l'éducation générale, la vocation des élèves, et tout cela sous la haute direction du ministre de la guerre, avec la discipline militaire à l'intérieur de l'établissement.

M PAUL DE CASSAGNAC. — Mais ceux qui sortent dans les tabacs ne sont pas militaires!

M. PAUL BERT. — Je l'ignore pas qu'une petite partie — le sixième ou le septiéme des élèves — sortent dans les services civils ; mais aucun ne sait, pendant tout le cours de ses études, s'il appartiendra aux services civils ou aux services militaire, car cela dépend non d'un choix qu'il peut faire, mais du rang qu'il aura acquis dans des examens qu'il n'a pas encore passés.

Il en résulte que la préoccupation militaire est dominante dans cette école ; et cela est caractérisé par le fait que les élèves de l'école polytechnique forment un bataillon qui figure dans nos revues, qu'ils s'en vont l'épée au côté, astreints à tout ce que le port de l'épée et de l'uniforme français comporte de tenue et de respect de soi-même.

M. LENIENT. — En 1848, les élèves de l'école

normale portaient aussi l'épée et le tricorne!

M. Paul Bert. — Comment voulez-vous qu'il en soit ainsi des élèves de l'école normale ? Vous aurez beau leur mettre l'épée au côté, il ne se considèreront pas comme des militaires.

M. le comte de Lanjuinais. — Ils avaient l'épée en 1848.

M. Pieyre. — Les élèves de l'école centrale aussi.

M. Paul Bert. — En 1848, tout le monde portait l'épée, jusqu'aux maires de village, car l'épée faisait partie de leur uniforme.

Je dis que les élèves de l'école normale ne pourront jamais se considérer comme de futurs militaires au même titre que les élèves de l'école polytechnique.

Il faut vraiment bien peu connaître l'esprit qui règne dans cette école pour se figurer qu'en faisant descendre ces jeunes gens dans la cour, qu'en les astreignant à quelques exercices, qu'en leur apprenant quelque peu le maniement des armes, vous ferez pénétrer en eux l'esprit militaire, et que vous les mettrez dans la même disposition, dans les mêmes sentiments, sur le même pied que les élèves de l'école polytechnique, dont la plupart doivent servir comme officiers.

Du reste, quant à moi, je serais tout disposé à voter un amendement qui déclarerait que les élèves de l'école polytechnique devraient être astreints, après leur deux années d'école, qui seraient comptées comme deux années de service, à faire une troisième année à la caserne, sous les drapeaux. (*Très bien ! Très bien !*)

M. LAISANT. — Après ou avant !

M. PAUL BERT. —Après ou avant. Laissons main
tenant l'école polytechnique et l'école normale :
voyons ce qui fait le fond même du débat.

On vous a dit : Nous voulons sauvegarder les hautes études, protéger ce qu'on a appelé la « haute
culture intellectuelle. » Nous le faisons en mettant
à part, en n'astreignant qu'à une seule année de
service militaire, d'abord les élèves de l'école des
langues orientales, de l'école des Chartes, les
membres de l'enseignement secondaire et spécial
qui, à l'âge de vingt-quatre ans accomplis, justifieront du grade de licencié ; les élèves des Facultés de droit qui, à l'âge vingt-sept ans accomplis,
justifieront du titre d'agrégé ; les élèves des Facultés de médecine et des écoles de pharmacie qui,
à l'âge de vingt-cinq ans accomplis ou après un internat dans les hôpitaux, justifieront du grade de
docteur ou de pharmacien supérieur.

Voilà comment on entend protéger les hautes
études ! Examinons de près cette dernière partie de
l'amendement, puisqu'elle est le terrain définitif,
le projet que le gouvernement considère comme
à la fois nécessaire et suffisant.

Voilà des jeunes gens qui se préparent à l'enseignement et qui, pour profiter d'une situation favorisée, pour être, en un mot, des volontaires d'un
an gratuits, devront être licenciés à vingt-quatre
ans, docteurs en médecine à vingt-cinq ans ou
agrégés à vingt-sept ans.

Eh bien ! examinons la situation que vous leur
ferez.

D'abord, supposons-les reçus à leur examen. Qu'entendez-vous faire de ces jeunes gens de 24 a 27 ans, d'une grande valeur intellectuelle, qui viennent de passer cinq, six, sept ans sur les bancs des écoles ? Comment entendez-vous les classer dans le régiment ? Suivront-ils la fortune de la classe qui débute ? Entreront-ils, pour ainsi dire, en première année d'instruction militaire ? Alors, vous les confondrez avec des jeunes gens qui ne doivent pas être préparés comme eux, car ce n'est pas trois ans qu'ils devront rester sous les drapeaux, mais un an seulement. Les tiendrez-vous à part pour les ins truire spécialement ? Alors, comment procéderez-vous ? Ils sont, disiez-vous tout à l'heure, 400 environ par an. Les disséminerez-vous dans tous les régiments ? Cela ferait en moyenne quatre par régiment, auxquels on ferait une classe militaire à part, qu'on exercerait d'une façon spéciale pendant un an, afin que cette culture intensive soit équivalente aux trois années de leurs camarades. Ou bien, les réunirez-vous tous ensemble en une sorte de bataillon sacré, en une troupe d'élite ? Leur ferez-vous donner l'éducation militaire en dehors du régiment ?

Alors, je demande, quelle sera l'attitude des officiers, des sous-officiers, et je prends la plus grande part à leur embarras, lorsqu'il s'agira de parler avec la vigueur, quelquefois avec la dureté que nécessitent les commandements militaires à ce bataillon de licenciés, de docteurs ou d'agrégés ! Je ne vois pas, en vérité, ce que ces jeunes gens feront dans l'armée, et j'aimerais mieux, je l'avoue, que vous les dispensiez définitivement du service : cela serait plus logique et plus franc.

Mais il ne vous suffit pas que ces jeunes gens soient reçus licenciés et qu'ils passent leur année au régiment : vous voulez davantage, pour protéger les hautes études. Qu'avez-vous imaginé ? Vous avez voulu que ces jeunes gens prissent l'engagement de servir pendant dix ans dans l'enseignement public ! En d'autres termes, ces jeunes licenciés qui sont restés pendant quatre ans sur les bancs des Facultés des lettres et des sciences, après qu'ils auront passé un an dans la caserne, vous les enverrez pendant un temps indéfini professer dans un collège de province. Car ils ne sont pas agrégés et ils ne peuvent entrer dans les lycées.

Je demande si le collège de province est bien le lieu où vous consacrerez ce que vous voulez consacrer, la sauvegarde des hautes études intellectuelles ! (*Très bien ! Très bien !*)

Voilà pour les jeunes gens qui sont reçus aux examens que vous exigez ; ils s'en iront passer un an au régiment, dans une situation bien difficile, et ensuite ils prendront le chemin d'un petit collège de sous-préfecture.

Mais s'ils sont refusés ! Il me semble que vous avez oublié complètement cette hypothèse ; elle est grave.

Plusieurs membres. — Ils feront 3 ans !

M. PAUL BERT. — J'entends bien ; mais je dis que dans le développement de la thèse on a oublié d'envisager ce côté de la question. Voilà un candidat licencié de vingt-quatre ans, un candidat docteur en médecine de vingt-cinq ans, que dis-je ! un candidat agrégé en droit de vingt-sept ans, à qui il sera arrivé quelque malheur — un accident quelconque, une maladie ou le mauvais vouloir d'un juge, et qui aura échoué aux examens.

Voilà ce pauvre garçon qui, à vingt-quatre, vingt cinq, vingt-sept ans, ne remplit pas les conditions exigées. Qu'en faites-vous ? Vous l'envoyez pendant trois ans sous les drapeaux, c'est-à-dire que de vingt-quatre à vingt-sept ans ou de vingt-sept à trente ans, il sera soldat aux côtés des jeunes gens de vingt à vingt-trois ans qui constituent l'armée active.

C'est ainsi que vous protégez les hautes études ? Et que deviendra-t-il ce pauvre garçon — car en vérité je m'apitoie sur son sort, moi qui, dans une circonstance déterminée, pourrait être chargé de l'examiner, — dans quelle situation le placez-vous ? Son avenir est brisé ; comment voulez-vous qu'il revienne à l'école de médecine à vingt-huit ans, ayant oublié — car je ne suis pas aussi absolu que l'on a bien voulu le dire, et je ne me figure pas que la caserne enseigne les mathématiques, le droit, la médecine, — ayant oublié, à coup sûr, une partie de son instruction première !

Vous voulez qu'il rentre à l'école de médecine à vingt-huit ans ou à l'école de droit à trente ans, pour courir la fortune de nouveaux examens et de nouveaux concours ? C'est presque impossible ! Et, chose plus grave, vous aurez gardé pendant trois ans dans l'armée un homme dont l'avenir est brisé, un homme désespéré, un mauvais soldat, un homme à l'esprit amer, qui maudira votre loi, l'armée, la Nation, le devoir et la Patrie! (*Très bien ! et applaudissements.*)

Voilà ce que vous aurez fait. Et, pendant cette préparation, dans quelles dispositions mentales mettez-vous ces jeunes gens, l'élite de la nation ? L'élite est peut-être trop dire, car je ne crois pas que la valeur des hommes se mesure à la quantité de décimètres carrés de parchemins qu'ils possèdent... (*Très bien ! Très bien ! à gauche.*) — mais enfin, dans quelle situation d'esprit mettez-vous ces jeunes gens, qui font partie de l'élite de la nation ?

Pendant quatre ans ils n'auront qu'une seule préoccupation, se soustraire au devoir militaire. Et quoi ! vous leur tiendrez ce langage : Travaille, tu ne feras pas ton devoir : travaille, tu seras dispensé de servir ton pays ! (*Très bien! Très bien !*)

Pour eux, la caserne entrera dans la série des peines universitaires ; après le pensum, le piquet, le cachot, vous leur montrez la caserne, vous leur enseignez l'horreur du métier militaire. (*Très bien ! Très bien ! sur divers bancs. — Mouvements divers.*) Ils ne considèreront plus le devoir militaire comme un honneur, ainsi que le faisaient les aristocraties d'antan, les aristocraties dignes de ce nom, qui avaient compris qu'une aristocratie ne peut durer qu'à la condition de s'imposer plus de devoirs que les autres classes de la nation ; mais au nom de ces petites aristocraties qui se disputent toutes les places de la grande, sauf sa place à l'armée... (*Applau-*

dissements), oui, au nom de ces pseudo-aristocraties, vous aurez fait que le service militaire ne sera plus à leurs yeux un honneur, pas même, selon un mot mauvais, mais vigoureux, un impôt, ce ne sera plus un droit dont il faut être fier, ce sera une punition, une marque d'infériorité, un signe d'insuffisance intellectuelle.

Voilà ce à quoi penseront vos élèves au cours de leur préparation (*Très bien! Très bien! — Applaudissements.*)

Et si la guerre arrive pendant ces quatre années, que ferez-vous? Vous enverrez ces jeunes gens sous les drapeaux? A quoi bon? Ils n'ont aucune éducation militaire. Ils ont vingt-trois ans, ils ne savent rien.

M. LE MINISTRE DE L'INSTRUCTION PUBLIQUE. — Avec le sursis d'appel, c'est la même chose.

M. PAUL BERT. — Quand nous arriverons aux sursis d'appel, nous en discuterons le bien fondé. En tout cas, un sursis d'appel n'est jamais un droit; il est renouvelable tous les ans, on tient compte de la situation politique dans laquelle on se trouve, et je ne serais pas étonné de voir, et j'espère bien voir un jour M. le ministre de la guerre arrêter net les sursis d'appel en prévision de graves événements.

Mais ici c'est un droit, et pendant quatre ans vous ne pourrez pas rappeler le jeune homme sous les drapeaux; vous ne pourrez le rappeler qu'au moment de la guerre. Qu'en ferez-vous alors? Il ne pourra pas être soldat, et ce que vous aurez de

mieux à faire, ce sera de le laisser à ses chères études, de le renvoyer, dans quelque classe, prendre la
place d'un professeur qui partira lui-même sous les
drapeaux, étant suffisamment instruit.

Car cette étrange éducation morale, à qui la don-
nez-vous ? Vraiment, c'est ce qu'il y a de plus grave
dans cet amendement devenu un projet de loi, et ce
qui devrait le faire repousser, sans discuter les détails,
par une véritable question préalable. (*Mouvements
divers*). Ces jeunes gens que vous élevez dans l'horreur du service militaire en leur montrant la caserne
comme une prison, une punition suprême, ce sont
précisément ceux qui sont chargés d'élever les enfants de la nation, ce sont ceux à qui vous donnez la
noble mission d'enseigner les devoirs civiques...
(*Très bien ! très bien ! sur divers bancs à gauche*) eux,
qui n'auront eu pendant quatre ans qu'une préoccupation : celle de leur échapper dans la limite du possible. (*Applaudissements sur les mêmes bancs*).

Et quels élèves auront-ils ? Des enfants de cette
bourgeoisie pour laquelle vous ouvrez cette échap-
patoire, et devant lesquels ils auront alors beau
jeu pour parler de l'équivalence des services et des
subtilités sur l'égalité des devoirs, distincte de leur
identité. Ils enseigneront en présence des enfants
de ces catégories sociales avides de privilèges, de
celles que beaucoup appellent les classes dirigeantes
de la nation. (*Rires à l'extrême gauche.*)

Mais à côté d'eux, il y a les fils des classes dirigées ? Y avez-vous pensé ? (*Vives marques d'approbation à l'extrême gauche.*)

A côté, vous aurez l'instituteur qui ira pendant trois ans sous les drapeaux. Oh ! celui-là, il pourra, devant ses élèves, parler, avec toute l'autorité morale, du devoir qu'il a réclamé de remplir. *(Applaudissements sur divers bancs à gauche. — Mouvements divers sur d'autres)*.

M. LANGLOIS. — Pas tant que cela !

M. PAUL BERT. — Monsieur Langlois, vous n'avez pas reçu comme moi, d'innombrables lettres de ceux qui réclament cet honneur ; ils en déduisent les raisons dans un langage souvent magnifique. *(Très bien ! très bien ! sur plusieurs bancs à gauche)*. Je vous en donnerais bien les preuves, mais l'heure est trop avancée...

Voix à gauche. — Lisez ! lisez ! puisqu'on conteste !

M. PAUL BERT. — Non, et d'ailleurs, on ne peut contester l'évidence *(Approbation sur les mêmes bancs)* ; j'ai déjà apporté à la tribune assez de preuves de ces réclamations ; M. le ministre de l'instruction publique les connaît ; M. le rapporteur en a ses dossiers pleins, et il pourra vous en donner connaissance à un moment plus propice.

Eh bien, vous aurez, d'un côté, la partie dirigeante de la nation, comme on dit d'ordinaire, la classe instruite, celle par laquelle il serait le plus précieux que l'exemple fût donné ; celle-là recevra les leçons d'un professeur qui pendant quatre ans aura eu pour préoccupation principale, pour espérance suprême, d'échapper au service militaire.

De l'autre côté, le reste de la nation, les fils de

l'ouvrier, du petit commerçant, du petit agriculteur, qui seront élevés par des instituteurs qui auront accompli entièrement leur devoir.

Il en résultera que vous aurez créé dans ce pays — ce qui est une étrange façon d'entendre l'éducation nationale — un état de choses dans lequel la supériorité morale sera en raison inverse de la supériorité intellectuelle. (*Très bien ! très bien ! et applaudissements sur divers bancs à gauche.*)

Je dis maintenant qu'après avoir abaissé le niveau moral de ceux que vous voulez protéger, vous abaisserez étrangement leur niveau intellectuel, et je vais le prouver facilement.

Vous voulez protéger les hautes études, et vous prenez le seul moyen de les frapper de mort, ou tout au moins de les diminuer singulièrement.

Je parlais tout à l'heure de la pitié dont s'inspireront les examinateurs lorsqu'ils recevront devant eux un jeune homme de 24 à 27 ans dont ils ont l'avenir entre les mains. Va-t-il passer trois ans ou un an sous les drapeaux ? Va-t-il rester à la caserne jusqu'à 28, jusqu'à 30 ans ? Une boule blanche, il est sauvé ; une boule noire, il est perdu. Comment voulez-vous que l'examinateur ne se laisse pas entraîner par un sentiment de bienveillance, qui est déjà assez général, à un excès d'indulgence ? Comment voulez-vous qu'il ne tienne pas compte non-seulement du niveau des études, mais aussi de la situation du candidat qui fera valoir une maladie, la pauvreté de ses parents, une famille à soutenir et qui demandera qu'on s'apitoye sur son sort ? Et l'examinateur s'apitoyera. Vous verrez ainsi s'abaisser, par une indulgence excessive des examinateurs, ce niveau des études que vous voulez sauvegarder. (*Très bien ! très bien ! sur divers bancs à gauche.*)

Que dirai-je pour les études artistiques? Comment! Les jeunes gens qui entreront en loge seront seuls dispensés? C'est à eux que vous donnerez cette bonne fortune d'avoir deux années de travail et de liberté, tandis que leurs camarades, qui n'auront pas eu la même chance, passeront leurs trois années à la caserne?

En vérité, je comprends que dans une hiérarchie organisée, on tienne compte de cet ordre de récompenses. (*Très bien! très bien! sur divers bancs à gauche.*) Mais pouvez-vous sérieusement dire que c'est-là une marque d'un avenir artistique tel, que vous pouvez par cette raison dispenser un jeune homme d'accomplir le service en entier ? Ne savez-vous pas que de tous les concours en général, mais que de ces concours plus que d'autres, il ressort bien plus le reflet du juge que la personnalité de l'élève? (*Très bien ! très bien ! et applaudissements sur divers bancs à gauche.*) A toutes les intrigues, à toutes les sollicitations, à tout ce qui fait que tant d'artistes demandent que ces concours soient supprimés, vous ajoutez ce qu'il y aura de pis, l'ardeur de se sauver de la caserne et de fuir le devoir civique? (*Nouveaux applaudissements sur les mêmes bancs à gauche. — Rumeurs sur d'autres.*)

Est-ce tout? Il s'en faut de beaucoup. Je n'insiste pas sur les détails : je pourrais vous |citer de bien grands noms dans les arts...

Une voix à gauche. — Meissonier !

M. PAUL BERT...et vous rappeler que ceux qui les portent ne sont pas entrés en loge et n'ont pas passé par l'école des beaux-arts. Mais je reviens à la question générale. Je soutiens que le système du Gouvernement porte une atteinte singulièrement grave à ces hautes études qu'il veut protéger.

En effet, dans l'état actuel des choses, parmi ces jeunes gens qui suivent les cours des facultés, qu'il s'agisse des facultés des lettres ou des sciences, c'est-à-dire d'études purement théoriques, ou des facultés de droit et de médecine, c'est-à-dire d'écoles mixtes où une profession est au bout du diplôme, il y en a bon nombre, et ce ne sont pas les plus mauvais, je pense, qui s'égarent, ou du moins qui s'attardent quelque peu en route. Ceux-là, on les trouve dans les bibliothèques, lisant quelque livre intéressant, poursuivant et discutant à part eux quelque thèse curieuse ; on les rencontre dans des cours qui n'ont pas souvent de rapport direct et nécessaire avec le diplôme qu'ils poursuivent, et auxquels ils assistent par curiosité de l'esprit, par simple désir d'étendre leurs connaissances, de se réjouir d'une science clairement exposée. Nous les trouvons, nous autres, dans nos laboratoires, où ils viennent, soit assister à des expériences, soit en faire eux-mêmes, sans que ce séjour soit exigé pour l'obtention du diplôme.

Il faut bien reconnaître qu'au point de vue de la date à laquelle ils arrivent à conquérir leurs grades, ces jeunes gens perdent leur temps ; ils perdent un an, deux ans ; ce n'est pas à vingt-cinq ans — ce qui est la limite absolument rigoureuse — c'est à vingt-sept, vingt-huit, vingt-neuf ans, qu'ils arrivent au doctorat en droit ou en médecine. Ils ont passé une bonne partie de leur jeunesse à se former l'esprit en étudiant précisément tout ce qui n'est pas exigé dans les examens.

M. CAMILLE PELLETAN. — Très bien ! très bien !

M. PAUL BERT. — Eh bien ! à ceux-là, vous donnez un étrange enseignement, vous leur dites : Ne hante pas cette bibliothèque, ne lis pas ce livre qui t'intéresse...

M. CAMILLE PELLETAN, M. CLÉMENCEAU *et d'autres membres à gauche.* — Très bien ! très bien ! — C'est cela !

M. PAUL BERT... ne suis pas ce cours, n'assiste pas à cette expérience ! Prends-y garde ! Tu vas perdre ton temps ; tu vas risquer tes trois ans de caserne ! Tiens-toi strictement cantonné dans les limites de ton programme ; apprends exclusivement ce qu'on te demandera à l'examen, et alors, à vingt-quatre ou vingt-cinq ans, tu seras libre.

Qu'aurez-vous fait alors ? Vous aurez, au livre, substitué le manuel. (*Très bien ! très bien ! et applaudissements sur divers bancs à gauche*) ; au professeur, vous aurez substitué le répétiteur. (*Nouveaux applaudissements sur les mêmes bancs.*)

En vérité, vous vous êtes jetés dans une impasse, vous vous êtes posé un problème insoluble. (*Très bien ! très bien ! sur divers bancs à gauche et à droite. — Interruptions sur d'autres bancs à gauche.*)

M. MARGAINE. — Des deux côtés.

Plusieurs membres à droite. — C'est vrai.

Voix à gauche. — C'est la faute du Gouvernement.

M. Paul Bert. — Oh! je ne généralise pas. Je
parle des rédacteurs de l'amendement et non de la
loi tout entière.

Je dis que vous êtes dans une erreur complète.
Vous avez voulu sauvegarder les hautes études, la
culture intellectuelle, ce grand développement de
l'esprit qui fait l'honneur et la gloire de ce pays, et
vous vous êtes figuré que ce serait assez de demander des preuves universitaires sous la forme de parchemins blancs revêtus du fameux cachet rouge, et
qu'avec cela vous détermineriez nettement la valeur
des esprits, que vous auriez le signe et la preuve du
devoir intellectuel.

Eh bien, non! l'histoire des arts, des sciences et
des lettres, dans ce pays et dans tous les autres
(*très bien! très bien! sur divers bancs à gauche*), est là
pour vous montrer que tous ceux qui ont créé, innové, fait des œuvres considérables, n'ont pas passé
par ces filières.

M. Camille Pelletan *et d'autres membres à gauche.*
— Très bien! très bien!

M. Paul Bert. — Est-ce que Proudhon, est-ce
que Balzac étaient des licenciés?

Voix à l'extrême gauche. — Et Quinet?

M. Paul Bert. — Ils n'étaient même pas des bacheliers, mais de simples ouvriers, (*Très bien! très
bien! sur plusieurs bancs à gauche*) je crois, des protes
d'imprimerie.

M. LE COMTE DE LANJUINAIS, *ironiquement*. — Alors, il faut supprimer tous les collèges et tous les diplômes.

M. PAUL BERT. — Est-ce que Delacroix était monté en loge ? Non ! Presque tout ce qui est véritablement original et inventeur échappe à votre formule, ne passe pas du tout par la hiérarchie administrative et universitaire, mais vit d'une vie spontanée et absolument libre.

M. CAMILLE PELLETAN et M. CLÉMENCEAU. — Très bien ! très bien !

M. PAUL BERT. — Par conséquent, si la caserne est réellement ce lieu que vous redoutez, où doivent se flétrir les fleurs intellectuelles élevées en serres chaudes par l'Université, eh bien, cette caserne, il faut trouver un moyen de l'interdire à ces jeunes hommes dont l'avenir doit être la gloire du pays, et qui seront plus intéressants pour lui que ceux qui ont pris l'engagement de fabriquer pendant dix ans des bacheliers. (*Très bien ! très bien ! sur divers bancs à gauche.*)

Mais alors, où allez-vous ? Vous avez dit que vous resteriez fermes et cantonnés sur le terrain de votre amendement. Je vous mets au défi alors de répondre à ceux qui viennent déclarer qu'il faut dispenser du service militaire tous ceux qui montrent une valeur, une hauteur de vues, une faculté particulière. Vous êtes amenés logiquement à dispenser tous ceux qui se préparent aux professions libérales. C'est ce qu'on demande, au moins d'un certain côté. Je sais bien que M. Lenient, quand les intérêts universitaires sont satisfaits, est lui-même satisfait... (*Sourires.*)

M. LENIENT. — Je ne demande pas cela.

M. PAUL BERT. .....mais vous n'êtes pas seul, monsieur Lenient. D'autres demanderont que tous ceux qui doivent recruter les professions libérales soient exemptés également ; on vous fera valoir les raisons, qu'on apportera peut-être à la tribune, qu'on a indiquées dans la presse, où l'on a versé des flots d'encre pour démontrer la nécessité d'éviter le contact de la caserne pendant trois ans aux futurs magistrats, aux futurs avocats, aux futurs médecins, aux futurs journalistes, aux futurs professeurs.

M. CAMILLE PELLETAN. — N'oubliez pas les futurs députés. (*Sourires.*)

M. PAUL BERT. — On vous dira tout cela, et vous aurez beau répondre, comme répondait à l'Assemblée nationale M. Beaussire, qui, quoique universitaire, a fait un discours remarquable pour combattre le volontariat d'un an : Des professions libérales, mais il y en aura toujours assez. Vous aurez beau dire : Ne faites pas que les industriels, les agriculteurs n'aient qu'un souci : faire de leur fils un homme de carrière libérale (*Vives marques d'approbation sur divers bancs à gauche*) car, lorsqu'ils seront bacheliers ou même licenciés, ils trouveront que le barreau et les autres carrières sont bien encombrées. Il y a des gens qui disent, c'est sans doute une impertinence : Il y a déjà beaucoup d'avocats. D'autres disent : Il y a déjà beaucoup de médecins ; ceci, je suis sûr que c'est une impertinence. (*Sourires.*) Et, comme il y a beaucoup d'avocats et de médecins,

que les carrières sont encombrées, tous ces déser-
teurs de l'agriculture, du commerce et de l'industrie
viendront au Gouvernement, lui tendront les deux
mains en disant : « Donnez-nous une place. (*Rires et
marques d'approbation sur divers bancs à gauche*). Et,
tout d'abord, donnez-nous des privilèges. Mettez-
nous à l'abri du service militaire. Nous sommes les
bons élèves de vos lycées, la fleur intellectuelle de
la nation, protégez-nous, protégez les carrières libérales. »

Et alors vous trouverez devant vous des réclamations bien autrement autorisés, les réclamations de
ceux qui diront: «Pourquoi accordez-vous des privilèges, pourquoi faites· vous une situation exceptionnellement favorable aux consommateurs sociaux, et
pourquoi n'accordez-vous pas une situation analogue, égale, aux producteurs ? » (*Très bien ! très bien
et vifs applaudissements sur plusieurs bancs à gauche.*)

Et alors, au nom de l'industrie, au nom du commerce, au nom de l'agriculture, au nom des vrais
producteurs, on vous demandera d'autres exceptions.

Où allez-vous ? Je vous mets au défi de vous arrêter ; il est impossible, aussitôt que vous aurez ouvert une fissure, si légère qu'elle soit, au principe
égalitaire de la loi, de la fermer; vous êtes en présence de deux systèmes également impraticables.

Avez-vous la prétention de reconnaître que tel
jeune homme de vingt ans, au moment où il va entrer dans la caserne, possède une valeur intellectuelle qui en fera un jour une des gloires de son pays ?

A quoi reconnaîtrez-vous cette supériorité future?
Qu'est-ce qui vous indiquera que la langue de feu de
l'esprit saint est descendue sur lui? Est-ce parce
qu'il sera bachelier? Je pense que la chose est absolument jugée.

Ou bien attendrez-vous qu'il soit devenu un
homme, comme vous faites dans le projet; qu'il ait
atteint 24, 25 ou 27 ans, et risquerez-vous, soit de le
mettre dans la situation étrange que j'ai décrite,
soit de le livrer, à cet âge, à la caserne, au mino-
taure des intelligences?

Je dis que vous êtes en présence d'une situation
dont vous ne trouverez pas le moyen de sortir.

Je considère donc que l'amendement, même réduit
aux termes où il est libellé par vous, est d'une part
absolument insuffisant, puisqu'il ne donne aucune
satisfaction à ces intérêts sociaux d'ordre matériel
que vous vouliez protéger et puisqu'il laisse de
côté l'immense armée des instituteurs. Je dis, de
plus, qu'il est inutile, car il ne met pas à l'abri de la
redoutable caserne les hommes d'élite qu'il en veut
écarter. Je dis qu'il est dangereux, car il place une
quantité considérable d'hommes de valeur dans une
dispositon mentale des plus funestes, alors que ces
jeunes hommes devront être précisément les éducateurs de la nation. La conséquence est que ne pouvant trouver — et cela est bien heureux — un
moyen raisonnable et logique de violer le principe
d'égalité, il faut l'accepter tout entier. (*Très bien!*
— C'est cela! et applaudissements sur plusieurs bancs à
gauche.)

Il faut dire que vous aurez l'égalité, non pas seulement devant les risques du champ de bataille, mais devant les ennuis de la caserne.

Mais cette caserne, est-elle donc aussi redoutable qu'on le dit?

Déjà M. le ministre de la guerre l'a vengée, dans un noble langage, des attaques dont elle a été l'objet, et, tout à l'heure, M. le ministre de l'instruction publique a dit qu'elle était une grande école de devoir, de discipline et de patriotisme. Mais si son organisation actuelle prête à certaines critiques, s'il y a, dans cette caserne, des pratiques à corriger, des remèdes à apporter à un état de choses fâcheux, que peut-il arriver de plus heureux que d'y voir séjourner pendant trois années tous les enfants de la bourgeoisie? Qu'est-ce qu'il peut arriver de plus heureux que d'y voir sur le même pied, à côté des paysans et des ouvriers, vivant dans les mêmes conditions, partageant les mêmes exercices, couchant dans la même chambrée, soumis aux mêmes corvées, astreints à la même discipline, risquant les mêmes punitions, vos futurs professeurs, vos futurs médecins, vos futurs avocats, vos futurs millionnaires?

Je dis que c'est heureux de deux façons : parce qu'ils donneront autour d'eux des exemples excellents, d'où résultera une meilleure éducation pour tous, et ensuite parce que les parents se préoccuperont davantage de la caserne où vivront leurs enfants.

Ils ne seront plus en présence du volontariat d'un an, où des recommandations habiles adoucissaient pour l'enfant chéri l'année de séjour à la caserne : de ce volontariát qui n'était, en réalité, qu'une année supplémentaire de collège, un peu plus rude, mais moins ennuyeuse, hélas ! que les autres. (*Sourires.*)

Mais ces parents, influents parleur position sociale, s'occuperont de la caserne, de la vie militaire, et travailleront aux améliorations nécessaires, parce qu'ils y seront intéressés.

Quelle sera l'influence réelle de la caserne sur ce jeune homme d'élite dont vous vous inquiétez tant ? Oh ! je le reconnais, — car je ne suis pas aussi absolu qu'on l'a prétendu ici, — un jeune professeur, un élève de l'école normale, un médecin, un ingénieur, qui ira passer trois ans à la caserne, y perdra quelque chose ; je suis loin de le nier ; il y perdra de l'acquis, et, au sortir de ces trois ans de caserne, il sera, cela est certain, moins apte à répondre à un examen ; il aura oublié des dates d'histoire (*Rires approbatifs*) ; il sera quelque peu embarrassé dans certains problèmes de géométrie ; il serait bien possible, *horresco referens*, que quelque texte latin ou grec lui présentât des difficultés. C'est là le passif ; je ne le nie pas. Mais n'y a-t-il que le latiniste, l'helléniste, le physicien, le mathématicien, qui perdent au passage de la caserne ? N'y a-t-il que l'avocat, le médecin, l'industriel, à qui ces trois années nuiront dans le développement de leur carrière ?

Croyez-vous que l'ouvrier ciseleur, l'ouvrier horloger, que les ouvriers d'art, en général, ne perdront pas de leur habileté manuelle, de leurs aptitudes artistiques pendant ces trois années ? (*Très bien! très bien ! et applaudissements à gauche.*)

M. LE BARON REILLE. — C'est pour cela que nous demandons qu'il y ait de bons numéros.

M. PAUL BERT. — Puisque vous vous préoccupez, et avec raison, du bon renom artistique de la France devant l'étranger, et de la concurrence que nous font certaines nations dans les industries d'art qui semblaient être le monopole exclusif de notre pays, je vous demande si vous donnerez satisfaction à ces craintes en dispensant quelques fils de commerçants millionnaires, tandis que vous enverrez les ouvriers sculpteurs et décorateurs sous les drapeaux pendant trois ans? (*Très bien! très bien ! et nouveaux applaudissements sur les mêmes bancs.*)

Eh bien, si les ouvriers y perdent leur habileté manuelle, si vos futurs médecins, avocats ou professeurs y perdent également de leur préparation professionnelle, c'est qu'il faut que tout le monde participe au sacrifice suprême. Il serait bien étrange que ce fussent ceux-là qui ont le plus d'intérêts à défendre, le plus de dettes à payer à la société, qui pussent s'en tirer au meilleur compte. (*Très bien ! très bien! et vifs applaudissements sur divers bancs à gauche.*)

C'est là le passif. Mais il y a un actif aussi dans le séjour de trois ans à la caserne. Et, d'abord, au point de vue corporel, il y a un bénéfice pour ces jeunes gens élevés pendant huit ans sur les bancs de l'école, et qui se développeront, qui grandiront, qui prendront cette force physique, qui est une des conditions de la force intellectuelle. (*Nouvelles marques d'approbation sur les mêmes bancs.*)

Cela n'est pas discutable et n'est discuté par personne, et, cependant, assez volontiers laissé de côté. Vous me permettrez donc de faire entrer en ligne les appréciations physiologiques, et de dire que vous rendrez assurément un grand service à cette classe bourgeoise à laquelle manque l'éducation corporelle, en l'astreignant pendant trois ans à des exercices salutaires.

M. LE COMTE DE DOUVILLE-MAILLEFEU. — Certainement, c'est dans son intérêt même. (*On rit.*)

M. PAUL BERT. — Et, au point de vue intellectuel, l'honorable M. Freppel, que je regrette de ne pas voir à son banc, — c'est la formule qu'il employait l'autre jour vis-à-vis de moi, — M. Freppel, qui, a-t-il dit, me faisait l'honneur de suivre avec soin tous mes discours, *ad castigandum* sans doute, m'a reproché un mot un peu physiologique. J'ai dit en effet que, pendant ces trois années, il se fera chez ces jeunes gens comme une sorte de digestion intellectuelle.

Messieurs, je sacrifie volontiers l'expression, mais je demande s'il n'y a pas dans cette idée, une part de vérité ; je demande si l'enseignement secondaire, tel qu'il est organisé, ne jette pas dans le monde des jeunes gens surmenés, surchauffés, sursaturés de toutes sortes de connaissances accumulées prématurément, chez qui la mémoire a été développée à l'excès, aux dépens de la plupart des autres facultés intellectuelles ? (*Très bien ! très bien ! et applaudissements sur les mêmes bancs.*)

Et alors, n'y a-t-il pas avantage à donner au jeune homme un certain temps de repos, pendant lequel tous ces faits agglomérés se classeront, pendant lequel il se fera dans son esprit comme un recul, une sorte de mise au point, comme disent les artistes. (*Très bien! très bien! et applaudissements à gauche.*) En telle sorte qu'il aura bien pu oublier ce qui est contingent, mais qu'il conservera ce qui est fondamental ; qu'il sera moins affiné, mais plus mûr; moins prêt pour les examens, mais plus prêt pour la vie pratique. (*Très bien! très bien!, et applaudissements à gauche.*)

M. LE COMTE DE LANJUINAIS. — Au bout de trois ans, il aura si bien digéré que ce sera comme s'il n'avait pas mangé. (*Rires à droite.*)

M. PAUL BERT. — L'absorption suit la digestion, vous le savez, mon cher collègue.

Je ne nie pas que la valeur de l'argument que j'emploie diminue au fur et à mesure que la durée du séjour dans la caserne augmente. Il est vrai que, pour le service de sept ans, que vous regrettez de ce côté... (*L'orateur indique la droite.*)

M. LE BARON REILLE. — Du tout! nous avons proposé le service d'une année et demie en moyenne.

M. PAUL BERT. — Vous avez regretté, je crois, dans une précédente discussion, l'ancienne armée, qui faisait le service de sept ans.

M. LE BARON REILLE. — Oui, mais nous la reconstituons par le service volontaire.

M. PAUL BERT. — Je dis que, vis-à-vis du service de sept ans qui était établi par l'ancienne loi, avant la République, il est bien clair que l'argument n'aurait aucune valeur ; vis-à-vis du service de cinq ans, il ne vaudrait pas encore grand'chose, car cinq ans sont encore trop longs, mais il est hors de doute que le service d'un an est favorable et que la thèse que je soutiens ici s'y applique absolument. (*Marques d'assentiment sur plusieurs bancs à gauche.*)

C'est donc une question d'appréciation et de mesure ; vous appréciez que trois ans sont plus dangereux qu'utiles, je puis apprécier qu'ils sont plus utiles que dangereux.

Ce qui est incontestable, c'est qu'il y a de ce côté un actif considérable à mettre en présence du passif que vous voulez seul montrer à la Nation.

Mais, d'abord, rien ne dit que, dans cette caserne, on laisse l'esprit aussi immobile qu'il vous plaît de supposer ; je veux bien croire qu'on n'y enseigne pas les mathématiques spéciales, ni le grec, mais on y donne un enseignement qui ne laisse pas l'esprit dormir et se charger, comme vous le croyez, de toiles d'araignées.

Le jeune homme retrouvera, à la sortie de la caserne, son instrument intellectuel aussi prêt, aussi discipliné, et peut-être singulièrement impatient de rattraper, par une activité nouvelle, le temps qui aura été passé en dehors des études spéciales.

M. LAROCHE-JOUBERT. — On voit bien que vous n'avez jamais passé par la caserne.

M. PAUL BERT. — Et vous, y avez-vous passé ?

M. LAROCHE-JOUBERT. — Mais, certainement.

Un membre à gauche. — Il y a longtemps tout au

moins ; et puis c'étaient de vieilles casernes. (*On rit.*)

M. PAUL BERT. — M. Laroche-Joubert me reproche de n'avoir pas passé par la caserne, et déclare y être passé lui-même. Je ne sais quel rapport cela peut avoir avec l'argumentation que je viens de vous présenter. (*Sourires.*)

Mais, messieurs, ce jeune homme de vingt-trois ans n'est pas un homme fini. Quelle idée se fait-on, en vérité, des conditions du développement intellectuel, pour se figurer que même trois années de repos, d'immobilité, seraient suffisantes pour arrêter, en ce pays, l'éclosion et l'essor de tout ce qui a fait sa fortune et sa gloire, et pour compromettre, — c'est le seul souci que vous ayez, je pense, car sans cela quel serait donc l'autre? — le développement des lettres, des sciences et des arts.

Je dis que tout n'est pas fini à vingt-trois ans, qu'à vingt-trois ans le jeune homme d'élite, d'avenir, gardera son élasticité intellectuelle et sa vigueur créatrice, aussi complètes qu'elles l'étaient trois ans plus tôt.

Sans doute, un certain nombre de médiocrités auront pu sombrer en route ; mais je vous demande si c'est dans l'intérêt de ces médiocrités que vous voulez violer le principe que vous avez consacré tant de fois par votre vote.

Non, l'obstacle véritable n'est pas là, messieurs, il faut voir clair au fond de ces oppositions qui sont faites à la loi. Eh bien ! une interruption que j'ai entendue tout à l'heure me facilite la transition.

Est-ce vraiment de l'intérêt des hautes études que l'on a eu souci ? Je le crois pour un certain nombre d'esprits d'élite, parmi lesquels je compte les membres du Gouvernement qui ont proposé l'amendement. Mais ne se préoccupe-t-on pas davantage encore d'intérêts matériels ? J'en suis sûr, et personne ne le niera. Certes, c'est une légitime préoccupation pour le père de famille de voir son enfant s'en aller à la caserne pour trois années, laissant là la clientèle, l'industrie, la maison de commerce paternelles. Oui, c'est quelque chose ; mais permettez-moi de vous dire le fond de ma pensée, ce n'est pas là tout ce qui motive, je ne dis pas qui justifie, l'ardeur de la campagne menée contre la loi qu'attend impatiemment le pays.

Ce n'est pas le souci de la haute culture intellectuelle, ni du commerce, ni de l'industrie, ni même la préoccupation personnelle d'une position un peu compromise; ce qui met en défiance, ce qui irrite un certain nombre, un grand nombre de personnes en ce pays, c'est de penser au contact intime et quotidien pendant trois années... (*Vives protestations sur divers bancs. — Applaudissements à l'extrême gauche.*)

M. ÉDOUARD LOCKROY. — Très bien ! C'est la vérité !

M. LAISANT. — Qu'on essaye de le contester, nous le prouverons à la tribune.

M. PAUL BERT. — Je suis heureux de ces protestations indignées, elles prouvent que personne ici ne partage ces sentiments, et j'en prends acte pour l'honneur de la Chambre. Mais mes honorables collègues MM. Laisant et Ballue se chargeront de vous montrer, par les pièces qu'ils ont dans leur dossier, que ces tristes préoccupations hantent d'autres esprits.

Et cela me suffit. Je dis que la préoccupation d'éviter à son fils les fréquentations inférieures. . (*Nouvelles interruptions.*)

M. BOURGEOIS. — Nous vivons aussi bien que vous avec les ouvriers.

M. PAUL BERT. — Puisqu'on conteste, je prie M. Laisant de me communiquer une des pièces en sa possession.

M. LAISANT. — Volontiers, il m'en restera bien d'autres.

M. PAUL BERT. — Je demande pardon à M. Laisant de lui emprunter cette pièce, mais ces dénégations persistantes, alors que je me suis empressé de dire que tous les membres de la Chambre étaient, cela est bien entendu, dégagés du débat, me forcent à vous fournir une preuve que mes allégations sont fondées.

Écoutez ceci :

« Soyez persuadés qu'on ne fait les bonnes armées
« qu'avec du peuple. Cette misérable chair à canon
« que la sauvagerie humaine rend nécessaire, ne doit
« pas être de la chair trop raisonnante ni trop intel-
« ligente, parce qu'elle deviendrait vite de la chair
« révoltée. Vous ne pouvez empêcher qu'il y ait dans
« le monde des castes privilégiées. Or, si vous mêlez
« dans l'armée ces castes avec les autres, vous ferez
« un mélange mauvais et dangereux.

« Tout aristocrate, je veux dire tout jeune homme
« de nature fine... »

M. LE COMTE DE MAILLÉ. — C'est un radical qui a
écrit cela, ce n'est pas un aristocrate.

M. PAUL BERT. — Il est évident que ce n'est pas
un aristocrate, si l'on entend l'aristocratie dans le
sens que j'indiquais tout à l'heure, de ces grandes
aristocraties du passé qui gardaient pour elles le
maximum des devoirs envers la Patrie.

M. LE COMTE DE MAILLÉ. — Les aristocrates de nos
jours ont prouvé leur patriotisme pendant la guerre.

M. PAUL BERT. — Je ne l'ai jamais nié ; je n'ai
jamais manqué une occasion de rappeler tous les dé-
vouements patriotiques, et de leur rendre hommage.

M. MARIUS POULET. — Il ne manquait pas non
plus de plébéiens dans l'armée, j'imagine.

Plusieurs membres à droite. — Qui a écrit cela ?

M. PAUL BERT. — Je ne connais pas l'auteur, mais
je vous donnerai tout à l'heure le nom du journal.

Je reprends : « Tout aristocrate, je veux dire tout
« jeune homme de nature fine que vous jetterez
« dans le troupeau des lignards, que vous forcerez,
« pendant trois ans, à cette existence odieuse de la
« caserne, aux promiscuités qui répugnent, — je
« n'avais pas osé dire le mot tout à l'heure, — à
« toutes les choses qui révolteront son instinct, son
« éducation, sa délicatesse native, deviendra un en-
« nemi, un ennemi de la République, et surtout un
« ennemi de l'armée. »

M. PIEYRE *et d'autres membres à droite.* — Nous
voulons savoir d'où vient cet article !

D'autres membres sur les mêmes bancs. — Laissez donc, cela nous est bien indifférent !

M. PAUL BERT. — C'est extrait du *Figaro* du 21 avril dernier. (*Exclamations et rires à gauche et au centre. — Interruptions.*)

A droite. — Quelle importance cela peut-il avoir !

M. PAUL BERT. — Oh ! l'importance est pour moi fort médiocre.

M. LE PRÉSIDENT. — Laissez parler l'orateur, messieurs.

M. PAUL BERT. — On me dit : quelle importance cela a-t-il ? Une importance bien minime à mes yeux, mais peut-être très grande pour certain d'entre vous. Je n'ai du reste voulu prouver qu'une seule chose, c'est que, dans un très grand nombre d'esprits — je vous demande de ne pas protester et de songer à ce que vous avez entendu dire autour de vous — la préoccupation grave de laisser son enfant trois ans dans une caserne, soumis aux mêmes conditions que les enfants du peuple et vivant côte à côte avec eux, est pour beaucoup dans la campagne si énergiquement conduite. Cela n'est pas douteux. Si vous voulez discuter, on est toujours libre de le faire...

M. RAOUL DUVAL. — La preuve du contraire, c'est ce grand nombre d'engagés volontaires de cinq ans sortis des familles auxquelles vous faites allusion.

M. PAUL BERT. — Monsieur Raoul Duval, vous avez trop l'habitude des débats parlementaires et trop d'autorité à la tribune pour prolonger la discussion par des interruptions.

Messieurs, n'a-t-on pas dit ailleurs, puisque vous niez ces choses, qu'il n'était pas supportable de voir traiter sur un pied d'égalité l'étudiant de Sorbonne et le pâtre de Bretagne ?

Et n'a-t-on pas prétendu que cet étudiant perdrait, à ce contact inférieur, ce que vous voulez sauvegarder en lui, la dignité intellectuelle ? Cela n'a-t-il pas été répété sur tous les tons et sous toutes les formes ?

M. BALLUE. — Oui ! cela a été dit même ici !

M. PAUL BERT. — Eh bien, je dis que ces protestations sont précisément à l'inverse de la vérité.

Mais, revenant à mon raisonnement, je dis qu'il y a dans le service obligatoire pour tous un passif que j'ai indiqué, et un actif.

Je dis que dans cet actif vous devez mettre un élément que je ne veux pas oublier. C'est que ce jeune soldat, ce jeune homme de nature fine dont parlait l'article que j'ai cité, qui, peut-être, entrera à la caserne avec certaines répugnances, avec certains préjugés, en croyant y devenir un ennemi de l'armée et de la République, en sortira, je ne dirai pas en ami de la République, car la caserne n'est pas un lieu où l'on doive faire de la politique, mais en ami de l'armée et de ces enfants du peuple qu'il ne connaissait pas. (*Très bien ! très bien !*)

Messieurs, il y a un élément qu'on oublie trop quand on parle de cette Éducation nationale pour laquelle vous montrez tous le même dévouement et la même ardeur. On oublie que notre éducation publique en réalité, cette nation démocratique en deux parties, en deux catégories.

A l'école primaire, aujourd'hui, à peu près aucun enfant de la bourgeoisie ne va s'asseoir sur les bancs.

Dans l'enseignement secondaire, pendant huit ans, ces jeunes enfants que vous voulez dispenser du service militaire sont isolés du peuple, isolés de leurs camarades du même âge. Dans la vie, ils ne se rencontreront plus avec ceux-ci qu'en qualité de supérieurs et d'inférieurs. Ils n'auront nulle part pu apprendre à s'estimer réciproquement, je veux dire à s'apprécier à leur véritable valeur. Et, si vous ne les mettez pas ensemble dans la caserne sur le pied d'égalité, si vous constituez un privilège pour ceux qui ont été déjà des privilégiés par l'éducation, vous attisez ce sentiment de jalousie et de dédain réciproques qui peut aller jusqu'à mettre en péril la paix publique. Que si, au contraire, ils vivent ensemble dans la caserne, ils apprendront à se connaître et à s'estimer, et vous aurez obtenu, comme le disait si éloquemment M. le ministre de la guerre au banquet de Cahors, « l'union de tous les jeunes Français sous le drapeau de la République! »

Oui, vous n'avez qu'un seul moyen d'établir véritablement dans ce pays l'unité des esprits : ce moyen, c'est le séjour, uniforme et dans des conditions absolument égales, sous les drapeaux.

Je sais bien qu'on a dit que cette égalité n'était qu'un leurre. Eh bien, s'il y a des différences, ce n'est pas dans le sens où vous l'entendez. S'il y a inégalité entre ces jeunes gens, dont vous avez défendu la cause, et la masse des fils d'ouvriers et de paysans, ce n'est pas celle que vous pensez. L'iné-

galité est au profit des enfants de la bourgeoisie, car
il n'y a pas parité entre le fils de l'agriculteur, de
l'industriel, de l'avocat, qui quitte pour trois ans la
maison paternelle, au risque de compromettre seulement l'avenir de sa clientèle ou son éducation personnelle, et le fils de l'ouvrier ou du paysan, qui
laisse derrière lui une famille ayant besoin de son
secours. (*Très bien ! sur divers bancs à gauche.*)

Je dis de plus qu'il n'y a pas parité, parce que le
fils de l'ouvrier, habitué aux privations et aux
fatigues, sera plus vite un soldat fait que le fils du
bourgeois, plus tôt prêt pour la théorie.

Je dis qu'il n'y a pas parité entre celui qui doit
tant à la société et dont vous voulez diminuer les
charges, et celui dont la dette est moindre et à qui
vous voulez imposer des charges plus lourdes.

M. LE BARON REILLE. — Nous voulons diminuer
les charges pour tout le monde !

M. PAUL BERT. — Je dis que vous ne pouvez pas
continuer à déclarer à ce pays que la part la plus
lourde des sacrifices sociaux retombera toujours sur
les épaules des déshérités sociaux.

On nous a reproché de faire une loi politique. Or,
M. le ministre de la guerre s'expliquant sur cette
loi, montrait la nécessité, au point de vue militaire,
de garder dans l'armée tous ces jeunes hommes pour
encadrer les masses que vous fournira le peuple. Je
n'ai pas l'autorité nécessaire pour le suivre dans
cette démonstration; mais je déclare que j'ai bien le
droit de m'occuper de politique à propos d'une loi
militaire, et des intérêts généraux et sociaux.

Eh bien, messieurs, jusqu'à ce jour, le temps vous a manqué pour accomplir une grande partie du programme que vous vous étiez tracé. Dans le domaine de l'économie politique et des finances, vous n'avez pas pu faire ce que vous désiriez. Je vous demande au moins d'accomplir la partie de ce programme qui tient le plus au cœur de la Nation ; je vous demande de dégager la parole que vous avez engagée, et de ne pas vous laisser leurrer par ces intérêts qu'on fait briller devant vous, pas plus ceux de la haute culture intellectuelle que ceux de la richesse matérielle ; je vous demande de ne pas vous livrer à ce leurre, car il est certain que la France ne s'y tromperait pas et ne vous le pardonnerait pas. (*Applaudissements à gauche.*)

Messieurs, pour parler ainsi et pour paraître combattre des intérêts qui me sont aussi chers qu'à aucun d'entre vous, pour m'exposer ainsi à bien des colères, et ce qui me touche davantage, pour contrister beaucoup de mes amis, il faut que je sois soutenu par une conviction bien profonde. Elle est en effet très profonde, cette conviction ; j'ai la certitude que ce n'est pas seulement l'intérêt purement et étroitement militaire qui est en jeu ; ce n'est pas seulement l'intérêt politique, ce n'est même pas seulement l'intérêt social, c'est l'intérêt de la Patrie elle-même qui est attaché au sort de cette loi, qui est attaché à ce qu'il n'y ait aucune violation du principe d'égalité que vous avez voté.

M. Raoul Duval. — Je demande la parole.

M. Paul Bert. — Je dis qu'aucun esprit clair-

voyant ne peut se dissimuler que la France traverse
une période plus périlleuse que toutes celles qu'elle
a traversées depuis un siècle. Non, ni après Waterloo,
ni même avant Valmy, elle ne s'est trouvée dans une
situation aussi grave. Il ne s'agit pas seulement
d'honneur militaire compromis, il ne s'agit pas seulement, comme à Valmy, de la Révolution qu'on veut
étouffer : il s'agit, à mon sens, de l'intégrité même
de la Patrie suspendue au sort d'une bataille. (*Très
bien ! sur divers bancs.*)

Eh bien, si vous voulez prouver au monde que
vous pouvez bien passer par une phase de défaites,
mais que vous n'êtes pas, quoi qu'en ait dit je ne
sais quel blasphémateur, dans la phase du démem-
brement, que vous n'abdiquez aucun droit, que vous
ne renoncez à aucune espérance légitime, déclarez
qu'il n'y a rien au-dessus de la Patrie, et montrez à
l'Europe, par des mesures viriles, que vous êtes prêts
pour tous les sacrifices, et que l'intérêt même des
lettres et des sciences, du commerce et de l'industrie,
n'est rien pour vous, lorsqu'il s'agit du sort, de
l'honneur, de l'intégrité de la France. (*Applaudissements sur divers bancs.*)

M. LANGLOIS. — Alors ne dispensez personne.
(*Bruit.*)

M. PAUL BERT. — Messieurs, la situation est assez
grave, et ce que je dis doit éveiller dans vos âmes
des préoccupations assez sérieuses, pour que vous
vouliez bien m'accorder encore quelques instants
d'attention. (*Parlez ! parlez !*)

L'autre jour, au cours de sa harangue, M. l'évêque

d'Angers a fait une antithèse entre la Grèce amoureuse du beau, éprise du vrai et du bien, et Rome
la batailleuse. (*Interruptions à droite.*) Il s'est livré à
un parallèle éloquent, qui a depuis longtemps séduit
bien des rhétoriciens. Il n'a pas eu de peine à montrer que l'idéal de la Grèce était supérieur à l'idéal
de Rome.

Voix diverses à droite. — Il n'a pas parlé de Rome!
— Il a parlé de Sparte et d'Athènes.

M. PAUL BERT. — Alors, c'est M. Lenient qui a
parlé de Rome.

Vous avez, mon cher collègue, opposé Athènes,
l'artiste et la savante, à Rome, la guerrière. Vous
auriez pu encore opposer à Rome, Carthage, fière
de son commerce et de son industrie. Mais ce qu'il
ne faut pas oublier, c'est la fin du parallèle, c'est
que Rome, la batailleuse, a subjugué Carthage la
commerçante et la Grèce artistique

Aussi, lorsque je vous entends parler de ces intérêts
des sciences et des arts, je vous dis : *Primo vivere,
deinde philosophari.* Et j'ajoute: Souvenez-vous, quand
vous évoquez ces souvenirs classiques, de Memmius
à Corinthe, de Scipion à Zama..., et de de Moltke à
Versailles ! (*Très bien ! très bien ! et vifs applaudissements à gauche. — L'orateur, en retournant à son banc,
est félicité par ses amis.*)

Dans la séance du 16 juin, la première partie de l'amendement de M. Durand, relative aux élèves de l'école normale supérieure, a été repoussée par 288 voix contre 105.

Le Gouvernement retira aussitôt le reste de l'amendement.

LA LOI DE RECRUTEMENT

ET L'ÉCOLE POLYTECHNIQUE

Grâce à l'énergie du général Campenon et du rapporteur de la commission, M. Ballue, la loi sur le recrutement militaire a traversé victorieusement l'épreuve de la première délibération. Cela n'a pas été tout seul ! Les uns soutenaient que la loi serait inapplicable, que la levée des trois effectifs dépasserait les forces de notre budget, — et ceux-là mêmes s'efforçaient d'augmenter par toute sorte d'amendements le nombre des soldats. D'autres, faisant sonner bien haut les intérêts suivant eux compromis des hautes études, de l'agriculture et de l'industrie, sollicitaient sous divers déguisements des mesures exceptionnelles en faveur des enfants des classes riches. D'autres apportaient leur vote à l'appui de systèmes inacceptables et désorganisateurs de l'armée, simplement, suivant l'aveu naïf d'un député de la Droite, « parce qu'ils supprimeraient la loi ». Un trop grand nombre n'avaient, en effet, d'autre but que de faire échouer cette loi égalitaire, afin de conserver aux leurs le bénéfice des exemptions et des dispenses du régime de 1872. C'est ce que je n'ai pu m'empêcher, à la suite d'un discours violent d'un membre de la minorité, de qualifier par l'expression peu parlementaire, je le reconnais, mais parfaitement exacte, de « coalition des intérêts bourgeois. »

Le principe même de la loi, la réduction à trois ans de la durée du service militaire, a été voté à une énorme majorité: 419 voix contre 44. La minorité ne comprend, sauf deux membres du Centre gauche, aucune voix républicaine.

Les dispenses accordées par la loi de 1872 aux membres de l'enseignement et aux ecclésiastiques ont complètement disparu, et cela, ce semble, d'un accord unanime. Personne n'a réclamé pour les instituteurs et les professeurs le maintien de l'état de choses actuel. Et lorsque M. Freppel a demandé formellement à la Chambre de maintenir les séminaristes complètement en dehors du droit commun, et de les dispenser, en temps de guerre comme en temps de paix, du service militaire, son amendement a été repoussé par 395 votants, et n'a recueilli que 92 voix, appartenant toutes à la Droite royaliste et impérialiste.

Les difficultés ont été plus grandes lorsqu'il s'est agi de l'égalité de traitement des trois années de caserne à imposer à tous les jeunes citoyens en temps de paix. Ici, la lutte a été chaude. Plusieurs de mes honorables collègues ont fait valoir, avec une ardeur convaincue, les inconvénients qui résulteraient de cette immobilisation de trois années pour les « grands intérêts sociaux », comme s'il était un intérêt qui pût primer celui de la Défense nationale. Ils avaient beau jeu pendant la phase d'exposition et de critique de leurs discours. Il n'est pas douteux que le jeune bachelier ne perde pendant ces trois ans quelque chose de son érudition factice; il n'est

pas douteux que le haut négoce et la grande production industrielle ne trouvent dans la lourdeur de cet
impôt un surcroît de conditions défavorables pour
la lutte contre l'étranger. Mais quoi ! L'ouvrier d'art
n'a-t-il rien à perdre pendant trois années d'inaction
professionnelle, le paysan rien à souffrir pendant
trois années d'éloignement d'une famille qu'il soutient ? Où s'arrêter dans cette appréciation ? Et chacun de s'écrier vertueusement : ne tenez aucun
compte des intérêts personnels, ne vous décidez qu'en
considération de l'intérêt général. Seulement, chacun voit l'intérêt général dans celui de sa corporation.

Aussi tous les amendements ont-ils été successivement repoussés, et l'on peut prédire un sort pareil à
ceux qui se présenteront lors de la seconde délibération. Le gouvernement lui-même n'a pu, malgré
l'intervention du ministre de l'instruction publique,
faire prévaloir le système assez étrange qu'il avait
proposé et qui a été désigné pendant la discussion
sous le vocable d' « amendement de M. Durand ».
L'argumentation que j'ai exposée à la tribune en a eu
facilement raison. Et la partie qui semblait avoir le
plus de chances de réussite, celle qui n'astreignait,
en temps de paix, les élèves de l'École normale supérieure qu'à une année de service, n'a réuni que
149 voix contre 355. Après cette déroute, on a vu
M. Durand maintenir, pendant un instant, l'amendement du gouvernement ; mais bientôt le gouvernement a retiré l'amendement de M. Durand.

Presque aussitôt après, la Droite, le Centre et les universitaires se sont réunis dans un vote singulier, par assis et levé, sans débat, qui a enlevé à l'École polytechnique la situation favorable que lui faisait le projet de loi. Et cette coalition a amené ce résultat bizarre, dont se réjouissaient en riant ses auteurs, que les sous-lieutenants du génie et de l'artillerie devraient faire trois années de service en qualité de simples soldats.

On a espéré ridiculiser ainsi la loi et prendre la revanche de l'échec de l'École normale. Mais rira bien qui rira le dernier.

En effet, la conséquence pratique de ce vote, c'est l'assimilation, au point de vue militaire, des élèves de l'École polytechnique et des élèves de l'École de Saint-Cyr. Il n'est pas question de ces derniers dans la loi de recrutement ; les premiers sont maintenant dans la même situation. Le vote de la Droite et du Centre a transformé *ipso facto* l'École polytechnique en école exclusivement militaire.

Cette conséquence n'est point faite pour me déplaire. Je m'efforcerai même probablement, lors de la deuxième délibération, de la faire formuler nettement par la Chambre. L'École polytechnique fournirait alors seulement des officiers du génie et de l'artillerie ; il n'en sortirait plus d'ingénieurs des mines, d'ingénieurs des ponts et chaussées, d'ingénieurs maritimes, d'employés du télégraphe, des manufactures de tabac, etc.

La situation exceptionnellement favorable que faisait la loi à ces jeunes gens destinés aux carrières

civiles avait assez justement excité la susceptibilité
de certains membres de la Chambre. On avait com-
paré les élèves-professeurs, astreints à trois années
de caserne, avec les élèves-ingénieurs, qui s'en
tiraient au prix de deux ans de séjour dans les beaux
bâtiments de la rue Clovis, et l'inégalité de traitement avait frappé beaucoup d'esprits. Seulement, au
lieu d'en conclure à l'identification par le régime
d'exception, la Chambre a ramené ces jeunes civils
au droit commun. C'est, à mon sens, fort bien jugé.

Mais, s'écrie-t-on déjà, où se recruteront ces
élèves-ingénieurs nécessaires au service de l'État ?
Quoi ! N'avons-nous pas les Écoles d'application,
l'École des ponts et chaussées, l'École des mines,
l'École du génie maritime, où se fait cette éducation
spéciale ? Dans l'état actuel des choses, ceux-là seuls
peuvent y entrer qui sont élèves de l'École polytechnique et sortis dans les premiers rangs. Il n'y aura
qu'à supprimer cette clause restrictive, dont les conséquences sont des plus fâcheuses.

Voyez en effet. Pour pouvoir être ingénieur des
ponts ou des mines, il faut avoir été un des meilleurs
élèves de l'École polytechnique. Pour entrer à cette
école, où il trouverait porte close dès vingt ans, il
faut que l'enfant ait rencontré un ensemble de conditions exceptionnellement favorables ; il faut que
le goût des sciences mathématiques se soit développé
chez lui de très bonne heure, dès l'âge de seize ans
environ, que des professeurs de mérite aient pu le
cultiver, que la situation et les volontés de sa famille

lui aient permis d'en tirer parti. Toutes conditions bien rarement réunies.

En d'autres termes, l'État s'est fatalement privé des services des hommes les plus éminents, s'ils n'ont pas pris, dès seize ans, la résolution de se préparer à l'École polytechnique, s'ils ne sont pas alors élèves de quelque grand lycée ou si quelque maladie les a arrêtés en route.

Les vocations tardivement éveillées, celles qui n'ont pu recevoir de bonne heure le secours d'une culture suffisamment intensive, sont perdues pour l'État et trop souvent pour la nation elle-même. Un Stephenson, un Fulton, un Watt, qui, à vingt ans, n'aurait pas réussi au concours, ne pourrait plus prendre place parmi les ingénieurs de l'État.

Bien mieux, les chemins de fer lui refuseraient toute situation importante ; les grands établissements industriels eux-mêmes le laisseraient végéter dans les rangs inférieurs. Car l'École ne s'est pas bornée à accaparer au profit exclusif de ses élèves les fonctions qui leur étaient primitivement destinées. Elle a étendu son monopole sur d'autres auxquelles elle prépare même très insuffisamment : les tabacs, les poudres, les télégraphes. De plus, l'État a favorisé l'entrée de ses ingénieurs dans les chemins de fer. Et il est de notoriété publique que, partout où pénètrent les élèves de l'École, l'esprit de corporation qui est si naturel à l'homme, les pousse à absorber le plus de places possible au profit des « chers camarades. »

Il en serait tout autrement si les grandes écoles d'application se recrutaient librement, admettant jusqu'à l'âge de vingt-cinq à trente ans des jeunes gens auxquels elles demanderaient deux choses : certains diplômes et un examen d'entrée. Élèves sans nombre fixe, parmi les premiers desquels, aux concours de sortie, l'État choisirait ses propres fonctionnaires. Élèves que leurs origines diverses protégeraient contre l'infatuation corporative, et chez qui deux années d'études communes développeraient une utile émulation, sans qu'on eût à craindre la camaraderie exclusive, la congrégation laïque.

Ainsi le choix de la profession ne se ferait plus à seize ans, mais après la sortie du collège, aux débuts de la vie libre, alors que s'éveillent les vraies vocations.

Alors nos Facultés des sciences, que quelques additions de chaires techniques mettraient en situation de jouer ce nouveau rôle, se peupleraient de jeunes hommes désireux d'apprendre, assidus au travail, très divers d'aptitudes, d'espérances et de destinées, les uns se préparant au professorat, d'autres aux écoles supérieures, donnant la variété et la vie à un enseignement jusqu'à ce jour trop exclusivement théorique et universitaire. De là un grand et puissant mouvement d'esprit dans la Nation.

~~~~~~

La place me manque pour développer ces idées et aussi pour indiquer les objections. On fera beaucoup valoir les traditions et la volonté de la Convention. La Convention a eu raison de vouloir l'unité de pré-

paration et d'origine en 1793, et l'on peut avoir raison en 1884 de vouloir la spécialité. Toutes les conditions sociales, et au premier rang les instruments
d'éducation publique, ont changé depuis ce temps.
D'ailleurs, je ne serais pas éloigné de dire que,
lorsqu'on crée une institution, il faudrait placer dans
ses fondations une torpille, avec une mèche destinée
à la faire sauter au bout de cinquante ans ; sans
quoi, les intérêts se coalisent, la vieille masure reste
debout et nul n'ose y toucher. Car peu d'hommes
ont repris la fière devise de Voltaire : « J'aime
« passionnément à dire des vérités que d'autres
« n'osent pas dire et à remplir des devoirs que
« d'autres n'osent pas remplir. »

(26 *juin* 1884.)

POLITIQUE

QUE VA FAIRE L'ÉGLISE CATHOLIQUE?

M. le comte de Chambord se meurt. Et les hommes politiques se demandent ce que vont devenir, à qui vont se rallier les partisans de la royauté déchue. Sans doute, M. le comte de Paris est l'héritier légitime. Mais combien hésiteront, le roi mort, à crier : Vive le roi? Combien se résigneront à abandonner pour toujours ce drapeau d'Ivry, si justement salué, et dans si beau langage, par notre collaborateur M. Weiss?

Je reconnais très volontiers que cette question est intéressante, et qu'il est curieux d'analyser, en vue d'en tirer certains horoscopes, l'état d'esprit des représentants d'un parti qui perd aujourd'hui le chef dans lequel il s'incarnait. Mais il me semble que c'est là un problème plus psychologique que politique. Le nombre des légitimistes purs, des vrais royalistes est si faible, leur influence sur l'opinion publique est si imperceptible, qu'il importe assez peu de savoir ce qu'ils feront et ce qu'ils deviendront.

*
* *

Il en va tout autrement de la seule force qui puisse tenir tête à la Nation, de l'Église catholique. Que va-t-elle faire ? A qui va-t-elle reconnaître l'*autorité légitime*, la seule dont les ordres ne soient pas des lois « simplement pénales, » mais « obligent en conscience ? » Jusqu'ici, rien de plus simple. Le descendant direct de Saint-Louis, le pieux héritier de ces rois très chrétiens qui tous ont juré à leur sacre « d'exterminer les hérétiques », était bien nettement le monarque de droit divin.

Aussi l'Église n'avait-elle jamais hésité. Sans doute ses respects officiels, son obéissance concordataire étaient acquis, — avec plus ou moins de docilité, suivant les temps, — aux pouvoirs qui se sont succédé depuis 1830. Mais celui qui à ses yeux avait « reçu de Dieu le pouvoir de gouverner, » c'était d'abord le vieux roi de Goritz, par elle sacré, puis l'héritier légitime de Frohsdorf, à qui seules manquaient les sept onctions saintes.

Elle n'a pas eu à se louer de cette fidélité. Le souvenir odieux de l'ancien régime, dont elle dut s'obstiner à vanter les bienfaits, lui a fait perdre presque toute influence sur la population. Ses prêtres, fils de paysans que la Révolution avait faits citoyens et propriétaires, se sont, par leur gauche aristocratie, rendus à la fois ridicules et impuissants. Il est vrai qu'elle a conquis la bourgeoisie; mais c'est juste au moment où la bourgeoisie voit disparaître son action dirigeante. Et elle perd le peuple, juste au moment où le peuple devient souverain.

Aussi, sa puissance politique, singulièrement diminuée déjà, s'en va de jour en jour. Et cela dans le seul pays qui puisse lui rendre la force matérielle, l'autorité effective, nécessaires à l'exécution de ses desseins. Il y a là de quoi faire réfléchir les chefs de cette institution, bien plus politique que religieuse, et il n'est pas difficile de s'apercevoir que souvent déjà ils ont regretté la fatalité qui liait leur cause à celle des gentilshommes.

La mort du comte de Chambord va trancher ce lien. L'Église le renouera-t-elle ? S'attachera-t-elle au pied, fardeau lourd à traîner, après la noblesse morte, la bourgeoisie expirante ? S'efforcera-t-elle de remorquer à la fois les vaincus de 1848 et ceux de 1830 ? Continuera-t-elle à compromettre ses intérêts en se mettant au service d'une royauté désormais sans grandeur, et dont l'écu, barré de bâtardise révolutionnaire, porte en cimier la tête de Louis XVI ? Ou bien s'inspirera-t-elle de ses intérêts seuls ? Se rappellera-t-elle son allégresse et ses *Te Deum* de 1848 ? Se tournera-t-elle du côté du peuple triomphant ?

En termes plus simples, demeurera-t-elle royaliste ou deviendra-t-elle républicaine ?

*
* *

L'Église catholique républicaine ? Au premier abord, cela semble une énormité ! Mais que diraient les hommes politiques habitués à trouver en elle leur plus solide point d'appui dans la lutte contre la République ? Que diraient les fidèles à qui elle a enseigné que la souveraineté nationale est une erreur digne d'anathème, le suffrage universel un délire?

Sur ce dernier point, c'est-à-dire en théorie pure, ne craignez nulle difficulté. L'Église en a bien vu d'autres! N'a-t-elle pas accepté la formule : *Vox populi, vox Dei*? Si le suffrage universel nommait des députés dociles à la voix de l'Eglise, ses lois seraient aussitôt reconnues comme « justes » et son autorité comme « légitime », « car l'autorité des supérieurs peut venir immédiatement de Dieu, ou de Dieu *par l'intermédiaire du peuple* (1). » Ce serait l'affaire d'une simple encyclique.

En politique pratique, et vis-à-vis de son armée laïque, qu'elle a excitée à l'assaut de la République, le revirement serait plus difficile.

Et notez que je ne parle plus des gentilshommes désormais abandonnés à leurs rêves creux et à leur orgueil de caste, mais des bourgeois, de ces fils d'acquéreurs de biens d'Église qu'elle avait disciplinés, et à qui il faudrait persuader qu'on peut, en se servant de la République, préparer le triomphe de la contre-révolution.

Heureusement pour cette évolution nouvelle, elle ne serait pas tenue à prendre immédiatement un parti manifeste et officiel. Il faudrait beaucoup attendre du temps qui la débarrasserait des vétérans plus compromis, et lui permettrait de modifier l'éducation des conscrits. En attendant elle n'aurait qu'à s'en tenir à son rôle concordataire, à ne plus

(1) Gury. *Compendium* de Théologie morale, § 84. Voir ma *Morale des jésuites*. Paris, Charpentier, 1879.

rien dire de la succession de Saint-Louis, à ne jamais parler de royauté.

Aussi bien, à quoi bon un roi ? Le plus fidèle et le plus dévoué n'essaie-t-il pas toujours de grandir son autorité aux dépens de celle de l'Église ? Rétablir un roi, c'est partager la puissance que l'Église pourrait, en République, exercer souverainement. A-t-elle institué des rois pour ses missions du Paraguay ? Quelle royauté lui donnera plus d'autorité qu'elle n'en a dans telle République de l'Amérique du Sud, où ses prêtres font les élections, élèvent ou déposent les présidents ?

Voici donc ce que je crains, et ce qui m'intéresse beaucoup plus que les embarras des chevau-légers à la mort de leur roi. Si douteux que soit encore l'événement, je le mets sous la forme plus claire de l'affirmation.

* *

L'Église reconnaîtra qu'en identifiant sa cause avec celle de la royauté, avec celle des aristocraties, elle a fait fausse route. Elle reconnaîtra qu'elle doit la plus grande partie de son impopularité, la perte presque totale de son prestige politique, à l'opposition passionnée qu'elle a faite au triomphe de la République et de la démocratie. Elle a lutté contre la volonté du peuple, elle a raillé le pouvoir du peuple, et le peuple l'a abandonnée.

Mais peut-être la séparation n'est-elle pas assez ancienne ni assez profonde pour qu'on ne puisse réparer le mal et reprendre une influence à laquelle rien jusqu'ici ne s'est substitué. Rien de plus sim-

ple que d'accepter franchement, maintenant que le
roi légitime a disparu, la forme républicaine. Rien
de plus simple que de mettre en pratique les sages
conseils de Chateaubriand. Les plus intelligents
parmi les prêtres comprendront bien vite, et quant
aux autres, un ordre d'en haut lèvera leurs scrupules.

Voilà déjà bien des défiances anéanties, bien des
colères calmées. Le curé prie et prêche pour la République, songez donc! Et la démocratie? Le curé
ne manquera pas de dire que l'Église est l'institution
démocratique la plus ancienne, la plus parfaite qui
jamais ait existé. N'a-t-elle pas été pendant des siècles la seule carrière intellectuelle ouverte au fils
du paysan ou de l'ouvrier? N'a-t-elle pas choisi
nombre de ses princes dans les rangs les plus in-
fimes de la société? N'a-t-elle pas mis à sa tête, en
un temps où elle régentait les rois, un gardeur de
pourceaux? N'a-t-elle pas forcé le tout puissant em-
pereur d'Allemagne à s'incliner devant un pape fils
d'un charpentier, comme l'était son divin fondateur?

Et cette admirable institution démocratique n'est-
elle pas au service de la religion qui a le plus fait
pour les déshérités de la vie, qui leur a promis le
bonheur éternel par privilège spécial, et ne demande qu'à adoucir leurs maux terrestres! Le com-
munisme ne lui a pas fait peur à ses débuts; aucune
forme du socialisme ne lui est restée étrangère.
Rappelez-vous les prédicateurs de la Ligue, et les
frères prêcheurs à l'éloquence populacière. Voyez
le mouvement actuel du socialisme chrétien, que

gâte seule l'intervention des classes dirigeantes.

En supprimant celle-ci, en leurrant l'ignorance, en exploitant les misères, ne peut-on espérer regagner la confiance populaire et reprendre l'autorité ? Si la Religion ne combat plus la République, pourquoi la République traiterait-elle la Religion en ennemie ? Il y a une longue et douloureuse période de malentendus. Oublions-la, et votons pour des hommes nouveaux, qui ne se soient point aigris dans les luttes anciennes, qu'anime seul un esprit de concorde chrétienne.

Et si ces hommes, convenablement choisis, surtout à la faveur d'un de ces grands malheurs publics qui ont toujours en France profité à l'Église, pouvaient faire retrouver à celle-ci une Assemblée aussi docile que celles de 1848 et de 1871, et débarrassée des vieux préjugés monarchiques qui ont alors tout perdu, on peut être sûr que l'Église n'abandonnerait pas à quelque aventurier cette autorité heureusement reconquise : elle doit en avoir assez des dynasties avides. Elle se hâterait, au contraire, de la consolider par de bonnes lois électorales, et d'en assurer la continuité par de bonnes lois d'instruction. Et la France redeviendrait entre ses mains la véritable fille aînée, nourrissant l'Église par son travail, mettant au service des ambitions illimitées de sa mère ses forces et son courage.

*
* *

Un tel triomphe pourrait-il durer ? Non certes. Pourrait-il arriver ? Je le craindrais, si les républicains continuaient à donner le décourageant spec-

tacle de leurs discussions violentes. Sera-t-il tenté ?
Cela n'est pas impossible. En tout cas, cette tenta-
tive me paraît être la ressource dernière de l'Église
en ce pays. Encore faut-il qu'elle se hâte, car après
dix ans de fonctionnement des lois d'instruction, il
serait trop tard. Que si elle n'ose la faire, si, le roi
mort, elle reste avec sa petite armée bourgeoise,
c'en est fait à bref délai de sa puissance politique.
Et quand ceci sera bien établi, elle verra avec quelle
rapidité l'abandonnera cette armée « habituée à vo-
ler au secours de la victoire. »

(19 juillet 1883.)

DISCOURS DE SAINT-ÉTIENNE

Le 15 octobre 1883, trois cents républicains de Saint-
Étienne ont offert un banquet à M. Paul Bert, qui, la
veille, avait fait dans leur ville une conférence sur *la séparation de l'Église et de l'État*.

L'honorable M. César Bertholon, président du banquet,
ayant porté un toast à « Paul Bert, le défenseur de la libre-
pensée, l'ami de Gambetta, » le député de l'Yonne a répondu en ces termes :

En vérité, mon cher et vénéré collègue, et vous
tous, mes amis, qui venez de répondre par vos applaudissements à ces paroles, non trop affectueuses,

mais trop flatteuses, je ne puis mieux commencer
qu'en répétant devant cette nombreuse assemblée
ce que je disais aux amis qui m'ont fait l'honneur de
venir m'accueillir à la gare :

Si quelque chose pouvait augmenter la valeur de
ces témoignages d'estime, c'est qu'ils aient comme
interprète un de ces hommes qui ont travaillé, combattu et souffert, pendant toute leur vie, pour la
cause de la République et de la démocratie ; un
de ces proscrits que je salue respectueusement ici —
car je sais, mon cher collègue, que vous n'êtes pas
ici le seul proscrit, et j'adresse ces marques de mon
respect à tous ceux qui ont souffert avec vous ; —
un de ces hommes semblables à ces confesseurs
de la foi dont parlait Chateaubriand, et qui peuvent montrer leurs cicatrices en témoignage de leur
constance. (*Applaudissements.*)

Et lorsque la voix de ces hommes dévoués et sûrs
vient nous dire que nous avons bien fait, que nous
sommes dans le droit chemin, que notre politique
est la bonne, il n'est pas d'encouragement plus précieux qui puisse nous être donné. Votre approbation
nous est chère, car, après avoir tant attendu et souffert, vous auriez, vous, le droit d'être impatients et de
chercher à hâter le pas des autres. (*Applaudissements.*)

Chose étrange ! ce sont ces vieux combattants qui
nous approuvent de modérer notre ardeur et nous
conseillent de ne pas marcher trop vite, afin de nous
préserver des chutes.

Et, au contraire, qui voyons-nous trop souvent pa-
radant à la tête des impatients sincères ? Non plus

des vétérans, mais des conscrits, des recrues de l'armée républicaine, des hommes qui, hier encore...
(*Applaudissements.*)

Ah! quant à moi, je le déclare, je suis à bout de patience ; je suis las de m'entendre traiter d'orléaniste par d'anciens sous-préfets de l'empire, et de clérical par des hommes qui ont écrit des livres par ordre des évêques ou composé des hymnes en l'honneur de la Vierge! (*Applaudissements.*)

Oui, il paraît que cette politique qui a fondé la République ; qui a forcé une Assemblée royaliste à proclamer et organiser le régime républicain ; qui a vaincu la réaction au 24 Mai et au 16 Mai ; qui nous a donné toutes nos libertés ; qui a établi l'instruction laïque (*Applaudissements*), gratuite et obligatoire ; qui nous a fait conquérir la majorité dans les conseils municipaux, dans les conseils généraux, et enfin dans le Sénat lui-même ; qui a remis sur rails, en pleine liberté, la puissance qui entraînera la démocratie vers le progrès indéfini, c'est-à-dire le suffrage universel, — il paraît, dis-je que cette politique est vieille, qu'elle a fait son temps, si même elle a jamais rien valu.

On prétend que les moyens employés à fonder ne doivent pas servir pour consolider et étendre le succès. On dit que cette politique perspicace, sage, ferme, à la fois prudente et hardie, toujours en éveil, qui n'a jamais laissé échapper une occasion de saisir et réaliser un progrès, est une politique bourgeoise, timorée, et on essaie de la ridiculiser par le nom étrange d'*opportunisme*.

Ce nom, ce n'est pas nous qui l'avons choisi, tandis que l'autre politique s'est baptisée elle-même, — car ce n'est pas nous qui avons trouvé le titre du journal de M. le marquis Henri de Rochefort de Luçay, — et quel nom s'est-elle donné? Celui d'*intransigeance.*

Arrière donc, aujourd'hui, ces hommes sages, raisonnables, qui étudient les situations, tiennent compte des circonstances et daignent examiner un obstacle avant de le tourner ou de le franchir! Ce sont là des timidités bourgeoises et empiriques.

. Place aux hommes tout d'une pièce, place aux hommes de principes, à ces hommes qui, lorsqu'ils ont inventé une formule, veulent l'appliquer immédiatement et d'ensemble! à ceux qui ne transigent jamais! En vérité, ces hommes sont encore plus forts que l'Église catholique, car celle-ci, tout infaillible qu'elle se déclare, a toujours su habilement transiger avec les circonstances. (*Applaudissements.*)

A ces hommes, nous avons le droit de demander :

Quelle est votre politique? Qu'avez-vous fait? Que faites-vous? Que voulez-vous faire? (*Applaudissements.*)

Quelle méthode préconisez-vous? Vous croyez en avoir inventé une nouvelle? Vous vous trompez : elle est bien connue; c'est le vieux jeu de nos pères pendant la période d'opposition irréconciliable. C'est la vieille méthode, à laquelle nous avons renoncé après le triomphe définitif du suffrage universel. C'est le vieux jeu, moins l'héroïsme, la passion sincère et les périls.

Aujourd'hui, cette méthode se complaît dans les aperçus philosophiques, dans les déductions logiques et se satisfait de formules de rhétorique. C'est celle qui vit de manifestations stériles, de démonstrations bruyantes, de punchs d'indignation. (*Applaudissements et rires.*)

Et les résultats obtenus par cette méthode, quels sont-ils ? Où sont les progrès accomplis ? Où sont les lois, non pas seulement votées, mais proposées par les partisans de cette méthode ? Qu'ont-ils fait en dehors du renversement, à tort et à travers, sans but et sans règle, de tous les ministères, comme si la destruction pouvait, à elle seule, constituer un programme ?

Ils n'ont pas même l'excuse du *Ote-toi de là, que je m'y mette !* c'est-à-dire ôte de là tes idées, que j'y mette les miennes, car ils n'osent pas et ne peuvent pas prendre le pouvoir; car ils ne peuvent triompher que par la négation, et en tendant les mains à tous les ennemis de la République pour arracher le pouvoir aux ministères républicains. (*Applaudissements.*)

Admirez, d'ailleurs, quelle est leur logique ! Ils se disent les partisans de la révision constitutionnelle ; il semble, à les entendre, que ce soient eux qui l'aient inventée. Cependant, ils ont renversé le ministère Gambetta, qui la proposait; ils ont fondé et soutenu le ministère Freycinet, qui la refusait, et ils menacent le ministère Ferry, qui la promet! (*Applaudissements répétés.*)

Ils n'ont pas confiance dans la fermeté de ceux

qui formaient jadis la Gauche et l'Union républicaine. Il ne suffit pas, pour trouver grâce devant
eux, d'avoir longtemps et douloureusement travaillé
pour la République ! Et on les voit s'allier chaque
jour avec les droites monarchiques ! Au moment du
vote, regardez leurs bulletins : ils sont de la même
couleur que ceux de M. Freppel et de M. Paul de
Cassagnac ! (*Applaudissements.*)

Dans les élections municipales ou politiques, vous
les voyez faire alliance avec les ennemis de la République, pour empêcher le succès de ses vieux défenseurs.

Dans leurs journaux, ils déversent, devant l'Europe attentive, l'injure sur le gouvernement de la
République. De telle sorte que, si l'on prend un de
leurs journaux sans en regarder le titre, on ne sait
si on lit un journal intransigeant ou le journal de
l'évêché. (*Applaudissements.*)

Sur les plus vieux, les plus fermes, les plus honnêtes républicains, ils déversent l'outrage, l'injure ;
ils vont jusqu'aux soupçons les plus odieux. Cela ne
leur réussit pas, du reste, et dans ce pays-ci, ils ont
dû en être guéris par des aventures récentes. (*Applaudissements.*)

Et si j'avais besoin d'invoquer mon expérience personnelle, je rappellerais que le *Petit Lyonnais,* — dans
lequel je vous engage à lire demain le compte rendu
de ce discours (*Rires*), — je rappellerais que ce journal, en annonçant mon arrivée dans cette ville, où
j'ai été reçu par la robuste et honnête démocratie
stéphanoise à bras et à cœur ouverts (*Applaudisse-*

ments et cris : Vive Paul Bert!) me présente comme le *vivisecteur de toutous* (*Rires*), dans un article copié sans doute sur le journal de Monseigneur. (*Nouveaux rires.*)

Ils se sont plaints de la magistrature que nous a léguée l'empire ; ils se sont écriés que derrière la robe noire et la robe rouge s'abritaient des passions politiques, et ils ont combattu la loi qui devait nous délivrer de cette magistrature ! Ils ont proposé de mettre, par l'élection, le quart des tribunaux de France aux mains du clergé ! (*Applaudissements.*)

Ils ont dit qu'il ne fallait pas courir les aventures, — eux qui ont compromis les intérêts et l'honneur de la France dans l'Orient et la Méditerranée ; — ils font semblant de trembler au moindre frémissement de la queue du marquis chinois Tseng (*Rires*), et ils outragent crânement le chef d'une nation amie, risquant ainsi de compromettre nos relations extérieures, et d'éloigner la réalisation de cette espérance à laquelle nous devons penser toujours, sans jamais en parler ! (*Tonnerre d'applaudissements.*)

Applaudissez mes amis, le mot est de Gambetta. (*Nouveaux applaudissements.*)

Après avoir exposé leur méthode et montré leur logique, examinons quels sont leurs procédés.

En fait de procédés, ils appliquent à la France et au suffrage universel la maxime du pharmacien : *Agiter avant de s'en servir!* (*Applaudissements et rires.*)

Et s'ils s'agitent, vous le savez !

Et quand vient la consultation suprême, il n'est sorte d'inventions nouvelles, bizarres, étranges, qu'ils

n'accumulent sur leurs programmes électoraux.
Puis, le programme arrêté, ils cherchent un homme
qui s'en fasse le défenseur et qui, lié par le mandat
impératif et la démission en blanc, consente à descendre du rôle d'homme de confiance à celui d'au-
tomate, pour ne pas dire de valet. (*Applaudissements.*)

Citoyens, ces paroles sévères vous paraissaient
peut-être dures dans leur rude franchise. Mais voulez-vous que je vous dise le fond de ma pensée ? Ce
qui semble manquer le plus en France depuis la lutte
de 1877, c'est la franchise de la parole et la virilité
de l'action. (*Applaudissements.*)

Il semble qu'on s'efforce d'atténuer ses paroles
pour atténuer ses responsabilités. Ne sommes-nous
donc plus le pays de la franchise, la France, le pays
de *franche gueule,* comme disait Rabelais ? (*Applaudissements.*)

Que de gens adoptent la politique du ménagement
de chèvre et chou, pour n'avoir point de luttes à
soutenir, effrayés par l'apreté des polémiques ! J'entends dire : « Un tel, mais il n'est pas intransigeant;
sans doute il a accepté d'ajouter à son programme
certains articles imposés par son comité ; sans cela
il n'aurait pas été élu. » Et quand même ? Je main-
tiens — et nous en avons ici même de nobles exemples — que mieux vaut l'échec avec la dignité que
le succès avec la compromission. (*Applaudissements.*)

Mais, sauf exception, cela n'est pas exact. D'une
manière générale, dans ce grand, noble et honnête
pays, toujours dire la vérité est encore le meilleur
moyen de s'assurer la victoire. (*Applaudissements.*)

Il faut s'adresser sans détours au suffrage univer-
sel·et lui dire tout ce qu'on pense. Ce qui a jeté le
trouble dans les esprits, ce qui cause les difficultés
du temps présent, c'est de voir des gens honnêtes
qui, dans la préparation des programmes électoraux,
misent à ces enchères de l'absurde. (*Applaudissements.*)

Il importe de résister à cette tendance funeste ; il
faut avoir le courage de dire : « Cette réforme, je la
voterai, parce qu'elle est bonne et mûre ; cette autre, je travaillerai à la préparer, parce qu'elle est
bonne, mais pas encore mûre ; quant à ceci qu'on
vous vante, je ne le ferai pas, parce que c'est mauvais. » (*Applaudissements.*) Et à chacune de ces allégations apportez des preuves, bataillez sans faiblesse,
et le suffrage universel vous écoutera ; il vous esti-
mera à coup sûr et viendra plus tard à vous quand
l'expérience lui aura montré que les autres le leur-
raient. (*Bravos.*)

Lorsque vous vous trouverez en face du suffrage
universel, dites-lui qu'en politique, depuis que la
République est fondée et que nous avons conquis
les libertés nécessaires, il n'y a plus qu'une question maîtresse, celle de l'éducation populaire, avec
sa contre-partie, sa seconde face, la lutte contre
l'éternelle ennemie de la liberté humaine. (*Applaudissements.*)

Dites qu'au point de vue économique c'est accomplir une triste besogne ; que c'est étrangement se
préoccuper du sort des travailleurs et de la fortune
industrielle du pays, que de susciter incessamment
des agitations stériles, de dépenser le temps du Par-

lement en discussions oiseuses, au lieu de l'aider à
voter des propositions sur lesquelles nous sommes
tous d'accord, telles que les assurances en cas d'ac-
cidents, les caisses de retraites, la participation aux
bénéfices, etc., et tant d'autres excellentes lois qui
seraient déjà votées sans les questions, les interpellations, les chutes de ministères. (*Applaudissements.*)

Dites encore et surtout, que ce dont la France et
la démocratie ont le plus besoin, c'est de la stabilité
gouvernementale, de la continuité gouvernementale.
(*Applaudissements.*)

A ceux qui ne sentiraient pas assez cette nécessité,
montrez quelle force donne la stabilité du gouvernement à nos deux ennemis redoutables, celui du dehors... Vous m'avez compris (*Oui! oui!*), et celui du
dedans. Montrez l'Église catholique tirant sa puissance de cet esprit de continuité. (*Applaudissements.*)

Voilà ce qu'à mon sens vous devez dire pour combattre un mouvement déjà essoufflé, il est vrai, et
arrêté dans sa marche. Mais il ne faut pas attendre,
pour parler ainsi au suffrage universel, que vous
ayez besoin de lui, parce qu'alors il entrera en défiance. (*Bravos.*) Il faut aller à lui toujours et sans
cesse, le conseiller, le guider, l'éclairer, agir envers
lui comme un frère aîné.

Citoyens, il faut dire au peuple la vérité, toute la
vérité, rien que la vérité. Il faut, ce souverain des
temps modernes, le protéger contre le pire des ennemis : les flatteurs, les flagorneurs, toujours les mêmes. Nous devons, nous démocrates, haïr les déma-
gogues de la même haine que l'honnête et religieux

Pascal haïssait les jésuites. (*Applaudissements re-doublés.*)

Je sais que c'est une attitude qui a ses inconvénients. Il est vrai que vous serez exposés à voir les injures pleuvoir, mais rien autre chose (*Rires*), et, quant aux injures, elles valent ce que valent ceux qui les lancent. (*Applaudissements.*)

Et quand même il y aurait en réalité quelque danger à courir? S'il en était ainsi, nous n'aurions qu'à nous retourner vers ceux qui ont, avant nous, soutenu le combat et montré toujours la même fermeté dans leurs convictions invariables; ceux dont j'ai si souvent envié la haute puissance morale, de pouvoir apporter leurs souffrances en témoignage de leur sincérité. Nous nous inspirerions de leur courage et de leur persévérance, et ils nous montreraient comment on souffre pour le devoir.

C'est l'exemple de ces lutteurs qui nous soutiendra, et vous trouverez tout naturel qu'en terminant j'évoque le souvenir de ceux qui nous ont laissé une mémoire sacrée, en même temps que je porte la santé de ceux qui vivent encore, de ceux que vous représentez si bien ici, mon cher et respecté collègue Bertholon, et que j'appellerai les intransigeants du devoir. (*Chaleureux applaudissements. — Cris répétés : Vive Paul Bert! vive la République !*)

15 *octobre* 1883.

PRÉSIDENCE DE L'UNION RÉPUBLICAINE

En prenant la présidence du groupe de l'Union républicaine, M. Paul Bert a prononcé le discours suivant :

Mes chers collègues et amis,

Je vous remercie du fond du cœur de l'honneur
que vous m'avez fait en m'appelant à présider vos
travaux, honneur qui tire une signification particulière et bien précieuse des circonstances récentes, et
que grandit encore le nombre inusité de voix réunies
sur mon nom et sur les noms de ceux de nos amis
qui forment le bureau. Vous avez attesté ainsi la
vitalité d'un groupe qu'il n'est nul besoin de galva-
niser, quoi qu'on en ait dit, car il vit d'une vie dont
l'intensité s'affirme par l'action quotidienne, d'une
vie qui, ne datant pas d'hier, n'est pas près de s'éteindre, et que nous voudrions, dans notre mansuétude,
pouvoir promettre aux prophètes de malheur.

Je suis, mes chers amis, votre interprète fidèle en
transmettant vos remerciements affectueux aux
membres du bureau sortant et particulièrement à
son président Ranc, à ce vaillant soldat de la démocratie, qui a souffert pour elle la prison et l'exil.
(*Bravos.*)

Mes chers collègues,

Si les journaux ne m'avaient mis en demeure, au
nom, disaient-ils, d'un usage constant, de rappeler

encore une fois les vues politiques, les doctrines, les traditions de notre groupe, j'aurais vraiment cru pouvoir me borner à ces paroles de courtoisie affectueuse. Car s'il est un groupe parlementaire dont le nom, le programme et la méthode d'action soient bien connus de la Nation, c'est à coup sûr le nôtre, celui de l'Union républicaine. Notre titre, notre existence, ne sont point des problèmes nouveaux présentés à la curiosité publique, et qui aient besoin d'explications, de maximes et de formules.

Il y a plus de dix ans que je m'inscrivais pour la première fois parmi les membres du groupe parlementaire qui s'organisait sous le beau nom dont il est toujours resté digne. J'étais bien loin alors de prévoir qu'un jour viendrait où mes collègues me feraient l'honneur de me placer à leur tête. Je ne songeais, à mon rang de simple soldat, qu'à mettre toutes mes forces et tout mon dévouement au service de cette grande cause de l'Éducation nationale, dans le triomphe de laquelle je voyais clairement déjà la condition nécessaire et suffisante de l'affermissement de la République et du relèvement de la Patrie. (*Très bien.*)

Et dans les questions de politique générale, je n'avais qu'à me laisser guider, comme le faisaient les plus ardents et les plus indépendants de nos amis, par les conseils et le suprême bon sens de l'homme de génie, dont nous avons entendu au huis-clos de nos séances tant d'improvisations admirables que nul n'a recueillies, alors que sa grande voix développait en périodes entraînantes ou résumait en formules saisissantes les volontés de la démocratie. (*Applaudissements unanimes.*)

C'était le temps des réactions dont le triomphe éphémère devait faire reculer d'horreur la nation, et rendre tant de services à la République ; c'était le temps où tous, serrés autour du drapeau, défendant avec la même passion l'héritage de la Révolution française, le cœur étreint des mêmes angoisses et battant des mêmes espérances, nous eussions considéré comme un traître impie·quiconque eût prédit que nous nous diviserions avant qu'eût disparu tout danger, et que les plus rebelles se fussent rendus à la République triomphante. (*C'est vrai, c'est vrai.*)

Que si la division s'est introduite dans les rangs de cette armée naguère si unie, nous pouvons, nous devons nous rendre cette justice que rien, ni dans nos paroles, ni dans nos actes, ne doit nous en faire porter la moindre part de responsabilité. Je viens de parcourir la plupart des discours de mes prédécesseurs, et, dans tous, j'ai trouvé, répétée avec une sorte de monotonie que relève seule l'éloquence des orateurs, la pensée maîtresse du groupe, celle qu'exprime son titre, l'union entre les républicains, l'union pour la lutte contre les ennemis communs, l'union pour la marche en avant. (*Bravos.*)

Jamais nous n'avons tracé autour de nous de fossé, exigé d'acquiescement à une formule étroite, pas plus que nous n'avons jamais imposé à aucun gouvernement de conditions inspirées par un égoïsme de groupe. Et si parfois nous nous sommes montrés exclusifs, c'est à l'encontre de coalitions où nous ne

consentirons jamais à compromettre notre honneur
politique et notre bon renom parlementaire. (*Très
bien.*)

Mais, messieurs, je soutiens, si paradoxal que
puisse paraître l'énoncé de ma proposition, que cette
prétendue division entre les républicains n'existe
pas pour qui va au fond des choses, et que son apparente importance tient seulement à ce qu'on a répété
trop docilement les propos de ceux dont l'intérêt est
de la créer ou de faire croire à son existence. Ou
pour mieux dire et pour parler franc, je dis que la
division n'est pas là où on a voulu la placer, et
qu'elle laisse intacte et entière toute la grande armée
républicaine. (*C'est vrai.*)

Avouons tout d'abord, messieurs, que la Nation ne
comprend rien à nos classifications parlementaires.
Nos électeurs républicains, ceux qui ont fait leurs
preuves, qui combattent avec nous depuis treize
années, s'inquiètent fort peu de l'Union républicaine, de l'Union démocratique, de la Gauche radicale : démocratique et radicale, deux qualificatifs,
pour le dire en passant, fort bien placés, à coup sûr,
chez nos voisins et amis, mais que nous avons bien
le droit de revendiquer pour nous-mêmes.

Pour ces électeurs, qui goûtent peu les subtilités,
un vrai républicain, c'est un démocrate anticlérical.
Sur ces deux caractères, ils ne se trompent pas, ils
n'hésitent pas. Un secret instinct les avertit qu'ils
ont devant eux, non un monarchiste rallié plus ou
moins sûrement à la forme républicaine, mais un
démocrate passionné pour l'égalité et la justice, et

décidé à la lutte sans imprudence ni faiblesse contre l'éternelle ennemie de la Révolution.

Ils savent bien que ces républicains, qui n'ont qu'un même programme, parce qu'ils n'ont qu'un même idéal, ne voient pas tous du même œil et n'apprécient pas également les possibilités du jour et les réalisations immédiates. Ils savent bien que dans cette armée, toujours en marche, il en est dont le pas est plus rapide et qu'il y a des degrés divers de patience et de hardiesse. Ils ne s'en étonnent ni ne s'en affligent, n'ayant jamais rêvé une assemblée d'automates.

Mais ils sentent, et c'est ce qui fait leur confiance, qu'une passion commune pour le progrès anime tous les soldats de cette armée. Ils savent que, si les audacieux ne peuvent obtenir aujourd'hui tout ce qu'ils jugent non seulement bon mais possible, ils accepteront ce que leur accordent les prudents ; ils savent que ceux-ci ne se laissent pas effrayer par l'expression ardente de désirs qu'ils partagent, tout en les ajournant.

Ils savent que tous ont la notion de la série dans le progrès, de la subordination des questions, et que tous veulent tenir compte, tout en les appréciant un peu différemment, des difficultés pratiques, des réalités, des contingences, des conditions de milieu. Ils savent qu'il n'en est pas un qui ne considérât comme une mauvaise action d'exiger, pour caresser quelque passion du moment, ce qu'il trouverait dangereux ou impossible s'il avait en main le pouvoir.

Ils savent, en un mot, que leur politique, à tous, est une politique de bonne foi.

C'est pour ces raisons, mes chers collègues, que j'affirme l'existence aux yeux de la nation et dans la réalité des choses, de l'unité républicaine, l'unité dans la variété, comme celle que nous offre la nature. (*Très bien.*)

Mais voici qu'une politique nouvelle s'efforce d'entraver cette unité ; cette politique, où je regrette de trouver égarés quelques vieux combattants, que, ni les défaites dues à leur méthode sentimentale, ni les succès dus à notre méthode rationnelle, n'ont pu débarrasser de la doctrine du tout ou rien, est assez difficile à définir en langage parlementaire.

De doctrines, on ne lui en voit pas clairement, ou du moins elles sont si variées, si confuses, avec des noms d'écoles et de partis si compliqués et des luttes intestines si violentes, qu'on se lasse vite de leur examen. De programmes, elle paraît n'en avoir pas d'arrêtés, attendant, pour se décider, celui que lui dicteront, au jour même des luttes électorales, des passions momentanément surexcitées.

De tactique, je ne lui connais guère que celle-ci : refuser le possible, afin de rester en droit d'exiger l'impossible. (*Sourires.*)

Les questions ne l'intéressent pas pour leur solution, mais pour les embarras qu'elles suscitent, comme si son objectif unique était de renverser successivement les gouvernements républicains.

Et c'est là ce qui explique, sans nul doute, les origines complexes de son personnel et les alliances

qu'elle ne craint pas d'établir, parfois même de
rechercher, avec les ennemis de la République et de
la démocratie.

Elle se donne souvent comme marchant à l'avant-
garde de l'armée républicaine. Il faut respecter ce
qu'il y a de bonne foi dans cette assertion chez quelques-uns de ceux qui l'émettent. Mais c'est une
étrange avant-garde que celle qui, s'unissant à
l'ennemi, emploie toutes ses cartouches à tirer sur
le corps d'armée. (*Rires approbatifs.*)

Les plus vieux républicains, les confesseurs de la
foi, les Bertholon, les Greppo, les Madier de Montjau,
les Martin Nadaud, ne sont pas respectés par elle.
Ses violences n'épargnent ni les hommes, ni les institutions. Le gouvernement de la République, ses
actes intérieurs, sa politique étrangère, sont l'objet
d'outrages qui réjouissent également et dont profitent également les ennemis du dedans et ceux du
dehors. (*Approbation unanime.*)

Messieurs, il faut avoir le courage de le dire :
C'est ici, ici seulement, qu'est la séparation vraie ;
c'est ici, non ailleurs, qu'est la coupure, le fossé.
Aucun de nous ne le franchira, et nous resterons
fidèles à notre vieille politique, la politique à laquelle
on doit les immenses progrès accomplis depuis cinq
ans, la politique avisée, alerte, efficace et sincère.
(*Bravos.*)

Mais il y a un enseignement à tirer des succès
partiels qu'a obtenus, en certains points, la politique
de l'agitation stérile. Elle a séduit, elle a ébloui, car
elle ne manque pas de formules brillantes et de pro-

messes chatoyantes, des hommes, nos amis, qui n'auraient pas dû se laisser entraîner par elle. A quoi tiennent ces erreurs et ces défaillances locales de l'opinion publique, dont triomphent nos adversaires ?

Messieurs, la réponse serait délicate à faire ; elle nous entraînerait sur le terrain des critiques rétrospectives, et les récriminations ne servent de rien en politique. Aussi bien, il vaut mieux chercher comment on peut couper court à ces succès factices, succès dont il ne faut exagérer ni la portée ni la durée, car déjà on entend grandir de toutes parts la protestation du bon sens.

Ce n'est pas en s'efforçant de lutter, comme quelques-uns ont essayé à tort et fort inutilement de le faire, dans la mise aux enchères de l'impraticable et de l'absurde. Mais ce serait encore bien moins en affichant une résistance de principe aux vœux prématurés mais légitimes de l'avant-garde démocratique, ni même en ralentissant la marche en avant qui doit rendre possible leur réalisation.

Non, c'est tout au contraire en ne laissant passer aucun jour sans le marquer par un progrès ou du moins par un effort ; en ne laissant échapper aucune occasion, ni dans les décisions législatives, ni dans l'action gouvernementale, de prouver à la nation républicaine que les pouvoirs publics, maintenant d'accord sur les points principaux du programme républicain, marchent vers sa mise en œuvre avec le maximum de vitesse que permet la prudence.

C'est ainsi, messieurs, que l'Union républicaine a

toujours compris et pratiqué la politique progres-
siste.

Les actes antérieurs et les déclarations récentes
du gouvernement nous donnent la certitude qu'il
apprécie comme nous les exigences de la situation.
Nous savons de plus qu'il est un fidèle gardien de
l'honneur national, et que le drapeau de la France
ne risque entre ses mains aucune injure. Pour cette
double raison, il peut être sûr de trouver en nous
des amis dévoués et désintéressés. (*Applaudissements
prolongés. — L'orateur est vivement félicité par ses collègues.*)

                                        7 *novembre* 1883.

A CHATEAUDUN

Le dimanche 27 janvier 1884, M. Paul Bert a fait, dans
salle du théâtre, à Châteaudun, une conférence au profit
de la Société républicaine d'instruction populaire de la ville.

Au banquet qui a suivi la conférence, M. Paul Bert a
prononcé le discours suivant :

Messieurs,

En me levant pour répondre aux affectueuses paroles qui viennent de m'être adressées, et pour vous
remercier de la bienveillance avec laquelle vos applaudissements les ont soulignées, je ne saurais vous

dissimuler que je suis sous l'impression d'une émotion profonde.

Je ne fais pas ici de figure de rhétorique et je ne sacrifie pas à une formule oratoire. Je plaindrais ou, pour mieux dire, je mépriserais le Français—car il ne mériterait pas ce titre — qui, venant pour la première fois dans cette ville ; qui, parcourant, pour la première fois, les rues rebâties de cette héroïque et malheureuse cité ; qui, passant pour la première fois auprès de ces villages, ses émules, — de ces villages célèbres désormais de Varize et de Civry, — ne sentirait pas son cœur battre à coups pressés sous le coup d'une triple émotion d'orgueil, de colère et d'espérance ! (*Vive émotion et applaudissements prolongés.*)

Il fut un temps où j'avais rêvé pour les meilleurs élèves, pour les lauréats des prix d'instruction civique de nos lycées, de nos collèges et de nos écoles primaires supérieures, d'organiser des sortes de pélerinages vers les lieux qui ont été témoins de la vaillance de nos soldats. (*Bravos et marques d'adhésion.*)

Entre tous, Châteaudun me paraissait devoir être placé au premier rang sur la liste de ces pieuses visites. Et songez à ce qu'eût éprouvé l'adolescent, à cet âge où les anciens lui faisaient prêter le serment civique. Songez à ce que lui eussent dit ces ruines, dont quelques-unes sont encore debout ! Songez à ce qu'eussent enseigné ces rues, ces places sur lesquelles a coulé un sang généreux !

Elles n'auraient pas seulement parlé de gloire et

d'exploits militaires. Elles n'auraient pas seulement dit qu'ici douze cents hommes, d'armes inégales et diverses, placés sous des commandements multiples, ont, pendant toute une journée, tenu tête, sans cavalerie, sans artillerie, à un ennemi six fois plus nombreux, et que, fait unique peut-être dans les fastes de la guerre, ces douze cents combattants ont infligé à l'ennemi une perte supérieure à leur propre effectif. (*Vifs applaudissements et bravos.*)

Elles leur auraient dit encore que ces hommes, pour la plupart, n'étaient pas saisis par la loi militaire, qu'ils s'étaient levés spontanément pour la défense de la Patrie ! Elles leur auraient dit qu'ils bravaient, qu'ils affrontaient non seulement la mort normale du soldat, la mort sur le champ de bataille, mais la mort ignominieuse, la fusillade du prisonnier, par laquelle l'ennemi essayait de troubler leur courage.

Elles leur auraient dit qu'il y avait — et il y en a, en ce moment, dans cette salle, et je vous invite à les applaudir — qu'il y avait parmi ces défenseurs de la Patrie, des hommes qui risquaient ce qui est bien moins facile à risquer que sa propre vie, la vie de leurs familles... (*Adhésions unanimes et applaudissements répétés*) ; que menaçait non seulement la mort, mais la ruine, et qu'en effet la ruine a frappés après que la mort les eût épargnés. (*Nouveaux applaudissements.*)

Elles leur auraient dit, qu'à tant de courage et de dévouement, un ennemi inaccessible aux sentiments de générosité avait répondu par le massacre de malades, de prisonniers, par le pillage savamment pratiqué et par l'incendie habilement organisé, entretenu et attisé.

Voilà ce qu'auraient dit ces ruines et ces souvenirs à ces jeunes hommes visitant notre ville, et vous pensez quels enseignements ils eussent emporté, quels serments ils eussent faits dans le secret de leurs âmes après ce patriotique pélerinage. (*Profonde émotion et applaudissements répétés.*)

Ce pélerinage, messieurs, — que j'aurais souhaité de faire bien plus tôt, — j'ai voulu le faire pour mon propre compte, et je remercie vos amis et vos concitoyens qui m'ont permis de tenir la promesse que je m'étais faite. J'ai parcouru vos rues, j'ai visité les emplacements de vos barricades , j'ai vu cette place où, par trois fois, les masses profondes de l'ennemi déjà vainqueur furent, par une poignée d'hommes, repoussées au chant de la *Marseillaise*; j'ai vu ces fermes bombardées par l'artillerie qui vous assaillait ; j'ai vu ces deux cents maisons incendiées de sang-froid, à la main, après la bataille.

Les sentiments que j'emporte de cette visite, je ne saurais les exprimer, et peut-être convient-il de les taire... (*Mouvement.*) Mais croyez bien qu'ils ne perdent rien à être contenus et concentrés. (*Nouveau mouvement.*)

Mais, entre tous, il en est un que je puis dire, et peut-être contient-il un enseignement qui n'est pas un des moins précieux de ce pieux pélerinage. Je me suis promis que, pendant que je serais ici, aucune parole ne sortirait de ma bouche, qui put blesser ou seulement froisser un de mes concitoyens. Je considèrerais comme une profanation de ces lieux où a coulé un sang si généreux, sans qu'on s'inquiétât de l'opinion de ceux dont les veines le fournissaient, de parler de nos dissentiments apparents, de ce qui divise les Français, et qu'ils doivent se tenir toujours prêts à oublier devant une préoccupation supérieure. (*Très bien ! Très bien! et applaudissements.*)

Je ne vous parlerai donc pas de politique, et tout au plus je me bornerai à vous recommander, comme je le fais toujours, au moins entre républicains, la concorde et l'union. Partout, lorsque je fais allusion à ce devoir, à ce besoin de concorde, j'invoque la pensée de nos adversaires politiques dont l'union peut être encore dangereuse, en retardant, sinon en empêchant définitivement l'accomplissement des réformes démocratiques ; mais j'évoque ici un sentiment plus élevé.

Ah ! je vous en prie, mes chers concitoyens, si quelques dissentiments s'élevaient entre vous, regardez ces lieux d'où partaient les obus, et dites-vous que ceux qui les ont lancés se réjouiraient de vos querelles. (*Oui! Oui !— Très bien ! — Assentiment unanime et applaudissements.*)

Et maintenant, je lève mon verre en l'honneur de tous ceux qui ont fait leur devoir. En l'honneur, tout d'abord, de cette population paisible et pacifique, placée au cœur même de la France, à l'abri des coups de l'ennemi, et qui s'est montrée si courageuse cependant quand est venu l'envahisseur : comme si, par une sorte de pudeur patriotique, elle

avait ressenti plus encore que nos populations de
de la frontière l'outrage à la virginité d'un sol que,
depuis si longtemps, n'avait pas foulé l'ennemi !
(*Bravos et applaudissements prolongés.*)

En l'honneur de cette population qui s'est montrée plus admirable encore peut-être par sa dignité
dans la ruine que par son courage dans le combat ;
qui n'a rien regretté de son sacrifice, sinon que son
exemple n'ait pas été imité !

En l'honneur de ses compagnons d'armes héroïques, les francs-tireurs de Paris, de Nantes et de
Cannes. En l'honneur — ne l'oublions pas — de
ces femmes intrépides qui se sont montrées dignes
des meilleurs combattants. (*Applaudissements unanimes*) ; et, par exception, laissez-moi citer des
noms propres, il est bon qu'ils soient rappelés souvent aux oreilles de la France : de Mlle Polouet,
dont le courage a sauvé des blessés ; de Mlle Proux,
qui s'en allait, sous les balles, porter aux combattants des munitions et des vivres ; de sœur
Jeanne de Chantal, qui s'est jetée au-devant des fu-
sils bavarois pour sauver les prisonniers. (*Nouveaux
applaudissements.*)

Enfin, mes chers concitoyens, en l'honneur de
ceux qui sont morts immolés en défendant la
France et le sol sacré de la Patrie ! Et, entre tous,
permettez-moi de rappeler le souvenir de ce jeune
franc-tireur, de cet enfant qui, tué au début de
l'action, disait en mourant : « Il est bien dur, mon
« capitaine, de mourir sans en avoir tué un ! » (*Vive
émotion.*)

Oui — et ce sont là mes dernières paroles : Au
souvenir de tous ceux qui ont fait leur devoir ; à la
mémoire de ceux qui sont tombés en pensant sans
doute, comme le héros de Virgile : « Puissent nos os
« enfanter des vengeurs ! » (*Adhésion générale et longs
applaudissements.*)

27 Janvier 1884.

TABLE DES MATIÈRES

GAMBETTA

Pages.

Sur la tombe.................................... 1
Banquet de Belleville........................... 6
A Ville-d'Avray................................ 18

ÉDUCATION PUBLIQUE

Inauguration des nouveaux bâtiments de l'école alsa-
cienne... 22
Discours prononcé à la distribution des prix des Écoles
communales de filles de la ville d'Auxerre........ 38
Neuf semaines de ministère...................... 50
Banquet des anciens élèves du collège d'Auxerre..... 60
L'armée des fanatiques.......................... 69
Le cumul et l'éducation publique................. 72
Le traitement des instituteurs................... 78
Les conséquences financières de la loi sur l'enseigne-
ment primaire................................. 85
Nomination des instituteurs..................... 93
Le Conseil supérieur de l'instruction publique....... 101
Aux instituteurs du Lot......................... 108
Les bataillons scolaires et l'Université............. 117
La statistique de l'enseignement primaire.......... 123

es.

I   31
I   37
I   32
I   59
I I   71
L   76

R   3
L   7
L   2
L   9
L   5
L   3
L   21
L   29
L   38
L   45

L   0
D   3
L   6

POLITIQUE

Que va faire l'Église catholique?.................. 314
Discours de Saint-Étienne........................ 321
Présidence de l'Union républicaine................ 332
A Chateaudun.................................... 340

SAINT-QUENTIN. — IMPRIMERIE J. MOUREAU ET FILS,

...NDORFF, 28 bis, Rue de Richelieu, PARI...

...ON IN-18 JÉSUS, A **3 fr. 50** LE VOLUME

L'Innocovie, 3e édit. —
... édit. — La Maîtresse
... édit. — L'amour chez
...at.
— Hara-Kiri, 4e édit. —
. 3e édit.
...us). — Les Vies Muettes,

...ILIE). — Une Diva, 3e édit.
...NIGNE. — Les Vieilles Mai...
..., 5e édit. — M. Daphnis et Ma...
...oiselle Chloé, 4e édit. — Perdi, le
...outurier de ces Dames, 4e édit. —
...Nos Charmeuses, 3e édition.

BAUQUENNE (ALAIN). — L'Amoureuse
de maître Wilhem, 2e édit. — L'E-
cuyère, 5e édit. — Ménages parisiens,
6e édit. — La Maréchale, 7e édit. —
Noces Parisiennes, 5e édit. — La Belle
Madame Le Vassart, 10e édit.

BERGERET (GASTON). — Dans le Monde
officiel, 3e édit. — La Famille Blanche,
3e édit.

BLACHE (NOEL). — Au Pays du Mis-
tral, 3e édit. — Cesarin Audoly, 3e édit.

BONNIÈRES (ROBERT DE). — Souvenirs
de jeunesse (3e série). — Les Mouttes,
12e édition.

BOUTELLEAU (G). — Méha, 4e édit. —
La Demoiselle, 3e édit.

BOUTIQUE (ALEXANDRE). — Mal mariée,
3e édit. — Les Amants adultères, 3e éd.

CANIVET (CHARLES). — Les Hautema-
nière.

CHAMPSAUR (F.). — Dinah Samuel,
7e édit. — Miss América, 4e édit.

GIM (ALBERT). — Deux Malheureuses, 3e éd.
— Service de Nuit, 3e édition. — Les
Promesses d'u... Fille.

CLADEL (Lé... — Urbains et Ruraux,
3e édit. — ...s Sine, 3e édit.

COEUR... — Les Derniers de leur
rac...

CURE... FRANÇOIS DE). — L'Eté des Fruits
Secs, 3e édit.

DANIEL DARC. — Cœurs et Contrats,
3e édit. — Voilà l'Plaisir Mesdames
3e édit. — Une Aventure d'hier, 3e édit.

DELAIR (PAUL). — Louchée...

RLAROA (JOSEPH) — Madame Palaban.
...PIT (ALBERT). — Le Fils de Coralie,
... édit. — La Marquise, 45e édit. —
...re de Martial, 19e édit. — Les
...les, 9e édit. — Les Dieux
— Solange de Croix Saint-
...n.

... — Lucien Gandran.

...). — Amoureuse, 4e éd.

...t). — Le Passé de

GIRAUD (ROCHER). — Le Talion, 3e édit.
GIRON Amé... — Une lune de miel, 3e édit.
GOBIN (A.). — A l'Atelier, 3e édit. — ...
Conseil de Famille, 3e édit.
GOUDEAU (EMILE). — Fleurs de Bitume.
— Poèmes ironiques. — La Vache enragée
GUY DE MAUPASSANT. — Les Sœurs
Rondoli, 20e édit.
HERISSON (Comte d'). — Journal d'...
affinier d'ordonnance, 46e édit.
MAIRET (JEANNE). — Jean Mérande, 3e édit.
MARC DE CHANDPLAIX. — Louloute
MOUEZY (ANDRÉ). — L'Oncle de De-
vielle, 3e édit. — Flamme, 3e édit.
MOUTON (EUGÈNE), Mérinos. — Voyage
et Aventures du capitaine Marius Cou-
gourdan.
MUNRO (A.-O.). — La Vie et les Lettres
de Madame Bonaparte, 3e édit.
OHNET GEORGES. — Les Batailles de la
Vie : Serge Panine. (Ouvrage couronné
par l'Académie française), 126e édit. — Le
Maître de Forges, 202e édition. — La Com-
tesse Sarah, 136e éd. — Lise Fleuron,
96e édit. — La Grande Marnière, 100e édit.
PRADEL (GABRIEL). — La Faute de Madame Bucières, 3e édit.
SAINT-LANDRI. — Le Roman d'un imbécile, 3e édition.
SARRAZIN (GABRIEL). — Poètes modernes de l'Angleterre.
SILVESTRE (ARMAND). — La Vie pour
rire : Les Farces de mon Ami Jacques,
10e édit. — Le Filleul du docteur Tréguier
Cadet, 12e édit — Les Malheurs du
Commandant Laripète, 15e édit. — Madame Dandin et Mademoiselle Phryné,
16e édit. — Les Mémoires d'un Galopin
12e édit. — Les Bêtises de mon oncle,
8e édit. — Les Merveilleux Récits de
l'amiral Lekalpudubec, 6e édit.
THEURIET (ANDRÉ). — La Maison des
deux Barbeaux, 7e édit. — Le Sang des
Finoel, 5e édit. — Les Mauvais Ménages
10e édit. — Sauvageonne, 10e édit. —
Michel Verneuil, 12e édit. — Eusèbe
Lombard, 11e édit.
THEO-CRITT. — Nos farces à Saumur,
19 édit. — Le 13e Cuirassiers, 17e édit.
La vie en culotte, 10e édition. — La Co-
lonelle Durantin, 10e édition.
VAST-RICOUARD. — Claire Aubertin,
...ces parisiens, 9e édit. — Le Général
10e édit. — La Jeune Garde, 16e éd. —
Séraphin et Cie, roman Parisien, 12e éd.
— La Vieille Garde, 22e édit. — Vierge,
11e édit. — Le Chef de Gare, 9e édit.
VAUTIER (GEORGES). — Le Pays du
Merle blanc.
VITU (AUGUSTE). — Les Mille et une
Nuits du Théâtre, 3e édit.

SAPIN. — IMPRIMERIE J. MOUREAU ET FILS

Lightning Source UK Ltd.
Milton Keynes UK
UKHW02f1008201117

313027UK00012B/950/P